Telling Lies

텔링 라이즈

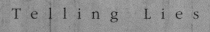

상대의 속마음을 간파하는 힘

텔링 라이즈

폴 에크먼 지음 | 황상민 감수 | 이민주 옮김

한국경제신문

거짓말이 없다면
인류는 절망과 권태로 멸종할 것

추천의 글을 쓰기 위해 이 책을 읽던 얼마 전 나는 참으로 황당한 보이스 피싱을 당할 뻔했다. 어느 은행의 직원이 전화를 하여 내 이름과 주민등록번호를 불러주며 본인이 맞느냐고 묻는 것이었다. 어떻게 내 주민등록번호를 알고 있느냐 물었더니 지금 자기 지점에 어떤 남자가 내 주민등록증과 통장을 들고 와서 어제 850만 원이 입금이 되었는지 확인해달라고 하는데 좀 수상한 것 같아 확인 전화를 했다는 것이다. 그러더니 자기가 확인 전화를 하는 걸 알았는지 그 남자가 슬그머니 달아났다는 것이다. 하지만 자기들이 인근 지구대에 신고를 했으니 곧 담당 순경이 전화를 할 것이란다. 그렇지 않아도 얼마 전까지 그 은행과 거래를 했던 나인지라 은근히 걱정이 되기 시작했다. 그러던 차에 다시 전화가 와서 받았더니 반포 지구대의 ○○○ 순경이라며 얘기를 시작하는데, 이건 영락없이 혀 짧은 조선족 사투리였다. 곧 검찰청에서 전화가 갈 것이라고 설명하는 그에게 나는 언젠가 어느 연예인이 라디오 프로그램에 나와 한 말을 그대로 흉내 냈다. "야, 인마, 너 아직도 이 짓 하고 사냐?" "뚜 뚜 뚜…" 이 세상에서 가장 효과적인 거짓말은 하지 않은 거짓말이다.

이 책의 제목 《텔링라이즈》는 이중적인 의미를 지닌다. "거짓말을 말한다"는 뜻도 있지만 "거짓말을 알아차린다"는 뜻도 있다. 이 책은 주로 후자에 관한 논의를 담고 있다. 개인적으로 나는 사실 전자에 더 큰 관심을 갖고 있다. 어린 시절부터 우리는 늘 거짓말은 나쁜 짓이며 절대로 해서는 안 된다고 배웠다. 그러나 세상을 살면서 거짓말을 하지 않는다는 것은 확실하게 불가능한 일이다. "화가와 시인은 거짓말을 허가 받았다"라는 스코틀랜드의 속담이 있지만, 나는 오히려 "거짓말이 없다면 인류는 절망과 권태로 멸종할 것"이라 했던 아나톨 프랑스의 예언이 더 가슴에 와 닿는다.

아이가 거짓말을 밥 먹듯 한다며 걱정하는 부모에게 오히려 기뻐하라고 얘기해주는 심리학자들이 있다고 들었다. 어린 나이에 거짓말을 할 수 있다는 것은 그만큼 뛰어난 지능을 지녔다는 뜻이기 때문이란다. 거짓말을 한다는 것은 일단 상황 파악이 끝났음은 물론, 그런 상황을 자기에게 유리하게 만들려는 시도인 만큼 상당한 지적 능력을 요구하는 행동이라는 것이다. 그래서 동물의 인지능력을 연구하는 학자들이 가장 기대를 걸고 있는 단서가 바로 동물들의 속임 (deception) 행동이다. 둥지에 앉아 새끼를 품고 있는 물떼새 어미는 여우와 같은 포식동물에게 들켰다고 생각하면 둥지로부터 저만치 날아가 졸지에 날개가 부러져 잘 날지 못한다는 흉내를 낸다. 뜻밖에 손쉬운 먹잇감을 발견한 여우가 정말 가까이 접근할 때까지 천연덕스럽게 속임 행동을 하던 어미새는 마지막 순간에 홀연 공중으로 날아오른다. 더 놀라운 것은 여우가 아니라 소떼가 풀을 뜯으며 둥지를 향해 다가올 때 이 어미새가 하는 행동이다. 소는 포식동물이 아니라 초식동물이기 때문에 새끼를 잡아먹을 염려는 없지만 자칫하면 둥지를 밟고 지나갈 수 있기 때문에 이 경우 어미새는 부러진 날개 동작을 보이는 게 아니라 둥지 위에 한껏 발돋움을 하고 꼿꼿이 선 채로 힘차게 날갯짓을 하여 자신들의 위치를 알린다. 거짓과 진실의 행동을 모두 하는 셈이다.

저자는 이 책에서 거짓말을 탐지하는 것은 인간심리를 분석하는 과학적 활동이라고 말한다. 이는 거짓말이 인간 행동의 근본적인 유형 중의 하나라는 전제를 깔고 있다. 인간을 비롯한 동물의 의사소통(communication) 메커니즘을 연구하는 학자들은 오랫동안 의사소통이란 "서로에게 유리한" 느낌, 생각 따위의 정보를 주고받는 행위라고 생각했다. 이 같은 관점은 1980년대로 접어들며 일군의 행동생태학자들에 의해 확실하게 뒤집힌다. 의사소통은 서로에게 이익이 되는 관계가 아니라 본질적으로 자기에게 유리하도록 상대를 조종하는 행위라는 게 이들이 내놓은 새로운 관점이었다. 신호를 보내는 쪽이 뭔가 얻을 게 있기 때문에 그런 행위를 시도할 것이라고 보는 것이 훨씬 타당할 것이라는 설명이다. 현대동물행동학은 이제 철저하게 이러한 관점에서 동물들의 의사소통 행동을 연구하고 있다.

이런 관점의 연장선상에서 나온 가설이 바로 유명한 사회생물학자 로버트 트리버즈의 '자기기만 이론(theory of self-deception)' 이다. 진화의 역사를 통하여 속임수를 찾아내는 능력이 선택되었을 것은 너무나 당연하다. 우리는 남을 더 잘 속이기 위해 자기 스스로를 속이도록 진화했다는 것이다. 이 같은 자기기만 행동이 과연 타고난 것인지 아니면 길러진 것인지를 두고는 여전히 논란이 이어지고 있지만, 자기기만의 예들은 우리 주변에 널려 있다. 그저 단순히 남을 속이는 수준이 아니라 그런 와중에 스스로 자신까지 속이는 상황에서 속임수를 가려내는 일이 결코 간단할 리 없을 것이다. 그러나 거짓말을 하고 거짓말이 드러나는 과정을 수십 년간 연구해온 저자는 거짓말 탐지에 대해 상당한 자신감을 보인다. 누구든 연습을 통해 그의 "관찰하고 듣는 법"을 연마하면 거짓말의 단서를 감지하는 능력을 향상시킬 수 있다고 주장한다. 실제로 그가 개발한 방법은 우리 사회의 많은 분야에서 유용하게 사용되고 있다. 그에 따르면 비록 입이 침묵하는 상황에서도 표정은 진실을 말한다는 것이다.

이 책을 읽고 나면 내 주변 사람들이 하는 모든 행동이 예사롭게 보이지 않을 것이다. 갑자기 침을 삼키는 소리도 더욱 크게 들리고, 콧구멍이 벌름거리는 모습도 눈에 들어오고, 억양의 미세한 변화도 느껴질지 모른다. 그러나 너무 성급하게 단정하지는 말자. 이 책의 진짜 큰 덕목은 이처럼 당장 써먹을 수 있을 법한 흥미로운 내용을 얘기하면서도 과학적인 합리성을 잃지 않는 저자의 철저함이다. 자연과학자로서 심리학 책을 읽으며 종종 느끼던 '돗자리 깐 분'의 말씀을 듣는 것 같은 불편함이 이 책에서는 보이지 않는다는 게 무엇보다 큰 덕목이다. 이 책의 저자인 폴 에크먼은 우리 독자들에게는 어쩌면 달라이 라마와 가진 대담으로 더 잘 알려져 있을지도 모른다. 그는 10여 권의 중요한 심리학 저서를 냈으며 20세기의 가장 저명한 심리학자 100인에 선정되기도 한 탁월한 학자인데 우리나라에는 고작 《얼굴의 심리학》이 번역되어 나와 있는 정도이다. 이번에 그의 가장 대표적인 저서 《텔링 라이즈》가 번역되어 나온 것을 진심으로 환영한다.

최재천 이화여대 에코과학부 교수
《최재천의 인간과 동물》 저자

표정, 몸짓에서 인간심리를 탐색하는
과학적 실험

범죄가 발생했을 때, 아니 용의자가 잡혔을 때 '용의자는 범행을 부인하지만 거짓말 탐지기에서 양성 반응이 나왔다' 는 보도를 많이 접한다. 과연 용의자의 말은 거짓말일까, 진실일까? 폴리그래프를 이용한 거짓말 탐지기에서 양성 반응이 나왔다면, 누구나 쉽게 '이 사람은 범죄를 저질렀으면서도 거짓말을 한다' 라고 판단한다. 하지만 이는 섣부른 생각이다. 만일, 당신이 그렇게 생각했다면, 꼭 이 책을 읽어보길 바란다. 왜냐하면 당신은 그 순간 억울한 사람을 범인으로 착각한 비극에 동참했기 때문이다. 거짓말의 심리에 대해 무지한 결과이다. 일상생활에서 거짓말을 쉽게 볼 수 있는 곳이 또 하나 있다. 바로 국회의 대정부 질문이나 정부의 고위인사 청문회 자리이다. 이곳에서는 보통, '잘 모르겠다', '기억이 나지 않는다', '결코 그런 일이 없다', '일면식도 없는 사람이다' 등의 말이 쏟아진다. 이런 응답을 하는 사람들의 말을 모두 믿어야 할까?

저자는 이 책을 통해 거짓말과 관련된 두 가지 분명한 인간의 심리 현상을 소개한다. '브로커 위험'과 '오델로의 실수'이다. '브로커 위험'은 사람들의 표현방법이 각기 다른 개인차를 고려하지 못해, 거짓말을 탐지할 때 저지를 수 있는 실수이다. 이에 비해 '오델로의 실수'는 개인이 보이는 거짓말 단서를 잘 파악하고 있다고 믿기 때문에 거짓말이 아닌 것을 거짓말로 판단하는 오해를 말한다. 이 두 가지는 일상생활에서 우리가 거짓을 거짓으로 보지 못하도록, 또는 거짓이 아닌 것을 거짓으로 판단하도록 만든다.

이 책은 거짓말에 대해 막연히 알고 있었던 통념을 바꾸어 준다. 무엇보다 거짓말을 한다는 것과 거짓말을 탐지한다는 것은 단순히 도덕적으로 '나쁜 짓'을 하는 사람에 대한 비난이 아닌 정교한 인간심리를 탐색하는 과학적 활동이라는 것을 강조한다. 거짓말에 대한 세부적인 구분으로 은폐나 왜곡과 같은 거짓말의 방식뿐 아니라 말, 목소리, 몸짓에서 거짓말을 탐지하는 방법까지 인간의 거짓말에 대한 다양한 측면도 다루고 있다.

거짓말이 발각되는 이유는 사실이 밝혀져서가 아니라 자신도 모르게 저지르는 실수로 인해 거짓말이 탄로 나기 때문이다. 예를 들면 표정의 변화나 몸의 움직임, 억양의 변화, 침을 삼키는 동작, 깊은 한숨이나 얕은 숨, 말을 멈추는 행위, 말실수, 미세한 표정, 어울리지 않는 제스처 등을 통해 무심결에 거짓말이나 거짓말 단서가 나타난다는 것을 알 수 있다. 이것을 제대로 안다면, 우리는 호통으로 거짓을 밝히려는 정치인의 제스처가 바로 아주 완벽한 거짓이라는 것을 알 수 있을 것이다.

단, 자신이 진실하지 않다는 사실을 알면서도 스스로의 행동을 통제하지 못하는 병적인 거짓말쟁이들은 책에서 말하는 거짓말쟁이에 포함되지 않는다. 그들은 자신이 거짓말을 한다는 사실조차 깨닫지 못하는 '자기기만'의 희생자들이기 때문이다. 사회생활을 하면서 어쩔 수 없이 '거짓말'을 해야 한다고 믿는 사람들도 많다. 이런 거짓말쟁이들은 시간이 지나면서 자신이 한 거짓말을 믿게 되는 경우도 있다. 직업적으로 적절한 거짓말을 해야 하는 정치인이나 외교관뿐 아니라 언론인, 연예인 그리고 심지어 과학자들까지도 이와 유사한 행동을 보이곤 한다. 저자는 그런 사람들을 더 이상 거짓말쟁이라 할 수 없다고 강조한다. 심지어 폴리그래프 거짓말 탐지기를 통해 거짓말이라고 판명되었다고 해도 말이다. 바로, 거짓말 탐지기의 맹점 때문이다.

'거짓말을 사실로 믿는 사람'과 달리 어떤 사람은 자신이 하는 말이 거짓말로 오인되지 않을까 하는 두려움을 느끼기도 한다. 그저 폴리그래프 테스트를 받으라는 말만으로도 두려움을 느끼는 사람들도 있다. 가깝게는 이 글을 쓰고 있는 나 자신도 오랫동안 가지고 있었던 두려움 중 하나이다. 주위 사람들이 자신을 믿지 않는다는 생각에서부터 불안과 심한 정서적 반응이 나타나는 것이다. 이런 성향의 사람들은 폴리그래프 거짓말 탐지기에서 거짓말을 한다는 양성 반응을 받기 쉽다. 폴리그래프는 어떤 감정을 느꼈는지 감지하는 것이 아니라 감정이 고조된 정도만 측정하기 때문이다. 진실을 거짓말로 오해하게 만드는 그런 경우이다.

심리학자로 대한민국에 살면서 가장 흥미로운 것 중 하나가 바로 한국 사람들의 '거짓말'에 대한 인식이다. 남이 하는 거짓말에 대해서는 나쁘다는 도덕적 판단을 쉽게 내리지만, 정작 자신이 하는 행동과 말에 대한 거짓말에는 무관심하다. 대신 폴리그래프 거짓말 탐지기와 같은 기계를 유난히 맹신하는 경향이 있다. 거짓말에 대한 무지함을 기계의 편리함으로 채우고 마는 것이다.

거짓말 탐지에 대해 방대한 연구를 한 에크먼 교수는 거짓말의 심리와 행동에 대한 자신의 연구결과를 알리는 데에 과학자의 조심성을 적극 발휘한다. 표정, 몸짓, 목소리, 말은 물론 심지어 폴리그래프로 측정된 자율신경계 활동에 이르기까지 어떤 거짓말 단서도 실수를 저지를 위험과 완전히 무관하지 않다는 그의 주장은 분명 거짓말쟁이가 되고 싶지 않은 그의 마음의 표현일 것이다.

황상민

어떻게 숨겨진 감정을 알아채는가

1938년 9월 15일. 세상에서 가장 파렴치한 거짓말이 시작되었다. 독일 총통 아돌프 히틀러Adolf Hitler와 영국 수상 아서 체임벌린Arthur Neville Chamberlain이 처음으로 회담을 갖는 자리. 전쟁을 막을 수 있는 유일한 희망으로 전 세계가 주목하는 회담이었다(6개월 전 히틀러의 군대가 오스트리아를 점령해 강제로 독일과 합병시켰지만 영국과 프랑스가 반대했을 뿐 별다른 조치는 이루어지지 않았다). 사흘 전인 9월 12일, 히틀러는 체코슬로바키아의 일부를 독일과 합병시켜달라고 요구했고 그 소식을 전해들은 체코슬로바키아에서는 폭동이 일어났다. 히틀러는 이미 체코를 공격하기 위해 독일 군대를 이동시켜 놓고 있었다. 9월 말이면 공격 준비가 완료될 예정이었다. 체코 군대가 움직이지 못하도록 몇 주 동안만 막는다면, 히틀러는 기습 공격을 할 수 있었다. 그래서 히틀러는 '체코가 자신의 요구에 따라주기만 한다면 평화가 유지될 것'이라고 체임벌린에게 약속했다. 시간을 벌기 위해 전쟁 계획을 숨겼던 것이다. 체임벌린은 그 거짓말에 속았다. 그러고는 히틀러와 협상의 여지가 남아 있는 동안은 군대를 움직이지 말라고 체코를 설득했다.

"비록 냉혹하고 무정한 얼굴이기는 했지만 자신이 한 말은 지키는 사람 같았다."

히틀러와 회담을 마친 체임벌린이 누이에게 보낸 편지에는 이런 이야기가 적혀 있었다. 닷새 후 체임벌린은 의회 연설을 통해 히틀러와의 회담 내용을 발표했다. 그는 히틀러의 약속을 의심하는 사람들을 향해 다음과 같이 말했다.

"그는 자기가 한 말을 지키는 사람입니다."

'거짓말에 관한 연구'를 처음 시작했을 때, 나는 이것이 그저 정신과 환자 치료에만 유용한 연구가 아닐까 생각했다. 정신과 의사들을 상대로 '표정은 보편적이지만 제스처는 문화에 따라 다르다'는 이론을 가르치던 무렵이었다. 누군가 이런 질문을 던졌다.

"비언어적인 행위를 통해서 환자가 거짓말을 하는지 아닌지 알 수 있을까요?"

거짓말에 관한 연구에 돌입한 것은 그때부터였다.

자살 기도 후 병원에 입원한 환자들이 '기분이 훨씬 좋아졌다'고 말하는 상황을 생각해보자. 이때 정신과 의사라면 환자가 거짓말을 해서 병원에서 퇴원한 후 재차 자살을 시도하지 않을까 우려할 것이다. 이 같은 거짓말의 속성과 관련해서, 의사 전달에 관한 기본적이고 중요한 질문을 제기할 수 있다.

'아무리 화가 난 상태에서도 자신의 의도를 숨길 수 있을까?'

'말이 아닌 비언어적인 행위를 통해 숨겨진 감정 등을 알아차릴 수 있을까?

거짓말 사례를 찾기 위해, 나는 정신과 환자들의 상담 내용이 녹화된 비디오테이프를 빠짐없이 살펴보았다. 원래 그것은 정신질환자의 다양한 표정과 제스처를 연구하기 위한 기록이었다. 영상 기록 분석 결과, 환자들의 '거짓말을 암시하는 것 같은' 제스처들을 여러 군데에서 발견할 수 있었다. 문제는 그것을 확인할 방법이 없다는 것이었다. 확실한 경우는 단 한 건, 상담을 마친 환자가 "실은 제가 거짓말을 했어요"라고 돌연 실토했던 경우밖에 없었다.

메리는 마흔두 살의 가정 주부였다. 자살 시도를 세 차례 했는데 마지막 시도 때에는 정말로 목숨을 잃을 뻔했다. 치사량의 수면제를 복용한 그녀를 누군가 우연히 발견한 것은 정말 행운이었다. 중년 우울증의 대표적인 사례였다. 장성한 아이들에게 엄마의 도움은 더 이상 필요치 않았고 남편 역시 일에만 매달리는 상황. 메리는 자신이 쓸모없는 존재인 것처럼 느껴졌다. 병원에 입원하던 무렵의 그녀는 집안일도 거의 하지 못했고 불면증에 시달렸으며 혼자 앉아 우는 일이 다반사였다.

입원 후 처음 3주 동안 약물 치료와 그룹 치료를 받았다. 경과는 매우 좋은 듯했다. 표정이 밝아졌고 죽고 싶다는 말도 하지 않았다. 녹화 화면 중에는 메리가 '기분이 많이 좋아졌으며 주말에 가족을 보러 가고 싶다'고 의사에게 요청하는 장면이 나온다. 그런데 허가를 받기 직전, 그녀는 별안간 '외출하고 싶어서 거짓말을 했다'고 실토한다. 여전히 죽고 싶은 생각뿐이라면서 말이다.

녹화된 메리의 상담 장면을 접한 대부분의 젊은 심리학자들과 정신과 의사들은 그녀의 거짓말에 감쪽같이 속았다. 경험 많은 의사 중에서도 속은 사람이 적지 않았다. 우리는 문제의 동영상을 몇 주 동안 연구했다. 느린 화면으로 제스처와 표정 하나하나를 살펴보며 '거짓말을 암시하는 단서'를 찾으려 애썼다. 결국 뭔가를 발견했다. 앞으로 무엇을 할 생각이냐고 의사가 질문하자, 메리의 얼굴에 절망스러운 표정이 살짝 나타났다가 사라졌던 것이다. 하도 순식간이라 처음 몇 번 보았을 때에는 미처 알아차리지 못한 장면이었다. 짧은 순간 나타났다가 사라지는 미세한 표정 속에 어떤 극적인 감정이 숨겨져 있을지도 모른다는 사실을 깨달은 뒤, 연구는 더욱 빠르게 진척되었다. 짧은 순간 스치는 미소 속에 감춰져 있는 단서.

우리는 이야말로 '거짓말을 암시하는 미세한 제스처'임을 확신했다. 자신이 문제에 얼마나 잘 대처하는지 의사에게 말할 때, 메리는 어깨를 가볍게 으쓱해보였다. 은밀하게 한 손을 들고는 살짝 돌리면서 으쓱하기도 하고, 손은 가만히 둔 채 한쪽 어깨만 잠시 들었다가 내리기도 했다.

우리는 다른 '비언어적인 거짓말 단서'들도 발견했는데, 그것들이 실제로 거짓말을 암시하는 것인지 우리의 착각에 불과한 것인지 확신할 수 없었다. 상대방이 거짓말을 했다는 사실을 알고 나면, 아무리 결백한 행동이라도 의심스러워 보이기 때문이다. 따라서 상대방이 거짓말을 하는지 그렇지 않은지 모르는 사람만이 이를 확인해줄 수 있을 터였다. 더불어 우리가 발견한 거짓말 단서들이 보편적인 것인지 확인하기 위해서는, 더 많은 사람들을 연구 대상으로 참여시켜야 했다. 한 사람이 거짓말을 할 때 보이는 특별 행동이 다른 사람들이 거짓말을 하는 경우에도 똑같이 나타난다면 단서들의 신뢰성이 더 높아질 것이었다. 물론 '거짓말을 나타내는 징후' 들은 사람마다 다를 수도 있었다.

메리의 거짓말을 모델 삼아 비슷한 실험을 실시했다. 아주 짧은 순간 느껴지는 '강렬한 부정적인 감정' 을 숨기는 실험이었다. 실험 대상들은 피투성이 수술 장면이 나오는 불쾌한 영화를 보면서 괴로움과 고통, 역겨움 등의 자연스러운 감정을 숨기고 '아름다운 꽃이 나오는 영화' 를 즐기는 것처럼 상대방에게 자신을 속여야 했다. 물론 상대방은 실험 대상이 무슨 종류의 영화를 보는지 알지 못하는 상태였다.

거짓말 연구가 아직 초기 단계이던 시절이었다. 전혀 다른 종류의 거짓말에 관심이 있는 사람들이 나를 찾아왔다. 스파이 혐의를 받고 있는 미국인들을 잡는 데 나의 연구가 유용할까? 거짓말의 행동 징후에 관한 연구 결과가 과학 저널에 몇 차례 실리고부터는 비슷한 의뢰가 더욱 늘었다. 걸음걸이나 제스처만으로 암살 테러리스트를 구분해낼 수 있도록 경호원을 훈련시켜주지 않겠는가? 용의자의 거짓말을 좀 더 확실히 알아낼 수 있도록 FBI를 훈련시킬 수 없는가?

상대 국가의 거짓말을 감지할 수 있게 도와달라는 회담 대표의 요청도 있었다. 심지어 은행 강도 사건현장에서 잡힌 패트리시아 허스트Patricia Hearst의 사진을 보여주며 그녀가 정말 은행을 털 생각이 있었는지 알아낼 수 있겠냐는 질문도 받았다. 지난 5년 동안 이런 식의 국제적인 접근이 적지 않았다. 미국과 친분이 두터운 두 나라 대표들로부터 연락을 받기도 했고, 구(舊) 소련에서 강의할 때는 범인 심문을 담당한다는 '전기 연구소' 관계자가 나를 찾아오기도 했다. 사실 이런 관심이 달갑지만은 않았다. 연구 결과가 오용될지도 모르며, 그 결과가 무비판적으로 받아들여질지도 모르기 때문이었다.

범죄나 정치, 외교적인 속임수에는 비언어적인 거짓말 징후들이 나타나지 않을 것이라고 나는 생각했다. 하지만 그건 막연한 예감일 뿐이었다. 그 이유를 제대로 설명하려면 '사람들이 거짓말을 할 때 실수를 하는 이유가 무엇인지'부터 배워야 했다. 모든 거짓말이 탄로 나는 것은 아니다. 어떤 사람들은 완벽하게 거짓말을 하기도 한다. 너무 오랫동안 한 가지 표정만 짓는다거나, 적절한 제스처를 취하지 않는다거나, 순간적으로 목소리가 바뀌는 등의 거짓말 행동 징후들이 전혀 나타나지 않을 수도 있다. 그런 상황에서조차 거짓말이 드러나는 어떤 단서를 포착할 수 있다고 나는 믿었다. 가장 그럴듯하게 거짓말을 하는 사람이라도 어떤 뜻밖의 행동으로 인해 거짓말이 탄로 날 수 있었다. 거짓말, 거짓말하는 사람, 거짓말 탐지자Lie catcher의 차이를 이해하려면 거짓말이 탄로 나는 경우와 성공하는 경우, 거짓말 단서를 포착하는 방법, 거짓말을 파헤치는 것이 소용없는 경우를 알아야 한다.

체임벌린에게 했던 히틀러의 거짓말과 의사에게 했던 메리의 거짓말은 모두 목숨이 걸린 심각한 거짓말이었다. 두 사람 모두 향후 계획을 숨겼고, 실제로 느끼지 않는 감정을 느끼는 것처럼 위장했다. 그러나 이 두 사람의 거짓말에는 엄청난 차이가 있다. 나중에 살펴보겠지만 히틀러는 전형적인 거짓말쟁이였다. 타고난 능력뿐 아니라 거짓말을 훨씬 더 많이 연습하기도 했다.

히틀러는 거짓말을 믿고 싶어 하는 사람을 이용하기도 했다. 체임벌린은 히틀러가 자신의 요구대로 체코의 국경이 옮겨지면 전쟁을 일으키지 않으리라는 거짓말을 믿고 싶어 한 피해자였다. 그게 아니라면 자신의 유화정책이 실패했으며 실제로 영국을 약화시켰다는 사실을 인정해야 할 판국이었다. 정치 과학자 로베르타 월스테터Roberta Wohlstetter는 1936년 영-독 해군 협정을 위반한 독일의 사례를 거론하면서 이런 결론을 내렸다.

"속이는 사람과 속는 사람의 관계가 계속될 수 있는 것은 그만한 이유가 존재하기 때문이다. 그들 모두 협정이 깨지지 않았다는 착각에 빠질 필요가 있었다. 군비경쟁을 두려워하던 영국은 히틀러에게 교묘하게 홀려 해군 협정을 맺었고, 프랑스나 이탈리아와 상의도 하지 않은 채 베르사유조약 내용이 바뀌는 것을 묵인했다. 군비경쟁을 우려하던 런던은 새로운 협정이 위반되었다는 사실을 깨닫지도, 인정하려 들지도 않았다."

피해자가 거짓말쟁이의 실수를 눈감아주는 이유는 무엇인가. 거짓말이 발각될 경우 일어날 끔찍한 결과를 피하기 위해서다. 그리하여 거짓말의 징후를 눈치채고도 애매한 태도를 취하면서 거짓말쟁이와 일종의 공모를 하는 것이다. 아내의 외도를 눈치챈 남편이 이를 눈감아주면서 '바람난 아내를 둔 남자'라는 굴욕을 피하고 살아가는 경우가 이에 해당한다. 아내의 부정이라는 거짓이 밝혀지지 않도록, 그래서 최악의 경우 파경에 이르지 않도록 남편이 은연중에 거짓과 공모하는 것이다. 이때 실제로 아내가 외도를 인정하지 않는 한, 남편은 '아내를 오해했을지도 모른다'는 작은 희망을 가질 수 있다. 물론 모든 피해자가 그렇게 속아주는 것은 아니다. 때로는 거짓말에 공모하거나 무시해도 전혀 이득을 보지 못할 수도 있다.

거짓말 탐지자 중에는 거짓말을 밝혀야만 이득을 볼 수가 있는, 그래야 아무 것도 잃지 않는 사람들이 있다. 경찰관이라면 범죄자에게 속아서는 안 된다. 은행 대출 담당자도 마찬가지이다. 그들은 모두 거짓을 밝혀내고 진실을 포착해야만 맡은 임무를 충실히 이행할 수 있다. 그러나 대개의 경우, 거짓말에 속든 거짓말을 밝혀내든, 얻는 것과 동시에 잃는 것이 생기기 마련이다. 메리의 담당의사는 그녀의 거짓말에 속았다 해도 그다지 잃을 것이 없었다. 메리의 말이 사실이었다면, 다시 말해 자신의 환자가 우울증을 극복했다면, 담당의사로서 성취감을 맛보았을 것이다. 반대로 환자가 거짓말을 했다면, 다시 말해 우울증이 나아지지 않았다면, 그래도 크게 손해 볼 것은 없었을 것이다. 의사로서의 경력이 송두리째 흔들리지는 않았을 것이다. 그러나 1938년 회담석상에 앉은 체임벌린은 이처럼 속편한 상황이 아니었다. 히틀러의 말이 거짓으로 드러나 전쟁이 일어나지 않는 한 히틀러의 공격을 멈출 길이 없다면 체임벌린도 사임을 해야 했다. 그렇게 된다면 그가 막았다고 생각했던 전쟁도 시작될 것이었다.

히틀러를 믿고 싶은 체임벌린의 바람이 아니더라도 히틀러의 거짓말은 성공할 가능성이 높았다. 격렬한 감정을 감출 필요가 없었기 때문이다. 거짓말이 탄로 나는 대부분의 경우, 감추려고 했던 감정의 징후가 새어 나오기 마련이다. 거짓말과 관련된 감정이 다양하게 강하게 생겨날수록 이것이 행동으로 나타나고 결국 거짓말이 탄로날 가능성은 높아진다. 죄책감이야말로 거짓말쟁이에게 이중으로 문제가 되는 감정이다.

거짓말에 대한 죄책감 때문에 뜻밖의 실수를 하게 되는 것이다. 히틀러는 분명 죄책감을 느끼지 않았을 것이다. 독일에게 패배라는 치욕을 안겨준 나라의 지도자라면 거짓말 몇 마디 하면서 죄책감을 느낄 리 없었으리라. 또한 메리와 달리, 히틀러는 거짓말을 하는 상대방을 존중하지도 존경하지도 않았다.

반면 메리는 거짓말을 하기 위해 여러 복합적인 감정을 억눌러야 했다. 자살 충동에서 오는 괴로움과 고뇌 같은 것 말이다. 또한 메리는 담당 의사를 속이는 것에 심한 죄책감을 느꼈다. 그녀는 의사를 좋아했고 존중했으며 그저 자신을 도와주려는 사람이라는 것을 잘 알고 있었다.

이 모든 이유 때문에 외교관이나 이중 첩자보다는 자살기도 환자나 배우자에게서 거짓말 단서를 찾아내는 게 훨씬 더 쉽다. 그렇다고 모든 외교관이나 범죄자, 첩보원이 완벽한 거짓말쟁이라는 것은 아니다. 때로는 그들도 실수를 저지른다. 연구에 의하면 '거짓말 징후를 감지할 가능성을 추정하는 것'이 실제로 가능하다. 정치인이나 범죄자의 거짓말을 알아내는 데 관심이 있는 사람들에게 내가 하고 싶은 이야기는, 그들의 행동 단서가 가진 한계와 그것이 제공하는 기회를 좀 더 주의 깊게 인식해야 한다는 것이다.

거짓말을 나타내는 행동 단서에 관한 근거가 있긴 하지만 아직 확실하지는 않다. 사람들이 거짓말을 하는 방법과 이유, 그리고 거짓말이 탄로 나는 경우를 분석한 결과는 거짓말에 관한 연구 결과와 일치한다. 역사적인 사건과 허구적인 사건의 근거에도 들어맞는다. 장차 더 많은 비판 속에 더 많은 연구가 진행된 이후에도 지금의 이론이 그대로 유지될지는 모르겠다. 그만큼 충분한 시간이 아직 지나지 않았기 때문이다. 그렇다고 해서 모든 답을 얻을 때까지 이 책을 미룰 수는 없었다. 거짓말쟁이를 식별해내려고 하는 사람들이 기다려주지 않을 테니까.

실수를 저질렀을 때 큰 대가가 따르는 분야에서, 비언어적인 거짓말 단서를 감지하려는 노력들이 이미 진행 중이다. 학문적인 증거와 주장들을 이해 못하는 '전문가'들이 배심원 선정이나 취업 면접에서 거짓말 진단 서비스를 제공하고 있다. 경찰관이나 거짓말 탐지기 기술자 중에서도 비언어적인 거짓말 단서를 배우는 이들이 적지 않다. 그러나 그들이 배우는 내용 가운데 절반 정도는 잘못됐다.

밀수업자들의 비언어적인 단서를 알아차리기 위해 세관원들도 특별 연수를 받는다. 내가 연구한 내용이 특별 연수 내용에 포함되었다는 말을 듣고는, 검증을 위해 그 자료를 보내달라고 몇 번이나 요청했었다. 그러나 '나중에 다시 연락드리겠다'는 답변만 되돌아올 뿐이었다. 첩보원들이 거짓말에 대해 어떤 훈련을 받는지 알아내는 것도 불가능했다. 그들이 하는 일 자체가 비밀이기 때문이다. 그들이 내 연구에 관심을 가지고 있다는 것만은 분명하다. '거짓말 연구 결과에 대한 한계가 무엇이고 기회는 무엇인지' 설명해달라는 요청을 국방부로부터 받은 적이 있다. 이후로 관련 작업이 진행 중이라는 소문을 들을 수 있었다. 나는 작업에 참여할 만한 사람들에게 일일이 편지를 보냈는데, 묵묵부답이거나 '아무 것도 알려줄 수 없다'는 답신밖에 받지 못했다. 객관적인 조사와 과학적인 지식과 문제의식이 결부된 소위 '전문가들'이 장차 거짓말 탐색에 관한 일을 하며 어떤 끔찍할 실수를 저지를지, 나는 몹시 우려스럽다. 그리고 이 책은 전문가들과 그들 고객들에게 '한계와 기회'에 관한 내 관점을 분명하게 일깨워줄 것이다.

치명적인 거짓말에 관심이 있는 사람들만을 위해 이 책을 쓴 것은 아니다. 사람들이 언제 어떻게 거짓말을 하고 진실을 말하는지 살펴보는 것이야말로 다양한 인간관계를 이해하는 데 도움이 되리라고 나는 믿는다.

거짓말이 필요 없는 인간관계란 존재하지 않는다. 부모들은 아이가 아직 알 만한 나이가 아니라는 생각으로 '섹스에 대한 거짓말'을 한다. 마찬가지로 사춘기 아이들은 부모님이 이해해주지 못할 것이라 생각하고 '성 경험에 대한 거짓말'을 한다. 거짓말은 친구와 친구, 교사와 학생, 의사와 환자, 남편과 아내, 증인과 배심원, 변호사와 의뢰인, 세일즈맨과 고객 사이에서도 오간다.

거짓말은 삶의 중요한 특성이다. 거짓말을 충분히 이해하면 할수록 삶에 유용할 수 있다. 거짓말은 무조건 비난받아 마땅한 것이라고 여기는 사람들이 이 말을 들으면 몸서리를 칠지도 모르겠지만, 내 생각은 이렇다. 어떤 경우건 절대 거짓말을 해서는 안 된다는 주장은 지나친 비약일 뿐이다. 더불어, 모든 거짓말이 밝혀져야 한다고 생각하지도 않는다. '진실이 때로는 잔인하게 괴롭히는 몽둥이와 같을 수도 있다'는 칼럼리스트 앤 랜더스Ann Landers의 말에 나 또한 동의한다.

거짓말은 잔인할 수 있다. 그러나 모든 거짓말이 그런 것은 아니다. 거짓말을 하는 사람들이 종종 주장하듯 남을 위해서 하는 거짓말이 있다. 거짓을 통해 신비감을 유지하며 서로의 만남을 즐기는 사교적 관계도 있다.

거짓말을 하는 사람은 '상대방이 순순히 속아줄 거야'라고 억측해서는 안 된다. 거짓말 탐지자는 '모든 거짓말을 밝혀낼 권리가 있다'

고 생각해서는 안 된다. 세상에는 해롭지 않은 거짓말도 있고 자비로운 거짓말도 있다. 진실이 밝혀질 경우, 속은 당사자나 제삼자에게 수치심을 안겨주는 거짓말도 있다. 이 역시 곰곰이 생각해봐야 할 문제다.

텔링 라이즈

| 차례 |

텔링 라이즈

Telling Lies

제1부

왜 사람들은 숨기려 하는가

제1장

우리는 믿고 싶은 것만 믿는다

대통령직을 사임한 지 8년이 지났을 때 리처드 닉슨Richard Nixon은 이렇게 말했다.

"거짓말은 하지 않았지만 다른 정치인들이 그러듯 진의를 숨긴 적은 있습니다."

공직을 지키려면 어쩔 수 없는 일이었다는, 일종의 해명이었다.

"누구에게든 섣불리 내 생각을 밝힐 수는 없습니다. 언젠가는 그 사람을 이용해야 할지도 모르니까요. 다른 나라 지도자들에 대해, 어떤 평가도 할 수 없습니다. 언젠가 그들과 은밀한 거래를 해야 할지도 모르기 때문입니다."

'진의를 숨기는 것'이 정당하기만 하다면 그것은 '거짓말이 아니'라고 생각한 사람은 비단 닉슨만이 아니다. [1] 옥스퍼드 영어 사전의 설명에 따르면, "'거짓말'이란 도덕적인 비난을 담고 있는 과격한 표현이므로 공손한 대화를 나누는 자리에서는 가급적 피해야 한다. 그 대신 비교적 완곡한 표현의 동의어인 '허위falsehood'와 '진실하지 않은untruth'이라는 단어들을 주로 사용하는 게 낫다."고 한다.

'진실하지 않은untruth' 이들에 대해 반감을 가진 사람들은 그들을 쉽게 거짓말쟁이라고 부른다. 그러나 진실하지 않은 이들이 대중들로부터 호감과 존경을 한 몸에 받는 인물이라면 거짓말쟁이라고 부르기는 쉽지 않다. 워터게이트 사건이 터지기 수년 전, 닉슨은 민주당 반대파들을 전형적인 거짓말쟁이라며 이렇게 비꼬았다.

"당신이라면 이 사람에게서 중고차를 구입하겠습니까?"

반면 공화당 지지자들은 감추고 위장하는 그의 능력에 대해 '정치인으로서의 면모를 갖추고 있다'며 칭찬을 아끼지 않았다.

그러나 이상의 문제들은 내가 정의하는 거짓말이나 속임수와는 무관하다. 본의 아니게 잘못된 정보를 제공하는 사람들처럼, 거짓말을 하는 것은 아니지만 진실성이 없는 경우를 생각해보자. 예를 들어 자신이 막달라 마리아라고 생각하는 과대망상증 여성의 경우, 그녀의 말은 사실이 아니지만 거짓말을 했다고 할 수도 없다. 고객에게 잘못된 투자 조언을 하는 딜러가 사실이 아니라는 걸 모르고 있었다고 해도 역시 이를 거짓말이라 할 수 없다. 인상 때문에 오해를 불러일으키는 사람 역시 거짓말쟁이는 아니다. 나뭇잎처럼 보이게 위장한 사마

귀가 거짓말을 한다고 볼 수 없듯이 이마가 넓은 사람이 실제보다 더 똑똑해 보인다고 해서 그것을 거짓말이라 할 수는 없다. [2]

거짓말을 하는 사람은 '자신이 거짓말을 할 것인지 말 것인지' 선택할 수 있다. 피해자를 속이는 것은 계획된 일이다. 피해자에게 고의로 잘못된 정보를 전하는 것이다. 거짓말은 거짓말을 하는 당사자나 사회적인 관점에 따라 정당화될 수도 있고 그렇지 않을 수도 있다. 거짓말쟁이는 좋은 사람일 수도 나쁜 사람일 수도 있으며 사람들은 그런 사람을 좋아할 수도 싫어할 수도 있다. 어쨌거나 거짓말을 하는 사람은 자신이 거짓말을 할 것인지 말 것인지 선택할 수 있으며 그 둘의 차이도 잘 알고 있다.

자신이 진실하지 않다는 사실을 알지만 스스로의 행동을 통제 못하는 '병적인 거짓말쟁이'들은 내가 말하는 거짓말쟁이에 들지 않는다. 자신이 거짓말을 한다는 사실조차 깨닫지 못하는 '자기기만의 희생자'들 역시 마찬가지다. 병적인 거짓말쟁이와 자기기만의 희생자가 존재한다는 사실을 반박하지는 않지만 그렇다고 입증하기도 어렵다. 거짓말쟁이의 말을 증거로 삼을 수는 없기 때문이다. 거짓말이 발각되면 처벌이 줄어들게 하기 위해 거짓말한 사람이 그렇게 주장할 수도 있다. 시간이 지나면서 자신이 한 거짓말을 믿게 되는 거짓말쟁이도 있다. 이런 경우 그 사람을 더 이상 거짓말쟁이라고 할 수도 없을 뿐더러 거짓말을 알아차리기도 훨씬 어려워진다.

무솔리니가 집권하던 시절 일어난 어느 사건은 자기가 한 거짓말을 믿는 것이 언제나 좋지만은 않다는 점을 보여준다.

"……1938년 이탈리아군 사단을 3개 연대에서 2개 연대로 축소 편성

했다. 무솔리니는 이 사실을 악용, 파시스트당이 보유하고 있는 고작 30여 개의 연대를 60개라고 과대 선전했다. 하지만 막상 전쟁이 시작되자 상당한 혼란이 빚어졌다. 몇 년이 지난 후 자신이 무슨 일을 저질렀는지 잊어버린 무솔리니는 실제 군 병력을 잘못 계산하는 실수를 범했다. 거기에 속은 사람은 무솔리니 자신 말고는 없는 듯하다."

거짓말을 정의하기 위해서는 거짓말을 하는 사람뿐 아니라 속임수에 넘어가는 상대방까지 고려해야 한다. 거짓말은 '상대방이 자신을 속여도 된다고 동의하지 않았고 거짓말을 하는 사람 역시 거짓말을 하겠다는 의도를 사전에 알리지 않았을 때' 성립된다. 영화 속 배우들을 거짓말쟁이라고 부르는 것은 우스운 일이다. 배우들은 사기꾼과 달리, 카메라 앞이 아니면 다른 사람을 사칭하지 않는다. '그럴듯해 보이지만 잘못된 정보'임을 알면서 물건을 사는 고객은 없다. 정신과 환자 메리가 의사에게 '실제로는 느끼지 않은 기분을 실제 기분인 것처럼 이야기할 것'이라고 미리 말했다면, 이를 거짓말이라 할 수 없다. 히틀러가 아서 체임벌린에게 '자신의 약속을 믿지 말라'고 말했다면 이를 거짓말이라 할 수 없다.

나는 지금 거짓말하는 중이다

내가 정의하는 거짓말이나 속임수는 '한 사람이 고의적으로 다른 사람을 속이는 것'이다. 이런 의도를 사전에 미리 알리거나 상대방이 속아주겠다고 분명하게 밝히지 않은 상태에서 이루어지는 것을 말한다. 여기에서 살펴볼 거짓말은 "거짓말한 사람이 의도적으로 거짓말한 사실을 알고 있다는 명백한 증거가 있는" 것들이다. 고프만Goffman은 이를 노골적인 거짓말이라고 부른다. 고프만은 이런 거짓말이 아니라 진실과 거짓말의 구분이 뚜렷하지 않은 다른 거짓에 초점을 맞췄다.

거짓말은 기본적으로 '은폐'와 '왜곡', 두 가지 유형이 있다. 은폐란 거짓말하는 사람이 '사실의 일부를 말하지 않는 것'을 의미한다. 왜곡은 은폐보다 한 단계 발전한 유형이다. 거짓말을 하는 사람이 사실적인 정보를 밝히지 않을 뿐 아니라 '거짓된 정보를 사실인 것처럼 꾸미기'까지 한다. 일반적으로 거짓말이 성립하기 위해서는 은폐와 왜곡이 모두 사용되어야 한다. 때로는 그저 은폐만으로도 남을 속이는 것이 가능할 때가 있다.

모든 사람들이 은폐를 거짓말이라 여기는 것은 아니다. 그보다 뻔뻔스러운 왜곡만이 거짓말이라고 생각하는 사람들도 있다.[3] 의사가 환자의 불치병에 대해 알리지 않거나, 남편이 점심시간에 아내의 친한 친구와 모텔에 갔었다는 말을 하지 않거나, 경찰관이 용의자에게 '지금 변호사와 나누는 대화가 도청 녹취되고 있다'는 사실을 알리지 않는 것. 이런 예들 모두 잘못된 정보가 전달되는 왜곡은 아니지만 내가 정의하는 거짓말에 속한다. '상대방이 자신을 속여도 된다'고 하지 않았기 때문이다. 은폐하는 사람들 역시 잘못된 정보를 주겠다는 자신의 의도를 사전에 알리지 않고 고의적으로 행동했다. 어쩌다 정보를 감추게 된 것이 아니라 의도적으로 감춘 것이다.

예외적으로 은폐가 거짓말이 아닐 때가 있다. 사전에 사실을 은폐하겠다는 의도를 밝히거나 상대방이 나를 속여도 괜찮다고 용인했을 때에 그렇다. '무슨 짓을 하고 다니건 걸리지만 말라'는 식의 부부 사이라면 모텔에서의 밀회를 밝히지 않는 게 거짓말은 아니다. 환자가 의사에게 '안 좋은 소식일 경우 차라리 알려주지 말아 달라'고 요청한 상태라면 의사가 환자에게 그 사실을 말하지 않는 것도 거짓말이 아니다. 하지만 용의자와 변호사는 자기들끼리 나눈 대화를 공개하지 않을 법적 권리가 있다. 그런 권리를 침해한 사실을 은폐하는 것은 언제나 거짓말이다.

거짓말하는 방식을 선택할 수 있는 경우, 거짓말쟁이들은 대개 왜곡보다는 은폐를 선호한다. 이점이 많기 때문이다. 무엇보다 왜곡에 비해 은폐가 더 쉽다. 무언가 꾸며낼 필요가 없다. 미리 거짓말을 생각해놓지 않아도 탄로 날 가능성이 없다. 에이브러햄 링컨Abraham Lincoln은 자신이 '거짓말을 할 만큼 머리가 좋지 않다'는 말을 했다. 불치병이라는 사실을 숨기기 위해 환자의 증상을 거짓으로 설명한 의사는 며칠 후 환자로부터 똑같은 질문을 받았을 때, 일관된 설명을 하기 위해서라도 며칠 전 자신이 했던 거짓말을 기억해야 한다.

은폐는 또 왜곡보다 비난을 덜 받는다. 적극적인 거짓말이 아니라 소극적인 거짓말이기 때문이다. 이 역시 은폐가 선호되는 이유다. 은폐나 왜곡이 상대방에게 똑같이 손해를 끼친다 해도 거짓말하는 사람들은 왜곡보다 은폐에 대해 죄책감을 덜 느낀다.[4] '사실을 모르는 게 상대를 위한 일일 수도 있어'라는 변명으로 거짓말쟁이 스스로 위안을 삼을 수 있는 것이다.

"남편은 내가 다른 남자를 만난다는 사실을 알고 있어. 그렇지 않다면 내가 오후에 어디 갔었는지 왜 물어보지 않겠어? 내가 그 사실을 솔직히 말하지 않는 것은 오히려 남편을 위해서야. 절대 거짓말을 하려는 게 아니라고. 남편이 내 외도 사실을 알아봐야 모욕감밖에 더 느끼지 않겠어?"

은폐는 나중에 탄로가 나더라도 무마하기가 훨씬 수월하다. 은폐한 사람은 그다지 큰 궁지에 몰리지 않기 때문이다. 몰랐다거나, 나중에 말하려고 했다거나, 기억 못했을 뿐이라거나 하는 식의 변명거리들이 많이 있다. 법정 증언자가 "내가 기억하는 한"이라고 말한다면 나중에 무언가를 숨긴 사실이 발각된다 해도 위증죄를 면할 수가 있다. 기억하는 것을 기억하지 못한다고 주장하면서 고의로 숨기는 거짓말쟁이는 은폐와 왜곡의 중간에 서 있다고 할 수 있다. 이런 일은 이미 의문이 제기되고 대답이 요구된 상황에서, 그리고 거짓말쟁이가 더 이상 아무런 말도 하지 않을 수 없는 상황에서 종종 일어난다. 거짓말쟁이는 그저 기억나지 않는다고 둘러대면 된다. 지어낸 이야기를 나중에 애써 기억할 필요가 없다. 나중에 사실이 탄로 난다고 하더라도, 거짓말쟁이는 자신의 기억력에 문제가 있을 뿐 거짓말을 한 것은 아니라고 주장할 수 있다.

닉슨 대통령을 사임하게 만든 워터게이트 스캔들. 이와 관련된 하나의 사건도 '기억력 문제 전략'과 관련이 있다. 도청과 은닉에 연루되었다는 증거가 쌓이면서 대통령 보좌관 H.R. 핼드만Haldeman과 존 얼릭맨John Ehrlichman에게 사임 압박이 가중되는 상황에서 닉슨에 대한 사임 압력마저 고조되자 알렉산더 헤이그Alexander Haig가 핼드만의 자리에 앉는다.

"1973년 6월 4일, 헤이그와 닉슨은 전 백악관 고문 변호사인 존 W. 딘 John W. Dean이 제기한 혐의에 대해 어떻게 대응해야 할지 논의로 바빴다. 헤이그가 백악관에 다시 들어온 지는 채 한 달도 지나지 않은 시점이었다. 탄핵 소송이 진행되는 과정에서 공개된 닉슨과 헤이그의 대화 녹취 테이프를 들어보면, 헤이그가 닉슨에게 '혐의 관련 질문에는 그저 기억이 나지 않는다고만 하십시오' 라고 조언한 기록이 담겨 있다."

그러나 기억력 문제 전략은 제한된 상황에서만 효과적이다. 검사 결과가 어땠는지 묻는 환자에게 의사가 기억나지 않는다고 말할 수는 없다. 취조실에 도청장치가 되어 있는지 묻는 용의자에게 경찰관 역시 기억나지 않는다고 말할 수는 없다. 기억이 나지 않는다는 주장은 어느 정도 시간이 흐르거나 하찮은 일들인 경우에만 통한다. 아무리 시간이 흘렀어도 누구나 기억을 떠올릴 수 있을 만큼 특별한 사건의 경우에는 '기억나지 않는다' 는 변명이 통하지 않을 수 있다.

일단 피해자가 캐묻기 시작하면 거짓말쟁이는 '은폐할 것인지 왜곡할 것인지' 선택할 수 없다.

"아까 점심시간에 왜 전화 안 받았어?"

아내의 느닷없는 질문에, 외도한 사실을 숨길 필요가 있는 남편은 사실 왜곡을 선택하게 된다.

"오늘 바빴어."

아내가 이런 질문을 할 경우, 이 역시 외도를 슬그머니 추궁하는 상황이라 할지라도, 남편은 대충 둘러댈 수 있다. 남편이 거짓말을 할 것인지 사실대로 말할 것인지 선택하지 않으면 안 되도록 '문제를 직접 추궁' 하지 않는 한, 남편은 적당히 말을 돌리면서 사실을 숨길 수가 있다.

은폐만으로는 부족해서 처음부터 왜곡을 해야 하는 경우도 있다. 메리는 우울증과 자살 계획을 은폐함과 동시에 기분도 훨씬 나아졌고 가족과 함께 주말을 보내고 싶다는 왜곡까지 해야 했다. 취업 면접에서 거짓말을 해야 할 때도 마찬가지다. 경력이 많지 않다는 사실을 은폐해야 할 뿐 아니라 있지도 않은 경력을 부풀려 왜곡해야 한다. 따분한 파티에서 빠져나오고는 싶은데 파티 주최자들의 기분이 상하지 않게 하려면 '차라리 집에 가서 TV를 보는 게 낫다' 는 생각을 은폐만 해서는 안 된다. 내일 새벽에 출장을 가야 한다거나 베이비시터가 아이를 늦게까지 봐주지 못한다는 식으로 납득할 만한 변명거리를 찾아야 한다.

직접적으로 왜곡이 필요하지 않은 경우에도 '무엇을 숨기는 것인지 눈치 채지 못하게 하기 위해' 왜곡을 하기도 한다. 숨긴다는 사실을 위장하기 위해 뭔가를 왜곡하는 이런 방법은, 특히 감정을 숨겨야 할 때 유용하다. 더 이상 남아 있지 않은 감정을 여전히 느끼는 척 하는 것은 쉬운 일이다. 그러나 어떤 감정을 격하게 느끼는 순간에 그 감정을 감추기란 여간 어려운 일이 아니다. 짜증을 참기보다 화를 참기가 훨씬 어렵듯, 걱정보다 공포를 감추기가 더 어려운 법이다. 감정이 격할수록 그것을 숨기려고 아무리 애써도 격한 감정이 드러날 가능성이 높아진다. 이런 때 자신의 내면과 전혀 무관한 다른 감정을 느끼는 척하면 지금 겪는 감정을 감추는 데 도움이 될 수 있다. 다른 엉뚱한 감정을 꾸미다 보면 숨기고 있는 감정이 절로 드러나는 것을 막을 수 있기 때문이다.

존 업다이크John Updike의 소설 〈결혼해주오Marry Me〉. 여주인공 루스가 애인과 나누는 전화통화를 남편이 엿듣는다. 이 사건이 발생하기 전까지 루스는 사실을 왜곡하지 않고도 자신의 부정을 숨길 수 있었다. 그러나 이제 남편이 그 문제를 직접 추궁하게 된 이상, 그녀는 사실을 왜곡하지 않으면 안 된다. 여태까지 그녀가 거짓말을 해온 목적은 남편이 자신의 부정을 알지 못하게 하는 것이었다.

딕(루스의 연인)과의 통화를 마칠 때쯤, 루스는 남편 제리가 전화를 엿들었음을 깨닫고 내심 기겁한다. 남편이 마당에서 낙엽을 치우는 중이라고 생각했던 것이다. 부엌에서 갑자기 나타난 남편이 물었다.
"누구랑 통화했어?"
순간 당황한 그녀가 둘러댔다.
"아무 것도 아냐. 주일학교 담당 선생님인데, 조안나와 찰리를 등록시킬 건지 묻더라고."

당황하는 것 자체가 거짓말을 한다는 증거가 되는 것은 아니지만, 제리가 그 사실을 알아차렸다면 의심을 하게 될 것이다. 숨길 것이 없다면 당황할 일이 없을 테니까. 아무런 잘못이 없는 사람도 취조를 받으면 보통 두려움을 느끼곤 하는데, 취조하는 사람들은 대개 그 점을 고려하지 않는다. 루스는 곤란한 상황에 처하게 되었다. 거짓말을 꾸며낼 필요가 있다고 생각하지 않았기에 미처 할 말을 준비하지 않았던 것이었다. 곤경에 처한 그녀로서는 남편이 알아채지 않을까 당황스러운 감정을 숨기기 쉽지 않다. 따라서 남편 제리가 그녀의 외도를 눈치 챌 가능성은 높아진다. 그녀가 느끼는 당혹감을 감추는 것은 거의 불가능하다. 그녀가 해볼 수 있는 한 가지 방법은, 남편에게 자신의 당황스러움을 사실대로 말하고, 대신 왜 당황하게 되었는지를 달리 꾸며내는 것이다. 당황했다고 인정은 하되, 자신이 무언가를 숨기는 게 아니라 남편이 자신의 말을 믿어주지 않을까 싶어 당황했다고 둘러대는 식으로 말이다. 그러나 이전부터 제리가 루스를 의심해왔고, 그럴 때마다 그녀가 거짓말을 하지 않았다는 사실이 밝혀지지 않았다면, 그런 식의 변명은 통하지 않을 것이다. 만약 그렇다면, 지금 남편이 말도 안 되는 소리로 자신을 의심한다고 몰아세워 더 이상 자기를 의심하지 못하게 할 수 있으리라.

만약 루스가 완벽하게 포커페이스를 유지하고 아무 일 없었다는 듯 차분한 모습을 보이려 한다면, 오히려 거짓말이 통하지 않을지도 모른다. 마음의 동요로 손이 떨리기 시작하면 주먹을 쥐거나 손을 구부리는 등 뭔가 다른 행동을 하는 편이 쉽다. 가만히 손을 펴고 있는 것보다 말이다. 두려움으로 인해 입을 벌리고 그 상태에서 눈꺼풀과 겉눈썹을 치뜨면 무표정한 얼굴을 하기가 매우 힘들다. 이럴 때 이를 갈거나 입을 다물거나 눈썹을 내리거나 노려보는 등 다른 근육의 움직임을 곁들이면 감정을 효과적으로 숨길 수 있다.

겉과 속이 다른 사람들

격한 감정을 숨기는 가장 좋은 방법은 가면을 쓰는 것이다. 얼굴 전체나 일부분을 손으로 가리거나 말하고 있는 상대방으로부터 고개를 돌리는 행동은 '나는 거짓말을 하는 중이야' 고백하는 것이나 다름없다. 가장 좋은 가면은 감정을 꾸미는 것이다. 이 방법은 단순히 속이기만 하는 게 아니라 최고의 위장수단이 되기도 한다. 감정이 격해졌을 때, 손을 가만히 두거나 무표정한 얼굴을 유지하기란 어렵다. 어떤 감정을 느낄 때 태연한 표정을 짓거나 차분하거나 애매모호한 표정을 보이는 것만큼 힘든 일도 없다.

업다이크의 〈결혼해주오〉에서 제리는 루스에게 그녀의 말을 믿지 않는다고 말한다. 그리하여 루스는 당혹감을 감추기가 훨씬 더 어려워진다. 흔들리는 내면을 감추기 위해, 그녀는 분노나 경악이라는 감정을 이용할 수 있다. 자신을 믿어주지 않고 꼬치꼬치 캐묻는다며 오히려 화를 내거나, 통화를 엿듣고 있던 남편의 태도에 경악하는 척 위장하는 방법이다.

거짓말하는 사람이 모든 상황에서 감정을 숨길 수 있는 것은 아니다. 거짓말에 따라서는 감정을 꾸미지 않고 숨겨야 하는 훨씬 어려운 상황에 처할 때도 있다. 전 이스라엘 국방부 장관 에저 와이즈만Ezer Weizman은 이처럼 어려운 상황에 직면한 적이 있었다. 안와르 사다트Anwar Sadat가 예루살렘을 극적으로 방문하고 난 후 이스라엘과 이집트 군사 대표단 사이에 협상을 시작하기 위한 회담이 열렸다. 이 자리에서 이집트 대표단의 수장 모하메드 엘-가마시Mohammed el-Gamasy는 와이즈만에게 '이스라엘군이 시나이에서 또 한 차례 협상안을 내놓았다는 소식을 방금 전해 들었다' 고 말했다. 이스라엘이 기존에 체결한 합의안을 지킬 수 있는지가 여전히 논쟁거리인 상황에서 그 사실이 협상에 타격을 가할 수도 있음을 와이즈만은 알고 있었다.

> "나는 화가 났습니다. 평화의 마차가 조금 더 나아가도록 애쓰면서 안보협정을 논하는 이 와중에, 예루살렘의 동료들은 또 다른 협상을 체결하고 있었으니 말입니다. 물론 그런 감정을 공개적으로 드러낼 수도 없는 노릇이었지요."

분노를 감춰야 하는 것은, 그렇게 함으로써 예루살렘의 동료들이 사전에 그와 의논하지 않았다는 사실을 숨기기 위한 것이기도 했다. 다른 감정의 가면을 사용할 수 없는 상황일 때, 격하게 느껴지는 감정을 애써 감출 뿐, 다른 도리가 없다. 흡족해하거나 두려워하거나 우울하거나 놀랍거나 역겹거나 하는 표정을 짓는 것은 도움이 되지 않는다. 와이즈만은 가마시가 한 말이 전혀 중요한 문제가 아니라는 듯, 정중하면서도 무표정한 얼굴을 고수했다. 그의 노력이 실제로 성공했는지에 대한 기록은 남아 있지 않다.

감정을 숨길 때 가면을 사용할 수 없는 또 다른 예로 포커 게임을 들 수 있다. 누군가 엄청난 카드를 손에 넣었을 때, 벅차오르는 흥분을 감추지 않는다면 다른 참가자들이 패를 접어버릴 수 있다. 그러나 다른 감정을 느끼는 척 위장하는 것은 오히려 위험하다. 만일 그가 흥분을 감추기 위해 실망스럽거나 짜증난 표정을 짓는다면 다른 사람들은 그가 뽑은 패가 좋지 않으니 당연히 패를 접을 것이라고 생각할 것이다. 하지만 그럴 수는 없지 않은가? 따라서 당사자는 반드시 무표정한 포커페이스를 유지해야 한다. 반대로 안 좋은 카드가 들어왔을 때는 실망감이나 짜증을 감추고 패가 좋은 것처럼 허세 가면을 쓸 수 있다. 그래서 다른 사람들로 하여금 패를 접게 만드는 것이다. 하지만 다른 게이머들이 그를 초보자로 여기지 않는다면 이 방법도 그다지 소용이 없다. 노련한 포커 게이머라면 패에 대한 어떤 감정도 드러내지 않는 법을 통달했기 마련이니까. [5] 단, 포커 게임 중에 벌어지는 거짓은 내가 정의하는 거짓말에 해당하지 않는다. 포커를 한다는 것은 그 자체로 서로를 속이겠다는 의지를 서로에게 이미 드러낸 것이나 다름없기 때문이다.

자신의 감정을 숨기기 위해 다른 감정을 위장의 용도로 사용하는 가면 중에서 가장 많이 사용되는 것은 미소다. 미소는 두려움, 분노, 괴로움, 역겨움 등 모든 부정적인 감정들을 감출 수 있다. 미소가 다양하게 이용되는 이유는 미소가 주는 '편안한 이미지'에 있다. 어느 정도 편안한 모습을 보이는 것이 다양한 속임수를 펼치는 데 필요하기 때문이다. 진급에서 누락되어 낙담한 직원이 미소를 지으면 자신이 상처받았거나 화났다는 사실을 상사로부터 숨길 수 있다. 친구에게 신랄한 비판을 가하면서 속마음과 달리 걱정 어린 미소를 지으면, 좋은 의도에서 그런 이야기를 하는 것처럼 보일 수 있다.

가면으로 미소가 자주 이용되는 또 다른 이유는 일상생활 속에서 드물지 않은 표정이기 때문이다. 우리는 평소 인사를 나눌 때뿐 아니라 대부분의 정중한 대화를 나누는 동안에도 자주 미소를 짓곤 한다. 기분이 상당히 나쁘더라도 인사를 나누는 동안에는 그걸 드러내 보이거나 상대방이 알아차리게 하면 안 된다. 심기가 아무리 불편하다 하더라도 "오늘 기분이 어떠세요?"라는 질문에는 "좋아요, 고맙습니다.

당신은 어떠신가요?'라는 대답과 함께 공손한 미소를 짓는 것이 당연하다고 사람들은 생각한다. 형식적인 인사를 나눌 때, 우리는 상대방이 실제로 어떤 감정일지 별로 신경을 쓰지 않는다. 다만 일반적으로 상대방이 상냥하고 예의바른 모습을 보이리라고 무의식중에 기대한다. 상대방의 미소를 주의 깊게 살펴보는 사람들은 거의 없다. 형식적인 인사를 나눌 때의 거짓말, 다시 말해서 미소라는 가면에 우리는 익숙해져 있는 것이다. 이런 미소까지 거짓말이라고 부르는 것은 옳지 않다고 생각하는 사람이 있을지 모르겠다. 어쨌거나 '형식적인 인사'에는 실제로 느끼는 감정이 그대로 전달되지 않을 것이라는 암묵적인 규칙이 숨어 있기 마련이다.

미소가 가면으로 많이 사용되는 또 다른 이유는 자발적으로 지을 수 있는 표정들 가운데서 가장 쉽게 꾸며낼 수 있기 때문이다. 아기들은 만 한 살이 되기 전부터 '의도적으로' 미소를 지을 수 있다. 미소는 아기들이 가장 초기부터 '다른 사람들을 즐겁게 하기 위해' 지을 수 있는 표정들 가운데 하나다.

실제로 느끼지 않는 감정들을 억지로 꾸며야 할 때 유용하게 이용할 수 있는 것이 바로 미소다. 그러나 억지로 꾸며낸 미소를 지어보이는 타이밍이 맞지 않는 실수가 종종 벌어질 수 있다. 미소를 너무 빨리 짓거나 너무 늦게 짓는 것인데, 미소를 지으면서 말했어야 할 단어를 미처 말하기 전에 미소를 짓거나, 아니면 말을 하고 나서 한참 후에야 미소를 짓는 경우가 그러하다. 어쨌든 미소를 짓는 것은 그다지 어려운 행동이 아니다. 다른 감정들을 표현하는 경우에 비하면 말이다.

대부분의 사람들은 부정적인 감정들을 꾸며내는 것을 어려워한다.

나는 대부분의 사람들이 '괴로움이나 공포를 현실감 있게 꾸며내는 데 필요한 특정 근육을 자발적으로 움직이지 못한다'는 사실을 밝혀냈다. 실제로 느끼지 않는 분노와 역겨움을 꾸며내는 일은 대개는 실수를 동반하곤 한다. 거짓말을 하는 데 미소가 아니라 부정적인 감정을 꾸며낼 필요가 있다면, 이것은 무척 어려운 일이 될 것이다. 물론 예외적인 사람들도 있다. 히틀러는 부정적인 감정들을 쉽사리 그럴듯하게 꾸며낼 수 있는 연기의 귀재였다. 영국 대사와의 회담에서, 히틀러는 극도로 화가 난 척을 해서 더 이상 회담을 진행할 수 없는 상황을 만들었다. 그 자리에 있었던 독일 관료는 당시 상황을 이렇게 기록했다.

대사가 나가고 문이 채 닫히기도 전에 히틀러는 자기 허벅지를 탁 치면서 웃음을 터뜨렸다.
그리고 말했다.
"회담에서 한 마디도 하지 못했다는 사실을 체임벌린은 견딜 수 없을 거야. 오늘밤이면 그의 내각도 끝이야."

은폐와 왜곡 말고도 거짓말을 할 때 사용하는 여러 가지 방법들이 있다. 한 가지 방법은 앞에서 설명했다. 〈결혼해주오〉의 루스가 당혹감 속에서도 남편을 속이기 위해 어떻게 해야 하는지 설명할 때 말했던 그 방법 말이다. 당혹감을 감추는 것은 어려운 일이다. 그러므로 애써 감추지 말고 인정은 하되, 당혹감을 느끼게 된 이유에 대해서 거짓말을 하는 것이다. 그럼으로써 그녀는 자신의 결백뿐 아니라 '남편이 자신을 믿어주지 않을까봐 두려운 마음에 당황했을 뿐'이라고 우길 수가 있다.

이 방법을 메리가 사용했다면 어땠을까? 정신과 의사가 환자 메리에게 이렇게 묻는 상황을 가정해보자.

"오늘 긴장한 것 같아 보이는데, 왜 그러나요?"

메리는 마찬가지로 긴장했다는 사실은 인정하면서도 그 원인에 대해서는 거짓말로 둘러댈 수 있을 것이다.

"가족들과 함께 주말을 보낼 수 있게 되기를 너무나도 간절히 원했거든요. 그래서 좀 긴장되네요."

실제로 느끼는 감정은 사실대로 밝히되 그 감정을 느끼게 만든 원인에 대해서는 거짓말을 하는 것이다.

또 다른 기술로는 '사실을 말하되 상대방이 믿지 않도록 일부러 꼬아서 말하는 방법'이 있다. 진실을 말하긴 하지만 꾸며서 말하는 것. 지금 누구와 통화를 했느냐고 제리가 물었을 때, 루스는 이런 식으로 대답할 수가 있을 것이다.

"애인하고 통화했어. 한 시간에 한 번씩은 전화가 와. 하루에 세 번씩 잠자리를 가지다보니, 시간 약속을 하려면 계속해서 통화를 해야 되거든."

상대방을 비꼬듯 놀리듯 과장되게 말함으로써 의심을 거두도록 하는 것이다. 조롱 섞인 목소리나 표현 또한 상대방을 속이는 데 효과적이다.

진실을 꾸며서 말하는 또 다른 예는 로버트 달리Robert Daley의 저서이자 동명 영화 〈도시의 왕자: 지나치게 많이 아는 경찰관의 실화〉에도 등장한다. 부제에서도 알 수 있듯 이 작품은 실화를 바탕으로 하고 있다. 로버트 루시Robert Leuci는 연방 검사들을 위해 일하는 비밀 정보원이다. 경찰관, 변호사, 보석 보증인, 마약 밀매자, 그리고 마피아 단원 등이 연루된 부패 사건의 증거를 얻는 것이 그의 일이다. 루시는 옷 속에 녹음기를 감추고 증거의 대부분을 수집했다. 그러다 한 번은 정보원으로 의심을 받는다. 녹음 장치가 발각되면 그의 목숨이 위험해지게 된다. 루시는 의심 가득한 범인들 가운데 한 사람, 데스테파노 DeStefano에게 이렇게 말한다.

"오늘 밤에는 주크박스 옆에 앉지 말자고. 도청 녹음을 할 수 없거든."

루시는 자신이 실제로 정부 요원으로 일하고 있으며, 저기 건너편에 있는 웨이트리스도 속옷 안에 녹음기를 숨겼다며 떠들어대기 시작했다. 모두들 큰 소리로 웃음을 터뜨렸지만 데스테파노만은 씁쓸한 웃음을 지었다.

"하나도 안 웃겨."

루시는 큰 소리로 진실을 떠벌리면서 데스테파노를 조롱하듯 했다. 더불어 웨이트리스 또한 팬티나 브라에 녹음기를 숨기고 있다는 농담으로 데스테파노가 더 이상 자신을 의심하는 게 어리석어 보이게 만들었다.

진실을 꾸며서 말하는 것과 비슷한 것으로는 '반쯤 숨기는 방법'이 있다. 사실을 말하되 일부분만을 말하는 것이다. 중요한 부분을 빼거나 대충 말하면 거짓으로 꾸며대지 않아도 속일 수가 있다. 〈결혼해주오〉에서 인용한 사건이 발생하고 난 후, 부부가 함께 침대에 눕는 장면이 나온다. 제리가 루스를 끌어안으며 당신은 누구를 좋아하는지 묻자, 루스가 이렇게 말한다.

> "당신을 좋아하죠. 그리고 저 나무에 있는 비둘기들도 좋아하고 우리 집 쓰레기통을 엎어 놓는 개만 빼고는 이 마을의 개들도 모두 좋아해요. 물론 고양이들도 좋아해요. 룰루를 임신시킨 고양이만 빼면요. 해변 라이프가드들도 좋아하고 내가 유턴할 때 고래고래 소리쳤던 경찰관만 빼고는 경찰관들도 다 좋아해요. 그리고 친구들도 좋아해요, 특히 내가 술에 취했을 때는."
> "딕 마르시아스는 어때?(딕은 루스의 애인이다)"
> "싫진 않아요."

거짓을 꾸며내지 않아도 되는 또 다른 기술로는 '상대방이 잘못된 추론을 하게 만드는 방법'이 있다. 가까운 친구에게 그가 실망할 만한 이야기를 해줄 수도 없고 그렇지 않을 수도 없어서 당황스러운 상황에서 사용할 수 있는 기술을 보자.

평론가인 당신은 지금 친구 제리의 미술 전시회 오프닝에 있다. 그런데 작품이 너무 형편없어서 신문에 그 평을 쓰기조차 어려울 정도다. 전시회장에서 몰래 빠져 나가려던 당신을, 제리가 발견하고는 달려왔다.

"작품 어땠어?"

이때 당신은 어떻게 상황을 모면할 수 있을까. 먼저 감정이 북받쳐 오는 듯 상대방의 눈을 뚫어져라 쳐다보며 이렇게 말한다.

"제리!"

상대방의 손을 부여잡고 눈을 응시한다. 그리고 계속 말하는 것이다.

"아, 제리, 제리, 제리."

열이면 열, 제리는 당신이 자신의 작품에 크게 감동했다고 넘겨짚고는 겸손한 미소를 지을 것이다.

이 방법을 변형할 수도 있다. 수다스러운 미술 비평가처럼 제삼자가 볼 수 없게 그에게 슬그머니 다가가서 말하는 것이다.

"제리, 제리. 누군들 무슨 말을 할 수 있겠나?"

또는 좀 더 꾸며낸 듯 낮은 목소리로 말할 수도 있다.

"제리, 정말 말로 표현할 길이 없네."

아니면 좀 비꼬는 듯한 말투로 이렇게 말해도 좋다.

"다들 이 작품 이야기만 하고 있어. 알고 있나, 제리?"

반쯤 숨기는 방법이나 사실을 꾸며서 말하는 방법과 마찬가지로 이 방법의 장점은 거짓말하는 사람이 '거짓을 꾸밀 필요가 없다' 는 것이다. 그럼에도 불구하고 나는 이런 것들을 거짓말로 분류한다. 반복되는 이야기처럼 상대방에게 속이겠다는 사전 통지 없이 상대방을 고의적으로 속이려 했기 때문이다.

이런 거짓말들은 서툰 행동으로 인해 탄로가 나기 쉽다. 거짓이 드러날 수 있는 단서에는 두 종류가 있다. 하나는 실수로 진실이 드러나는 경우. 또 하나는 진실이 드러나지는 않더라도 실수로 인해, 들은 말이나 본 것이 사실이 아니라는 점이 우연히 드러나는 경우. 거짓말을 하는 사람이 실수로 사실을 말하게 되는 경우를 나는 '누설' 이라고 부르겠다. 거짓말쟁이의 행동으로 인해 거짓말을 한다는 사실이 발각된 경우, 나는 그걸 '거짓말 단서' 라고 부른다. 기분이 괜찮다는 말을 할 때 메리가 주먹을 꼭 쥐고 있는 것을 발견했다면, 의사는 거짓말 단서를 얻은 셈이다. 메리가 병원 치료에 화가 난 건지, 의사인 자신을 못마땅해 하는 것인지, 미래에 대한 두려움을 가지고 있는 것인지, 지금 실제로 어떤 기분인지 등은 그녀가 사실을 털어놓기 전까지는 알 방법이 없다. 때로는 표정, 목소리, 말실수, 제스처로 인해 그녀의 실제 감정이 살짝 드러날 뿐이다.

거짓말 단서는 상대방이 숨기고 있는 것이 무엇인지 알려주지는 못한다. 그러나 상대가 거짓말을 하고 있는 것인지 여부는 분명하게 알려준다. 숨기고 있는 것이 무엇인지는 상대방이 누설을 해야 알 수 있다. 숨기고 있는 것 자체가 아니라 상대방이 거짓말을 하는 것인지 아닌지가 중요한 문제라면 이 같은 거짓말 단서만으로도 충분하다. 누설까지는 필요가 없다. 회사가 거짓말 단서를 포착해 취업지원자가 거짓말을 하고 있다는 사실을 감지하면, 그것만으로도 충분하다. 거짓말하는 지원자는 채용하지 않으면 그만이다. 그가 어떤 거짓말을 하는 것까지 알아낼 필요는 없다.

하지만 항상 그런 것은 아니다. 정확히 무엇을 숨기고 있는지를 알아내는 것이 중요한 때도 있다. 믿고 있던 직원이 횡령을 했다면 그 사실을 알아채는 것만으로는 충분하지가 않다. 직원이 거짓말했다는 사실은 거짓말 단서를 통해 알 수 있을 것이다. 그러면 직원을 추궁해 자백을 받아낼 수 있다. 하지만 사태를 정리하고 직원을 해고한 후 기소 절차까지 끝냈다 하더라도, 고용주는 여전히 어떻게 횡령을 했는지, 횡령한 돈으로 무엇을 했는지 등의 진실을 알 필요가 있다. 히틀러가 거짓말을 하고 있다는 거짓말 단서를 체임벌린이 포착했다 해도, 그것만으로는 만족스럽지 않다. 숨기고 있는 것이 무엇인, 요컨대 히틀러가 어떤 계획으로 다른 나라를 점령하려고 하는지, 얼마나 많은 나라들을 집어 삼키려고 하는지 알아차릴 만한 누설이 있어야 하는 것이다.

누설은 단서에 비해 더 많은 사실을 드러낸다. 그러나 때때로 누설은 피해자가 알고 싶어 하는 숨겨진 사실을 '전부가 아닌 일부'만 드러내기도 한다. 〈결혼해주오〉의 사건을 다시 떠올려보자. 루스의 평소 같지 않은 목소리로 인해, 제리는 루스가 통화했다는 사람이 주일학교 교사가 아니라는 확신을 가지게 된다. 그리고 그녀가 거짓말을 하고 있다고 믿는 이유를 이렇게 설명한다.

"당신 목소리 때문이야."

"내 목소리가 어땠는데?"

제리는 마치 미술작품을 바라보는 듯 허공을 응시했다. 그는 젊고 말 랐으며 지쳐 보였다. 그리고 머리는 지나치게 짧았다.

"달랐어. 더 따뜻했고. 여성스런 말투였어."

"나 여자 맞잖아."

"나한테 말할 때와는 달랐어."

그녀의 목소리는 사실 주일학교 선생이 아니라 숨은 애인과 통화할 때나 어울리는 종류의 것이었다. 그녀의 목소리로 인해, 그녀가 바람 을 피우는 것이 아닌지 의심할 수 있었다. 그러나 전체적인 상황을 파 악할 수는 없었다. 그녀의 외도가 막 시작된 것인지 한창 진행 중인 것인지, 상대가 누구인지도 알 수가 없었다. 하지만 그는 평소와 다른 목소리라는 '단서'를 통해 아내가 거짓말을 하고 있다는 사실 이상의 것을 알 수 있었다.

'상대방을 속이겠다는 의도를 알려주지 않은 채 고의로 상대방을 속이는 행위'가 거짓말이라고 앞서 정의했었다. 거짓말에는 크게 두 가지 형태가 있다. '사실적인 내용을 밝히지 않는 은폐'와 '허위 사실 을 진실인 것처럼 제시하는 왜곡'. 거짓말을 하는 다른 방법으로, 실 제로 느끼는 감정은 인정하면서도 그 원인에 대해서는 거짓말을 하는 '현혹'이 있다. 또한 사실을 털어놓되 과장되거나 조롱이나 장난처럼 상대방이 정확한 사실을 파악할 수 없게 만들거나 오해를 불러일으키도록 하는 방법이 있다. 더불어 진실의 일부만 인정해서 나머지 숨겨진 사실에 대해서는 상대방이 관심을 가지지 않도록 하는 방법이 있다. 또한 사실을 말하되 자신이 한 말을 상대방이 오히려 정반대로 생각하고 잘못된 추론을 하게 하는 방법도 있다.

거짓말을 알아차릴 수 있는 힌트에는 두 종류가 있다. 거짓말을 하는 사람이 무심결에 사실을 드러내는 '누설'과, 거짓말하는 사람의 행동을 통해 그 사람의 말이 사실이 아님을 알게 되는 '거짓말 단서'. 누설과 거짓말 단서 모두 실수에서 비롯된다. 그렇다고 사람들이 항상 실수를 저지르는 것은 아니다. 또한 모든 거짓말이 탄로 나는 것도 아니다.

거짓말에 대한 새로운 기준

복Bok은 의도적인 은폐를 '비밀'이라고 정의한다. 그러나 비밀과 은폐의 거짓말을 구분하는 기준은 '사전 통보'로, 이런 식의 정의는 혼동의 여지가 있다. 나는 '정보를 드러내지 않겠다는 의도를 사전에 통보한 상황'을 비밀이라고 생각한다. 뭔가를 '비밀'이라고 말함으로써, 우리는 프라이버시를 유지하기 위해 정보를 알리지 않겠다는 권리를 밝힌다. 비밀은 한 사람이 간직할 수도 있고 두 명 이상의 사람들이 비밀이라고 생각하는 정보를 다른 사람들에게 알리지 않을 수도 있다. 내 딸에게 남자친구가 있냐고 물으면 딸아이는 "그건 비밀이에요"라고 정당하게 말할 수가 있을 것이다. 만일 딸애에게 실제로 남자친구가 있다면 그 사실을 나에게 알리지 않고 숨긴 것이 되지만 미리 숨기겠다는 의도를 밝혔기 때문에 비밀이 되는 것이다. 예를 들어 딸애에게 남자친구가 있느냐고 묻지는 않았지만 과거에 우리가 나누었던 대화를 통해 내가 그 문제에 관심이 있다는 것을 딸애가 알고 있다고 가정해보자. 그녀에게 남자친구가 있는데 그 사실을 나에게 말하지 않는다면 딸애는 '사실을 은폐' 하는 것이다. 그녀는 진실을 숨길 수 있는 권리를 밝히지 않았기 때문에 이것은 비밀이 아니며, 그렇다고 연애 생활을 나에게 알릴 의무가 있다는 점에 동의한 것도 아니기 때문에 거짓말이라고 할 수도 없다.

지키지 못한 약속은 거짓말이 아니다. 클린턴 대통령이 취임하기 일주일 전, 한 기자가 '대선 운동 기간 중 아이티 이주민에 대한 부시 전 대통령의 입장을 비판했는데도 불구하고 이제 그 입장을 수용하기로 한 이상 공약을 깬 것' 이라며 그를 비난했다. 클린턴 대통령은 다소 화를 내는 듯한 표정으로 '상황이 바뀌었는데도 불구하고 정책을 바꾸지 않는다면 국민들이 자신을 바보로 여길 것' 이라며 자신을 변호했다. 나의 판단으로는 클린턴 대통령이 부시 전 대통령을 비판하던 그 순간, 훗날 자신이 그 정책을 그대로 따를 것이라고 결심하지 않았다면 거짓말이라고 할 수 없으리라 생각한다. 부시 전 대통령이 임기 말 세금을 올리려고 했을 때 거짓말쟁이로 비난받았던 일을 생각해 보자. 분명 그는 선거 운동 중에 세금을 올리지 않겠다는 공약을 내세우긴 했다. 그러나 공약을 낼 당시에 그걸 깨뜨릴 의도가 있었다는 점을 입증할 수 있는 경우에만 거짓말쟁이로 낙인찍혀야 마땅할 것이다.

기억하지 못하는 경우 역시 거짓말이라고 할 수 없다. 비록 거짓말이 발각되었을 때 거짓말쟁이들이 주로 하는 변명이 '기억나지 않는다'는 발뺌이긴 하지만 말이다. 후회스러운 행동을 잊어버리는 것이 드문 일은 아니지만 실제로 잊어버렸다면 그것을 거짓말이라고 생각해서는 안 된다. 그러나 대개는 '실제로 기억을 못하는 것인지 아니면 그렇게 주장하는 것 자체가 또 다른 거짓말인지' 판단할 수 없을 때가 더 많다.

실제로 벌어진 일을 잘못 설명한다고 해서 반드시 속이려는 의도를 가지고 있다고 할 수는 없다. 고의적으로 속이려는 의도가 없었다면 허위진술 역시 거짓말로 여겨서는 안 된다. 허위진술이 중요한 이유는 무엇인가? 단순히 정의의 문제가 아니다. 당사자가 거짓말을 하는 것이 아니라면, 그래서 진술을 하는 그 순간에 남을 속인다고 믿지 않는다면 그의 태도는 진실한 사람과 같을 것이라고 생각한다. 설명하는 사람이 설명하는 그 순간에 거짓말이라고 생각하지 않는다면 '그 설명이 거짓임을 나타내는 행동단서'는 보이지 않을 것이라고 나는 추측한다. 이런 예상을 뒷받침하는 직접적인 증거는 없지만 태도로 인해 거짓말이 탄로 나는 경우에 관한 일반적인 이론과 일치하는 데다, 다른 증거 역시 이런 설명을 뒷받침한다.

사람들이 거짓 정보를 제공하면서도 이를 '자기 스스로 사실이라는 믿는' 경우는 여러 가지가 있다. 사람들은 사건을 오해한다. 특히 다른 사람들의 어떤 행동이나 행동의 의미를 잘못 해석하는 경우가 있다. 자기 경험에 비추어 자신이 바람직하다고 생각하는 행동방식으로 문제를 해석하는 것은 오해일 뿐 거짓말은 아니다. 그런 상황을 나는 자기기만이라고 생각하지 않는다. 모든 오해나 잘못된 해석이 자기기만은 아닌 것이다.

피해자가 자신과의 성관계를 원했다고 주장하는 강간범을 생각해보자. 그렇지 않다는 사실을 뻔히 알면서도 처벌을 피하기 위해 이렇게 주장하는 강간범들이 있긴 하지만 그 주장만으로는 그것이 거짓말인지 아닌지 알 수가 없다. 희박하긴 하지만 가능성이 전혀 없는 것은 아니다. 예를 들어 데이트 중에 발생한 강간이었고 피해자가 겁이 많거나 너무 두려운 나머지 약하게 한 번 저항하는 것에 그쳤다고 가정해보자. 강간범은 이를 잘못 해석한 나머지 이후 저항을 멈추고 소극적으로 행동한 피해자가 성관계에 동의한 것으로 생각할 수도 있을 것이다. 이 경우 강간범을 자기기만의 희생자로 볼 수 있을까? 자신의 욕정을 충족시키기 위해 피해자의 행동을 잘못 해석했다는 사실을 전혀 인식하지 못했다는 확실한 증거가 있는 한 그렇다고 생각한다. 실제로 강간이 발생하긴 한 것일까? 이 문제에 대한 대답은 틀림없이 '그렇다'라고 생각한다. 비록 그렇지 않다고 생각하는 강간범이 피해자가 동의의 뜻을 표시했다고 주장할 때는 나름대로 자신이 생각하는 진실을 말하는 것일 수도 있겠지만 말이다. 그런 식으로 주장하는 사람의 태도가 진실하게 보이는 이유 가운데 하나는 그 사람이 자신의 주장을 '거짓 아닌 사실'이라고 믿기 때문이다.

물론 거짓말하는 사람이 완전히 진실해 보이는 이유는 이것만이 아니다. 타고난 연기자는 자신이 연기하는 역할에 몰입하여 한 순간 자신이 하는 말이 진실이라고 믿는다. 그렇기 때문에 행동 또한 진실 되어 보이는 것이다.

자신이 하는 거짓 설명이 진실이라고 믿는 경우가 '해석을 잘못했을 때'만은 아니다. 처음에는 자신의 말이 거짓이라는 것을 알지만, 시간이 지나면서 자신의 거짓말을 스스로 믿게 되는 경우가 있다. 자신의 거짓말이 '실제로 발생한 일을 사실대로 말한 것'이라고 믿게 되면 그 사람은 진실해 보일 수가 있다. 아동 성 학대 혐의로 기소된 사람이 '아이가 귀여워서 안아주었을 뿐 아이가 원하지 않거나 좋아하지 않는 나쁜 짓은 하지 않았다'고 주장하는 경우를 생각해보자. 처음에는 자신이 거짓말한다는 사실을 알고 있지만, 시간이 지나면서 거짓말을 여러 차례 반복하다보면 거짓말을 사실이라고 믿게 될 수도 있다. 그런 사람의 의식 속에는 '아이를 강제로 추행한 실제 사건에 대한 기억'과 '아이가 귀여워 안아주기만 했다는 꾸며낸 믿음'이 모두 존재할 수 있다. 시간이 지나면서 실제의 기억이 점점 흐려지거나 아예 없어질 수도 있다.

실제로 선생님이 자신을 추행한 일이 없음에도 불구하고 추행당했다고 의도적으로 거짓말을 하는 아이의 경우를 생각해보자. 삐딱한 학습태도를 지적하며 수업 시간 중에 모욕을 준 선생님에게 복수하겠다는 생각에서, 아이는 그 선생님이 '자신을 추행했고 이따금 이상한 말과 행동을 했으며 다른 아이들에게도 그랬다'는 식의 줄거리를 머릿속에 구상할 것이다. 그리고 시간이 지나면서 여러 차례 거짓말을 반복하고 가다듬은 아이는, 실제로 자신이 선생님에게 추행당했다고 믿게 될 수도 있다.

이런 사례들이 얼마나 자주 발생하는지 알지 못하기 때문에 문제가 까다로워지는 것이다. 또한 어른에 비해 아이가 '거짓을 진실이라고 더욱 잘 믿는 경향이 있는 것인지'도 확실치 않다. 이런 현상이 특정한 성격과 관련된 것인지도 아직 알려지지 않았으며, 어떤 기억이 사실인지 일부나 전체가 꾸며진 것인지 판단할 수 있는 확실한 방법조차 없다. 단, 거짓 설명을 하는 사람이 스스로 거짓말을 한다는 사실을 알고 있는 경우에 한해 그것을 구분할 수 있는 방법이 있기는 하다.

왜 거짓말을 하는가

아이들과의 상담과 성인을 대상으로 실시한 설문 조사 결과 아홉 가지 거짓말 동기를 발견할 수가 있었다.

1. **처벌을 피하기 위해** : 이것은 아이들과 성인 모두 가장 많이 언급했던 동기다. 잘못한 행동이나 우연한 실수에 대한 처벌이 이에 해당된다.

2. **다른 식으로 얻을 수 없는 상을 받기 위해** : 이것은 아이와 성인 모두가 두 번째로 가장 많이 언급했던 동기다.

3. **다른 사람이 처벌받지 않도록 보호하기 위해**

4. **물리적인 해를 입지 않기 위해** : 물리적인 해에 대한 위협은 잘못한 행동에 대해 주어지는 것이 아니기 때문에 처벌과는 다르다. 이를테면 낯선 사람이 찾아왔을 때 혼자 집을 보는 아이가 '아빠가 낮잠을 주무시고 계시니 나중에 오라'고 말하는 경우를 들 수 있다.

5. **다른 사람으로부터 존경 받기 위해**

6. **어색한 상황에서 빠져나오기 위해** : 따분한 파티에서 빠져나오기 위해 베이비시터 문제가 있다고 거짓말을 하거나 누가 찾아왔다며 전화를 끊는 경우가 이에 해당된다.

7. **수치심을 피하기 위해** : 오줌 싼 아이는 처벌이 두려운 게 아니라 창피를 당하는 게 두려워 물을 쏟았다고 거짓말을 하기도 한다.

8. **어떤 정보를 사적으로 유지하고 싶다는 생각을 통보하지 않은 채 프라이버시를 유지하기 위해**

9. 표적이 가질 수 있는 정보를 통제함으로써 다른 사람들에게 권력을 행사하기 위해

누가 거짓말을 하는가

'행동을 통해 거짓말을 감지' 하는 것은 말처럼 쉽지 않은 일이다. 《텔링라이즈》 초판 출간 이후 꾸준히 진행된 연구 결과는 이런 견해를 뒷받침하기도 하고 반박하기도 한다. 돈을 훔치는 것과 관련된 거짓말과 자신의 의견을 거짓으로 표현하는 거짓말 실험에서, 우리는 표정만을 근거로 거짓말하는 사람과 진실한 사람을 80퍼센트 이상 구분할수 있었다. 거기에 몸짓과 목소리, 말 표현에 대한 분석까지 더하면 90퍼센트 이상 확인할 수 있을 것이라고 예상한다. 그러나 이런 판단을내리는 데는 많은 시간이 걸린다는 점을 명심해야 한다. 거짓말쟁이의 모습을 담은 동영상을 단 한 번 보고 거짓말하는 사람을 맞힐 확률은 '우연히 맞추는 정도' 밖에 되지 않는다.

우리는 거짓말하는 사람과 진실을 말하는 사람을 구별하는 일반적인 능력이 존재한다는 근거를 발견했다. 절도와 관련된 거짓말을 탐지할 때의 정확도와 의견에 관한 거짓말을 탐지할 때의 정확도에 상관관계가 있었다. 이것은 '대가가 높을 경우' 거짓말의 내용에 상관없이 유사한 행동단서가 나오는 때문이다. 물론 거짓말마다 특정한 종류의 행동단서가 나타나는 빈도가 다를 것이다. 예를 들어 의견에 대한 거짓말의 경우 절도에 관한 거짓말보다 말하는 내용에서 더 많은단서가 나타난다. 그러나 거짓말의 내용과 무관하게 거짓말하는 사람

이 말을 많이 할 경우에는 좀 더 정확한 판단이 가능하다. 훌륭한 상담관이라면 상담 받는 사람이 말을 하도록 유도하는 것이 주된 임무임을 알 것이다. 연구에 따르면 말을 많이 할수록 더 좋다. 말 속에서만 더 많은 단서를 찾을 수 있을 뿐 아니라, 말을 할 때 표정 몸짓, 목소리에서도 더 많은 단서가 나타나기 때문이다.

또한 성공적으로 거짓말을 할 수 있는 능력이 거짓말의 종류와는 무관하다는 증거도 발견했다. 의견에 대한 거짓말을 성공적으로 하는 경우와 절도에 관한 거짓말을 성공적으로 하는 경우 상관관계가 있었다.

우리는 의견에 대해 거짓말하는 사람을 남보다 잘 구분하는 세 가지 직업군을 발견했다. 한 그룹은 행동을 보고 거짓말을 탐지하는 방법에 관한 1일 워크숍에 자발적으로 참가한 다양한 연방기관 요원 집단이었다. 이 과정은 의무 과정이 아니었으며 그들 모두 자진해서 참석한 사람들이었다. 다른 그룹과 마찬가지로 이 그룹 역시 워크숍이 시작되기 전에 거짓말을 탐지하는 능력에 관한 테스트를 치렀다. 경찰관이나 연방 판사에 비해 연방기관 요원들이 훨씬 더 정확했다.

두 번째로 정확성이 뛰어난 그룹은 다른 경찰관들에게 면담하는 방법을 가르치는 2주짜리 과정에 자발적으로 참가한 여러 경찰서 소속 경찰들이었다. 대부분의 경우 이들은 훌륭한 면담관이라는 평판을 받은 사람들로, 다른 경찰들에 비해 정확성이 훨씬 더 높았다.

세 번째로 정확성이 뛰어난 그룹은 이틀간의 수입을 포기하고 '거짓말과 행동' 이라는 과정을 수강한 개인병원 임상 심리학자 집단이었다. 이들은 이 과정을 수강하지 않은 다른 임상 심리학자 비교 집단과 심리학 교수 집단보다 훨씬 더 정확했다.

미국 비밀 경호국, 연방 요원, LA 보안관, 임상 심리학자 그룹 등 정확성이 뛰어난 네 그룹 가운데 실제로 우연보다 낮은 정확도를 보인 사람은 단 한 명도 없었으며 1/3 이상이 80퍼센트 이상의 정확도를 기록했다. 이에 비해 다른 그룹들은 정확도가 뛰어난 사람이 10퍼센트도 채 되지 않았으며 대부분 우연히 맞출 확률 정도의 정확도를 보였다. 그보다 못한 사람도 몇 명 있었다.

정신과 의사, 판사, 변호사, 경찰, 연방 기관 요원, 심리학자 등 연구 대상들을 모두 살펴본 결과 우리는 나이, 성별, 경력이 정확성과 무관하다는 사실을 발견했다. 가장 정확한 사람들은 다른 사람들에 비해 자신의 능력에 더 많은 자신감을 가지고 있었지만 전체적으로 자신감은 정확성과 상관관계가 약한 것으로 나타났다. 미세 표정을 포착하는 능력은 거짓말 내용에 상관없이 진짜 감정과 가짜 감정을 구별하는 정확성과 관계가 있었다.

가장 정확성이 뛰어난 그룹들은 다른 사람들에 비해 거짓말을 탐지하는 능력이 훨씬 더 뛰어났다. 그러나 진실을 분간하는 능력은 다른 사람들과 별 차이가 없었다. 이점은 '거짓말이라는 의심을 받는 진실한 사람을 판별하는 방법' 을 반드시 가르쳐야 한다는 필요성을 분명하게 시사한다.

제2장

거짓말쟁이의 위험한 베팅

거짓말이 탄로 나는 이유는 다양하다. 숨겨진 서류나 손수건에 난 립스틱 자국처럼, 우연히 거짓말이라는 증거가 드러나는 경우가 그 한 가지다. 제삼자가 거짓말을 폭로하는 상황도 있다. 이 경우 질투하는 동료, 버림받은 배우자, 고용된 정보원 등이 중요한 역할을 한다.

여기서는 '자신도 모르게 저지르는 실수로 인해 거짓말이 탄로 나는 경우'만을 살펴보겠다. 표정의 변화, 몸의 움직임, 억양의 변화, 침을 삼키는 동작, 깊은 한숨, 얕은 숨, 말을 멈추는 행위, 말실수, 미세한 표정, 어울리지 않는 제스처 등을 통해 무심결에 거짓말이 드러나기도 하고 거짓말 단서가 나타나기도 한다.

거짓말쟁이들은 왜 이런 행동을 통제하지 못하는 것일까? 물론 통제할 때도 있다. 거짓말쟁이가 하는 말이나 행동이 전혀 거짓말처럼 여겨지지 않는 완벽한 거짓말도 있다.

그런데 왜 항상 완벽하지는 못한 것일까? 이는 '생각과 관련된 이유'와 '감정이 관련된 이유'가 있다.

앞뒤가 맞지 않는 말

거짓말쟁이가 언제 거짓말을 해야 하는지 항상 아는 것은 아니다. 어떤 식으로 거짓말을 할 것인지 계획하고 연습하고 기억할 시간이 항상 있는 것도 아니다. 앞서 인용했던 〈결혼해주오〉의 루스 역시 남편 제리가 애인과의 전화통화를 엿들을 줄은 생각도 못했었다. 그래서 '주일학교 선생과 통화한 것'이라는 돌발적인 거짓말을 하게 된 것이다.

사전에 충분한 시간 여유가 있어서 어떻게 거짓말을 할 것인지 미리 계획했다고 해도, 상대방의 질문을 전부 예상하고 답변을 준비할 만큼 영리한 거짓말쟁이는 없을 것이다. 영리함만으로는 충분하지 않을 수도 있다. 다른 경우라면 들통 나지 않았을 법한 거짓말도 상황이 갑자기 바뀌는 바람에 탄로 날 수가 있기 때문이다. 워터게이트 사건의 대배심이 열리는 동안, 닉슨 대통령의 특별 보좌관인 프레드 부처드Fred Buzhardt의 증언을 들은 존 시리카John J. Sirica 연방 판사는 다음과 같이 이 문제를 꼬집었다.

"테이프가 사라진 이유를 프레드 부처드가 설명했을 때, 가장 큰 문제는 말의 앞뒤가 맞지 않는다는 것이었다. 대배심 첫날 부처드는 타이머가 고장 나는 바람에 4월 15일에 닉슨 대통령과 딘과의 회담을 녹음할 수 없었다고 진술했다. 그러나 얼마 못 가서 그는 자신의 진술을 뒤집었다. 타이머가 제대로 작동하고 있었다는 것을 입증하는 다른 증거가 있음을 알게 된 것이었다. 그는 '4월 15일 딘과의 회담이 녹음되지 않은 이유는 그 날 회담이 많았던 관계로 가지고 있던 테이프 두 개를 모두 써버렸기 때문' 이라고 말했다."

상황이 바뀌는 바람에 말을 바꿔야 하는 경우 말고도, '자신이 했던 말을 기억하지 못하는 바람에' 다른 질문을 받게 되었을 때 일관적인 대답을 얼른 하지 못하는 사람도 있다.

이처럼 언제 거짓말을 해야 하는지 예상 못하거나, 변하는 상황에 맞게 거짓말을 지어내지 못하거나, 자신이 한 말을 제대로 기억 못하는 등의 실수로 인해 거짓말 단서는 쉽게 눈에 띄게 된다. 거짓말쟁이가 하는 말이 일관적이지 못하거나, 그 당시 또는 나중에 알게 된 불변의 사실과 일치하지 않는 것이다. 그러나 그런 '거짓말 단서' 들은 생각만큼 단순한 게 아니다. 이를 무턱대고 믿어서도 안 된다. 지나치게 거침없이 말을 잘 한다는 것은 치밀한 계획을 세운 사기꾼일 수도 있다는 뜻이다. 더 심각한 문제는 이 점을 알고 있는 사기꾼이 '너무 빈틈없이 말한다는 인상을 주지 않으려고' 일부러 작은 실수를 저지르기도 한다는 것이다. 하워드 휴즈Howard Hughes의 사기 사건을 취재한 제임스 펠런James Phelan 기자는 이런 식의 속임수에 관한 기막힌 사례를 들려주었다.

항공사와 라스베이거스 최대 도박장의 소유자이자 영화제작자이기도 했던 억만장자 휴즈를 봤다는 사람은 몇 년 동안 아무도 없었다. 너무도 오랫동안 공개석상에 모습을 드러내지 않았기 때문에, 사람들은 그가 과연 살아있기나 한 것인지 의심하기도 했다. 그런데 그렇게 은둔 생활을 하는 사람이 누군가에게 자신의 자서전을 쓰도록 허락했다니 놀라운 일이었다. 어쨌거나 클리포드 어빙Clifford Irving은 자신이 그의 자서전을 썼다고 주장했다. 맥그로힐McGraw-Hill 출판사는 그 책을 출판하는 대가로 어빙에게 75만 달러를 지불했다. 〈라이프Life〉지도 자서전의 세 부분을 잡지에 싣는 대가로 25만 달러를 지불했다. 그러나 이 모든 것은 사기였다!

"클리포드 어빙은 희대의 사기꾼이다. 예를 들면 이런 일이 있었다. 그의 사기행각을 파헤치기 위해 반대심문을 할 때마다, 그는 매번 같은 말만 반복하는 실수를 저지르지 않았다. 그가 하는 말에는 언제나 조금씩 앞뒤가 안 맞는 부분이 있었다. 그걸 지적하면 그는 순순히 인정했다. 보통 사기꾼들은 자신이 하는 말의 앞뒤가 어긋나지 않도록 완벽하게 이야기를 꾸민다. 오히려 정직한 사람들이 조금씩 앞뒤가 안 맞는 말을 한다. 클리프의 경우와 같이 장황하고 복잡한 상황이라면 특히 더 그렇다. 이 점을 계산에 넣을 정도로 치밀한 클리프는 정직한 사람인 척 완벽한 연기를 펼쳤다. 범죄 행위처럼 보이는 것을 지적하면 그는 태연하게 말했다. '아, 저에게는 불리한 내용이네요, 하지만 사실이 그런 걸 어떡하겠습니까?' 자신에게 불리한 진술을 하면서까지 그는 정직한 사람이라는 인상을 주었다."

이런 치밀함에 대처할 수 있는 방법은 없다. 매우 교묘한 사기꾼들은 실제로 거짓말에 성공하기 때문이다. 그러나 대부분의 거짓말쟁이들은 그렇게까지 교활하지 못하다.

준비가 부족하거나 자신이 한 말을 기억하지 못하는 경우, 내용 자체는 일관적일지라도 표현 방식에서 거짓말의 단서가 드러날 수가 있다. 말을 멈추거나, 눈썹을 살짝 찌푸리거나, 제스처가 변하는 것처럼 미묘한 행동을 뭔가를 말하기 전에 적절한 단어를 떠올리거나 가능성을 따져보는 등, '미리 생각할 시간이 필요하다'는 증거다. 물론 할 말을 신중하게 생각한다고 해서 그게 늘 거짓말이라는 증거는 아니다. 하지만 요컨대 제리가 루스에게 했던, 누구와 통화했냐는 간단한 질문에도 할 말을 신중하게 고른다면, 그때는 그녀가 거짓말을 하고 있다는 증거가 될 수 있다.

감정을 속이는 거짓말

거짓말의 단서는 할 말을 미리 생각한 뒤 완벽하게 계획하고 연습하지 못했기 때문에 드러나는 것만은 아니다. 감정을 숨기거나 가짜 감정을 연기하기 어려워서 실수를 하게 되는 경우도 있다. 모든 거짓말이 감정과 관련된 것은 아니다. 그러나 감정에 관련된 거짓말일 때, 거짓말하는 사람은 특히 더 어려움을 느낀다. 느끼는 감정을 감추려다 보면 말을 통해 감정이 드러날 수 있지만, 말실수를 제외하면 그런 경우는 거의 없다. 실제 감정을 실토할 생각이 있지 않는 한 거짓말쟁이가 자신의 본 감정을 일부러 표현할 리 없기 때문이다. 그보다는 표정이나 호흡, 목소리의 변화와 같은 것을 감추기가 더 어렵다.

감정을 느끼면 일부러 선택하거나 의도하지 않더라도 자연스럽게 변화가 생긴다. 이런 변화는 순식간에 일어난다. 〈결혼해주오〉에서 제리가 루스에게 거짓말하는 게 아니냐고 몰아세웠을 때, 루스는 "그래요 거짓말이에요!"라는 말이 튀어나오려는 것을 쉽게 참을 수가 있었다. 그렇지만 외도가 들통날까봐 두려움에 휩싸인 그녀는 보기에도 듣기에도 거짓말하고 있다는 사실을 명백하게 드러냈다. 그녀가 두려워해야겠다고 선택한 것이 아니다. 더 이상 두려움을 느끼지 않겠다고 선택할 수도 없었다. 그건 그녀의 통제권을 벗어나는 것, 감정의 기본적인 본질이었다.

사람들은 자신이 언제 어떤 감정을 느낄 것인지 능동적으로 선택할 수 없다. 느껴지는 감정을 수동적으로 느낄 뿐이다. 특히 두려움이나 분노와 같은 부정적인 감정들은 자신의 의지와는 상관없이 나타나곤 한다. 사람들은 언제 어떤 감정을 느낄 것인지 선택할 수 없을 뿐 아니라 다른 사람에게 감정을 드러낼 것인지 말 것인지조차 선택할 수가 없다. 루스의 경우 '두려워하는 모습을 보이지 않겠다'고 결심할 수가 없는 것이다. 감정적인 반응을 제어하는 안심 버튼 따위는 없다. 감정이 격해지면 행동을 통제하는 것조차 불가능해진다.

"소리치려고 (테이블을 내리치려고, 모욕하려고, 때리려고 등등) 했던 것은 아니에요. 욱한 나머지 나도 모르게 그랬어요."

격렬한 감정은 이런 식으로 부적절한 행동을 설명해준다. 그렇다고 해서 항상 변명거리가 되는 것은 아니다. 갑작스러운 감정이 아니라 서서히 차오르는 감정의 경우, 이를테면 분노가 아니라 짜증처럼 아주 미미한 단계에서 시작하는 감정이라면 그것을 감추기가 비교적 쉽다. 행복의 변화가 크지 않기 때문이다. 문제는 자신의 감정 변화를 인식하기가 쉽지 않다는 데 있다. 서서히 차오른 감정이 격렬하게 부풀어 오르지 않고 경미한 상태로 남아 있는 경우, 이를 자기 자신보다 다른 사람들이 먼저 알아차릴 때가 많다. 막상 자기 자신은 감정이 격해질 때까지 인식 못하는 수가 많다. 일단 감정이 격해지면 통제하기는 훨씬 더 힘들어진다. 웬만해서는 표정과 몸짓, 그리고 목소리의 변화를 감추기가 어렵기 때문이다. 비록 그런 변화를 잘 감춰 감정이 드러나지 않았다 해도, 감추려고 애쓰는 모습에서 거짓말 단서가 나타나기도 한다.

감정을 숨기는 것이 쉽지 않듯이 느끼지 않는 감정을 억지로 느끼는 척 연기하는 것 또한 어려운 일이다. 다른 감정을 숨길 필요가 없을 때도 마찬가지다. "화났어"나 "두려워" 같은 말만 한다고 되는 문제가 아니다. 상대방이 믿게 하려면 거짓말하는 사람의 표정과 목소리에서 정말로 화가 났거나 두려워하는 모습을 볼 수 있어야 한다. 감정을 꾸미는 데 필요한 적절한 제스처나 목소리 톤을 바꾸는 일은 쉽지 않다. 표정을 예로 들면, 극소수의 사람들만이 자발적으로 움직일수 있는 안면 근육을 가지고 있다. 이처럼 '자발적으로 하기 힘든 행동'을 할 수 있어야 고통과 두려움, 분노를 연기할 수 있다.

진짜 감정을 숨기기 위해 가짜 감정을 연기하는 일은 훨씬 더 어렵다. 화난 척하는 것도 어려운데 실제로는 두려움을 느끼면서 화난 척하려 든다면 그 어려움은 이루 말할 수 없다. 두려움에 대한 반사적인 충동과 일부러 화난 척하려는 노력이 서로 상반되기 때문이다. 예를 들어, 두려움을 느낄 때 눈썹은 저절로 위로 올라간다. 하지만 화를 낸 척 하려면 눈썹을 아래로 내려야 한다. 실제로 느끼는 감정과 꾸며내려는 감정 사이의 외적인 갈등이 거짓말을 탄로 나게 만들기도 한다.

감정과 무관한 거짓말들은 어떨까? 행동, 계획, 의도, 사실, 환상에 관한 거짓말 같은 것들 말이다. 이런 거짓말들도 거짓말쟁이의 행동으로 인해 탄로 날 수 있을까?

발각의 두려움

거짓말을 할 때마다 진짜 감정을 숨기거나 가짜 감정을 느끼는 척 연기해야 하는 것은 아니다. 횡령을 하는 사람은 자신이 돈을 훔치고 있다는 사실을 은폐한다. 표절을 하는 사람은 다른 사람의 작품을 가져와 자신의 것인 양 행세한다. 허영심 많은 중년은 흰 머리를 염색해 원래 나이보다 7살이 어리다고 속인다. 이처럼 감정을 속이는 경우가 아니라도 감정이 개입하는 경우가 있다. 허영심 많은 중년은 이제 나이 많고 쓸모없는 사람이 되었다는 생각에 당혹감을 느낄지도 모른다. 성공적으로 남들을 속이려면 나이만 속여야 하는 것이 아니라 당혹감까지 감춰야 한다. 표절하는 사람이라면 자신에게 속는 사람들을 속으로 경멸하고 있을지도 모른다. 따라서 그는 작품이 원래 누구의 것인지 숨기고 자신에게 없는 능력을 가진 척해야 할 뿐만 아니라 경멸하는 마음까지 숨겨야 한다. 횡령하는 사람은 다른 사람이 자신을 횡령혐의로 고소할 경우 당혹감을 느끼게 될 것이다. 그러면 그런 당혹감이나, 아니면 최소한 당황하는 이유만이라도 숨겨야 한다.

감정을 숨기기 위해 거짓말을 하는 경우가 아니더라도 감정이 연루되는 경우는 많다. 거짓말이 탄로 나지 않기 위해서는 연루된 감정까지 숨겨야 한다. 모든 감정이 거짓말에 연루될 수 있지만 특히 세 가지 감정이 주로 거짓말과 얽히곤 한다. 발각의 두려움, 속임의 죄책감, 그리고 속이는 즐거움이 그것이다.

먼저 발각의 두려움을 어느 정도 느끼는 것은 오히려 거짓말쟁이를 긴장하게 만들어 사소한 실수를 하지 않게 도와준다. 적당한 수준의 두려움은 노련한 거짓말 탐지자만 눈치 챌 수 있는 행동단서를 제공하지만, 강한 두려움은 거짓말이 탄로 나게 하는 단서가 되곤 한다. 거짓말을 할 때 자신이 얼마나 많은 발각의 두려움을 느끼는지 파악할 수 있다면 '위험을 무릅쓰고 거짓말을 할 것인지 말 것인지' 보다 현명한 결정을 내릴 수 있을 것이다. 거짓말을 하겠다고 이미 결심한 후에도 마찬가지다. 장차 얼마나 많은 두려움을 느낄지 사전에 알 수 있다면, 두려움을 해소하거나 숨길 수 있는 대책을 세우는 데 도움이 될 수 있다. 이런 정보는 거짓말 탐지자에게도 유용하다. 용의자가 거짓말이 발각되지 않을까 무척 두려워할 것이라고 예상한다면 두려움을 나타내는 단서를 찾으려 들 것이기 때문이다.

발각의 두려움을 느끼는 정도는 다양한 요소로부터 영향을 받는다. 가장 먼저 생각할 수 있는 결정적인 요소는 '속이려는 사람의 탐지 능력에 대한 거짓말쟁이의 믿음' 이다. 남의 말에 잘 속는 사람이 대상이라면, 발각에 대한 두려움은 거의 없을 것이다. 반면 속이기 힘든 거짓말 탐지 전문가가 그 대상이라면, 발각의 두려움 지수는 높아질 것이다. 부모는 자신들이 거짓말 탐지의 달인이라는 인상을 아이들에게 심어준다.

"네 눈만 봐도 네가 거짓말을 하는 것인지 아닌지 알 수가 있어."

순진한 아이라면 거짓말이 탄로 나지 않을까 두려워하는 나머지 거짓말한 사실이 들통 나거나 아니면 거짓말이 성공할 가능성이 거의 없다는 생각에 스스로 실토를 하기도 한다.

테렌스 라티건Terence Rattigan의 희곡 〈윈슬로우 보이The Winslow Boy〉와 1950년에 제작된 동명 영화를 보면 등장인물인 아버지가 이 전략을 치밀하게 이용한다.

사춘기 아들인 로니는 우편환을 훔친 혐의로 해군 훈련 학교에서 퇴학을 당한다. 이때 아버지 아서가 아들 로니에게 추궁한다.

"편지를 보니 네가 우편환을 훔쳤다고 쓰여 있더구나. (로니가 뭐라고 변명하려고 하자, 아서가 막는다.) 내 말이 다 끝날 때까지 아무 말도 하지 마. 네가 정말 훔쳤다면 사실대로 말해라. 그렇다고 너한테 화를 내려는 것은 아니야, 로니. 네가 진실만 말한다면 말이야. 하지만 네가 거짓말을 하면, 이 아버지는 다 알 수 있다. 너하고 나 사이에는 거짓말을 숨길 수가 없거든. 거짓말은 다 탄로 날 거다, 로니. 말하기 전에 이 점부터 명심해라. 우편환을 훔쳤니?"

로니가 망설이면서 대꾸한다.

"아니오, 아버지. 안 훔쳤어요.

그러자 아서가 로니를 향해 한 발 다가섰다. 그리고 로니의 눈을 똑바로 바라보며 다시 물었다.

"우편환을 훔쳤니?"

"아니오, 아버지. 훔치지 않았다니까요."

로니의 눈을 계속 응시하던 아서, 이내 긴장을 푼다. 로니를 믿기로 한 것이다.

이후 이야기는 아버지와 나머지 가족들이 로니의 결백을 입증하기 위해 눈물 나는 희생을 벌이는 내용으로 전개된다. 그러나 모든 부모들이 진실을 알아내기 위해 아서와 같은 방법을 쓸 수는 없다. 과거에 여러 차례 거짓말을 한 적이 있고 아버지를 속이기도 했던 아들이라면 이번에도 역시 성공할 것이라고 생각할 것이다. 마찬가지로 부모 역시, 사실대로 잘못을 털어놓는다고 해도 용서를 하고 싶은 생각이 들지 않을 것이다. 용서를 하겠다고 말해도, 예전에 부모가 그런 약속을 지키지 않은 적이 있다면 아들이 믿지 않을 수도 있다. 아버지가 의심이 많은 사람이라 이전에도 사실대로 말하는 아들을 믿지 않은 적이 있었다면, 아들은 아무리 결백해도 두려움을 느낄 수 있다. 거짓말을 탐지하는 데 있어 이 점은 중대한 문제가 된다. 자신의 말을 믿지 않을까봐 두려워하는 결백한 아들의 심정과, 거짓말을 한 아들이 탄로 날까봐 두려워하는 마음을 구분하기란 사실상 불가능에 가깝기 때문이다.

이런 문제는 비단 부모와 아이 사이의 거짓말 탐지에만 국한되는 것이 아니다. 결백한 사람이 느끼는 '불신에 대한 두려움'과 거짓말한 사람이 느끼는 '발각의 두려움'을 구분하는 것은 언제나 문제가 된다. 거짓말 탐지자가 의심이 많은 데다 진실을 받아들이지 않았던 전력이 있다면 문제는 더욱 심각해진다. 불신에 대한 두려움과 발각의 두려움을 구분하기가 점점 더 어려워지는 것이다. 연습을 해서 거짓말을 성공하는 일이 거듭될수록 발각에 대한 두려움은 줄어든다. 열네 번이나 외도를 한 남편이라면 아내한테 들키지 않을까 두려워할 일이 거의 없을 것이다. 속이는 데 이미 도가 튼 그는 어떤 일이 벌어질지, 그리고 어떻게 무마해야 할지 충분히 알고 있을 것이다. 무엇보다 중요한 것은 아내를 속일 수 있다는 자신감을 가지고 있다는 것이다. 자신감은 발각에 대한 두려움을 없애준다. 물론 자신감이 지나치면 거짓말하는 사람이 부주의한 실수를 저지르기도 한다. 발각의 두려움을 어느 정도 느끼는 것이 오히려 거짓말쟁이에게 유리할 수도 있다.

행동단서를 감지해 거짓말을 감지하는 방식으로 작용하는 폴리그래프Polygraph 거짓말 탐지기 역시 똑같은 문제점을 가지고 있다. 이 역시 거짓말을 감지하는 것이 아니라 감정의 징후를 감지하는 것이기 때문이다. 폴리그래프는 용의자의 몸에 전선을 연결하여 발한, 호흡, 혈압의 변화를 측정한다. 그렇지만 혈압이 상승하거나 땀을 흘리는 것 자체가 속임수의 징후라고 할 수는 없다. 감정이 고조되면 손에 땀이 나고 맥박이 빨라지기 마련이다. 테스트를 실시하기 전, 폴리그래프 검사관은 '자극 테스트' 라는 것을 이용해 폴리그래프가 거짓말을 감지하지 못한 적이 단 한 번도 없다는 점을 용의자에게 확신시킨다. 가장 흔한 방법은 용의자가 고른 카드를 폴리그래프를 이용해 맞추는 것이다. 용의자가 카드를 고른 뒤 다시 다른 카드와 섞고 나서 폴리그래프 검사관은 용의자에게 "당신이 고른 카드가 ○○입니까?" 라고 물을 때마다 아니라고 대답하라고 지시한다. 이 방법을 통해 매번 정확하게 맞추는 조사관도 있다. 이들은 폴리그래프의 성능을 믿지 않고 미리 카드에 표시를 해두곤 한다. 이런 조사관들은 두 가지 근거를 들어 용의자를 속이는 이유를 정당화한다. 용의자가 결백하다면 폴리그래프가 절대 실수를 하지 않을 것이며, 실제로 혐의가 있는 사람이라면 범죄사실이 들통날까봐 두려워한다는 것이다. 그러나 대부분의 폴리그래프 검사관들은 이런 속임수를 쓰지 않고 폴리그래프 기록만 보며 용의자가 골라낸 카드를 맞춘다.

〈윈슬로우 보이〉에서와 마찬가지로 폴리그래프도 용의자가 거짓말 탐지자의 능력을 믿어야만 효과가 있다. 진실을 말하는 사람은 두려움을 느끼지 않고 거짓말쟁이만 두려움을 느껴야 한다. 그렇지 않은 한 거짓말 징후를 확실히 파악하기는 어렵다. 결백한 사람임에도 혐의를 잘못 뒤집어쓰지 않을까 두려워하거나 다른 이유로 긴장해서 테스트가 잘못될 수도 있다. 또 '기계의 성능을 믿지 않는 범죄자들 때문에' 결과가 잘못되는 경우도 있다. 그런 범죄자들은 기계를 속일 수 있다고 생각한다. 그 경우 실제로 속이는 것도 가능하다(일부 폴리그래프 전문가들은 용의자가 기계의 정확성을 믿는 것이 그다지 중요하지 않다고 생각한다).

〈윈슬로우 보이〉와 유사한 또 한 가지는, 폴리그래프 검사관이 '자백을 유도'하려 한다는 것이다. 아들로부터 자백을 유도하기 위해 자신에게 특별한 능력이 있다고 말하는 아버지처럼, 폴리그래프 검사관 중에는 기계를 이길 수 없다고 용의자를 확신시켜 자백하게 만드는 사람들도 있다. 용의자가 자백을 하지 않으면, 검사관은 '진실을 말하고 있지 않다'면서 용의자를 윽박지른다. 발각에 대한 두려움을 증가시켜 혐의를 인정하는 자백을 받아내려는 것이다. 결백한 사람이 혐의를 뒤집어쓰는 경우도 있겠지만 결국에는 결백이 입증될 것이다. 그런데 안타깝게도, 결백한 사람들이 이런 강압적인 분위기를 견디지 못하고 거짓 자백을 해서 피해를 입는 일이 발생하기도 한다.

폴리그래프 검사관들은 부모와 달리 범죄 사실을 인정하면 사면해주겠다고 제안할 수 없다. 다만 자백을 하면 형량이 줄어든다고 용의자를 회유할 수는 있다. 감형은 아니더라도, 용의자가 자신의 범죄에 대해 수치심이나 책임을 느낄 필요가 없다는 등의 심리적인 사면을 제안해 자백을 이끌어내는 경우도 있다. '자신이 그런 상황에 처했다 해도 똑같은 범죄를 저질렀을 것'이라는 식의 회유를 하기도 한다. 범죄 동기를 설명하면서 용의자의 체면을 세워주는 방법도 있다. 다음은 살인 용의자 심문 내용이 녹음된 테이프에서 발췌한 내용이다. 공교롭게도 이 살인 용의자는 결백한 사람이었다.

(수사관이 용의자에게 말한다.) "여러 가지 이유로 인해 사람들이 올바른 행동을 하지 않는 경우가 있지요. 때로는 어쩔 수 없이 저지르는 일도 있고. 화가 나거나 지나친 열의를 느끼는 순간 일을 그르치기도 하면서 말이에요. 그 순간에는 머리가 제대로 돌아가지 않는 것인지도 모릅니다. 보통 사람들은 자신이 잘못했다는 것을 알면 바로 잡고 싶어 하지요."

여태까지 우리는 '거짓말 탐지자의 명성'이 거짓말쟁이가 느끼는 발각의 두려움과 결백한 사람이 느끼는 불신의 두려움에 어떤 영향을 미치는지 살펴보았다. 발각의 두려움에 영향을 미치는 또 다른 요소로 거짓말하는 사람의 인성을 들 수 있을 것이다. 거짓말하는 것을 몹시 힘겨워하는 사람이 있는가 하면 놀라울 정도로 쉽게 거짓말을 하는 사람들도 있다. 거짓말을 못하는 사람들에 대해 알려진 것보다 쉽게 거짓말을 하는 사람들에 대해 알려진 것이 훨씬 더 많다. 부정적인 감정의 은폐에 관한 연구를 하던 나 역시도 이런 사람들에 대해서 조금 알게 되었다.

정신과 환자 메리의 상담 장면을 통해 발견할 수 있었던 '거짓말 단서' 들을 살펴보자. 메리는 담당의로부터 주말외출을 허락받은 뒤 감시가 없는 틈을 타 자살을 하기 위해 괴로움과 절망스러운 심정을 감춘 사람이다. 거짓말 연구 초기에, 나는 메리와 유사한 거짓말을 하는 사람들을 조사할 필요성을 느꼈다. 그녀에게서 찾아낸 거짓말 단서들이 다른 사람들에게서도 똑같이 나타나는지 확인하기 위해서였다. 그런데 충분한 임상 사례를 찾기가 힘들다는 문제점이 있었다. 거짓말이라는 의심이 충분히 가더라도, 메리처럼 환자 자신이 자백을 하지 않는 한 확인할 방법이 없었기 때문이다. 유일한 대안은 메리의 거짓말을 모델 삼아 실험 상황을 만든 다음, 다른 사람들이 거짓말을 할 때 저지르는 실수를 살펴보는 것뿐이었다.

메리의 거짓말과 비슷한 상황을 만들기 위해, 실험 대상자들은 부정적인 감정을 강렬하게 느끼는 동시에 그런 감정을 은폐하지 않으면 안 될 만한 동기를 가지고 있어야 했다. 나는 실험 대상자들에게 끔찍한 수술 장면을 보여주어 강렬한 부정적인 감정을 갖게 만든 다음 그같은 감정의 징후를 숨기라고 지시했다. 첫 실험은 실패로 끝났다. 대상자들이 감정의 징후를 열심히 숨기려 들지 않았기 때문이다. 연구실이라는 분위기 속에서 사람들이 거짓말을 하는 것이 그렇게 어려우리라고는 미처 예상 못한 일이었다. 자신의 거짓된 행동을 연구원들이 지켜보고 있다는 사실을 안 실험대상자들은 당황했다. 게다가 거짓말을 할 때에도 거짓말이 중대한 문제를 일으킬 수 있는 실제 상황인 것처럼 열심히 하려 들지 않았다. 실험을 위해 거짓말을 한다 해도 별 문제가 되지 않았기 때문이다.

두 번째 실험 대상자로 간호학과 학생들을 선정했다. 그들이라면 이런 식의 거짓말을 성공적으로 하는 것을 중요하게 여길 것이었다.

간호사라면 수술이나 다른 끔찍한 장면을 봤을 때 부정적인 감정을 숨기지 않으면 안 되니까. 따라서 두 번째 실험은 간호학과 학생들에게 직업과 관련된 기술을 연습할 기회를 제공하는 방식으로 진행되었다. 간호학과 학생들을 선정한 또 다른 이유는 그렇게 끔찍한 장면을 일반사람들에게 보여주었을 때 발생할 수 있는 윤리적인 문제를 사전에 방지하기 위해서였다. 나는 그들에게 이렇게 말했다.

"응급실에서 근무하고 있는데 한 어머니가 심하게 부상당한 아이를 들쳐 업고 뛰어 들어온다고 가정합시다. 아이의 부상 정도가 심해서 생존할 가능성이 적다는 사실을 알아도 절대 괴로운 표정을 지어서는 안 됩니다. 의사가 올 때까지 감정을 숨기고 아이 어머니를 진정시켜야 하죠. 배변 활동을 조절할 수 없는 환자의 배설물을 치워야 할 때는 어떨지 생각해 봅시다. 환자는 이미 어린아이와 같은 상태가 되어 버린 자신의 모습에 당황하고 수치심을 느낄 것입니다. 역겹더라도 여러분은 그런 감정을 숨기지 않으면 안 됩니다. 이 실험은 감정의 표현을 통제하는 능력을 연습하고 테스트하는 기회입니다. 처음에는 아름다운 바다를 보여주는 기분 좋은 영화를 보게 될 것입니다. 그걸 보는 동안, 그 영화를 볼 수 없는 상황의 상담자에게 솔직하게 표현하면 됩니다. 그런 다음에는 간호사 일을 하면서 마주치게 될, 가장 끔찍한 장면을 보게 될 것입니다. 이 장면을 보면서, 여러분은 실제로 느끼는 감정을 숨기고 또 다른 즐거운 영상을 보고 있는 것처럼 상담자를 속여야 합니다. 이를테면 샌프란시스코 골든게이트 공원의 아름다운 꽃이 만발한 정원을 보는 중이라고 말하는 식으로 말이죠. 최대한 열심히 하길 바랍니다."

우리는 최대한 끔찍한 장면들을 골랐다. 예비 실험 결과, 심각한 화상을 입은 환자를 본 사람들 가운데 일부가 상당히 흥분한다는 사실을 알게 되었다. 약으로는 화상을 입은 환자의 고통을 덜 수 없다는 점을 그들 모두 잘 알고 있기 때문이다. 절단 수술 장면을 봤을 때 더 흥분하는 사람들도 있었다. 피가 철철 흐르는 장면 때문이기도 했지만, 의식을 회복한 환자가 다리가 없다는 사실을 알고 나면 얼마나 절망할지 충분히 상상할 수 있기 때문이었다. 우리는 두 장면을 합쳐, 화상을 입은 환자가 절단 수술을 받는 것처럼 보이게 편집했다. 사람들이 격한 감정을 숨기길 원하거나 숨겨야만 할 때 어떻게 하는지 알기 위해, 이렇게 끔찍한 장면이 필요했던 것이다.

내가 근무하던 대학의 간호학과는 경쟁률이 매우 높아, 입학시험에서 최고 점수를 받을 만큼 성적도 우수하며 인성도 뛰어난 학생들이 입학하곤 했다. 그처럼 우수한 집단임에도 감정을 숨기는 능력은 천차만별이었다. 감정을 숨기는 데 뛰어난 학생들이 있는 반면 전혀 감정을 숨기지 못하는 학생들도 있었다. 실험 후 학생들과 면담을 해본 결과, 끔찍한 장면을 보면서 거짓말을 하지 못하는 학생들은 이번 실험에서만 그런 게 아니라는 사실을 알게 되었다. 감정을 속이는 것을 항상 힘들어하는 사람들은 발각의 두려움을 특히 더 많이 느끼는 사람들이었다. 거짓말하는 걸 들킬까봐 몹시 두려워하는 것이다. 그런 사람들은 '자신이 거짓말을 하면 누구나 눈치 챌 수 있다'고 확신했는데, 실제로도 그랬다

이 모든 학생들에게 다양한 객관적인 인성 테스트를 실시했는데, 놀랍게도 거짓말하는 걸 몹시 힘들어한 학생들이나 나머지 학생들이나 테스트 결과는 엇비슷했다. 유난히 거짓말을 하지 못한다는 점 외

에는 다른 사람들과 다를 게 없었다.

이들과 정반대로, 쉽게 거짓말을 하고 남을 잘 속이는 학생들에 대해서도 좀 더 알아내려고 했다. 타고난 거짓말쟁이들은 자신의 이런 능력을 잘 알고 있다. 그들을 잘 아는 사람들도 마찬가지이다. 그들은 어렸을 때부터 마음만 먹으면 언제든 부모님과 선생님, 친구들을 속일 수 있었다. 발각의 두려움을 전혀 느끼지 못하는 것이다. 오히려 그들은 남들을 속이는 자신의 능력을 과신한다. 거짓말을 하면서 발각의 두려움을 별로 느끼지 않는 그런 자신감은 사이코패스들이 가지고 있는 특성 가운데 하나다. 그렇지만 타고난 거짓말쟁이와 사이코패스가 공통적으로 가지고 있는 특성은 이것 하나밖에 없다. 사이코패스와는 달리 타고난 거짓말쟁이는 판단력이 나쁘지도 않고 경험을 통해 배우는 능력도 가지고 있다. 뿐만 아니라 '매력적인 외모, 양심의 가책이나 수치심의 부족, 천연덕스럽게 저지르는 반사회적인 행동, 병적인 수준의 자기중심주의, 그리고 사랑하는 능력의 결여' 등 사이코패스의 다른 특성도 가지고 있지 않았다.

내 실험에 참여한 타고난 거짓말쟁이들 역시 다양한 인성 테스트 결과 다른 사람들과의 차이를 발견할 수 없었다. 그들에게는 사이코패스의 특성이 없었다. 그들이 하는 거짓말에 반사회적인 요소가 담겨 있다는 증거도 없었고, 사이코패스와 달리 다른 사람들에게 해를 주기 위해 거짓말 능력을 이용하지도 않았다. [1] 속이는 능력이 뛰어나면서도 양심적인 거짓말쟁이라면 배우나 세일즈맨, 변호사, 협상전문가, 첩보요원, 외교관과 같은 특정 직업에서 재능을 발휘할 수 있을 것이다.

군사기만을 배우는 학생들은 가장 뛰어난 거짓말쟁이의 특성에 관심을 가져왔다. 그런 사람은 아이디어나 개념, '단어'를 분해해 기본적인 요소로 나눈 다음 다양한 방식으로 재결합하는 유연한 결합 사고를 갖고 있음에 틀림없다. 역사상 속임수를 가장 잘 이용한 사람들은 매우 이기적인데다 경쟁심이 지나쳐 큰 조직에 쉽게 적응하지 못했고, 그래서 혼자 일하는 사람들이 많았다. 그런 사람들은 자신의 생각이 남들의 생각보다 월등하다고 확신한다. 어떤 면에서는 외롭고 괴팍한 보헤미안 예술가와 같은 특성을 가지고 있다고도 할 수 있을 것이다. 비록 그들은 전혀 다른 작품을 만들어내지만 말이다. 이 점이야말로 처칠, 히틀러, 모셰 다얀Moshe Dayan, 토머스 로렌스T. E. Lawrence와 같은 위대한 속임수의 대가들이 가진 유일한 공통점이라 할 수 있다.

'위대한 속임수의 대가'가 되려면 속임수를 계획하는 기술과 직접 대면하는 상황에서 상대방을 속이는 기술, 이렇게 전혀 다른 두 가지 기술이 필요하다. 히틀러는 두 가지 기술에 모두 능한 것으로 알려져 있지만 대개는 한 가지 기술에만 능하다.

성공적인 거짓말쟁이의 특성을 조사한 연구는 유감스럽게도 거의 없다. 어느 분야에서 거짓말을 하느냐에 따라 성공적인 거짓말쟁이의 인성이 달라지는지 조사한 연구 역시 마찬가지다. 그러나 군대에서 성공적으로 거짓말을 하는 사람은 대기업에서도 마찬가지로 거짓말을 잘 할 것이라고 나는 생각한다.

거짓말을 한 반대파 정치인을 반사회적인 사이코패스라고 매도하기는 쉬울 것이다. 거기에 반박할 근거는 없지만 그런 판단이 과연 맞는 것인지 의심스럽다. 지지하는 정당에 따라 닉슨 대통령이 영웅이 될 수도 있고 악인이 될 수도 있는 것처럼 다른 나라 지도자들도 거짓말이 성공하느냐 마느냐에 따라 사이코패스 또는 외교 수완이 능한 리더로 비칠 수 있다.

지금까지 발각에 대한 두려움을 결정하는 두 가지 요소, 거짓말쟁이의 인성과 거짓말 탐지자의 평판·특성에 대해서 설명했다. 그만큼 의미 있는 또 다른 요소는 '이해관계'다. 원칙은 간단하다. 이해관계가 클수록 발각에 대한 두려움도 커진다. 하지만 이렇게 간단한 원칙도 복잡해질 수 있다. 어떤 이해관계가 걸려 있는지 파악하는 일이 언제나 쉽지만은 않기 때문이다.

물론 쉬울 때도 있다. 간호학과 학생들은, 특히 실습을 시작할 때라면 잘하고 싶다는 강한 의욕을 느끼기 때문에 우리 실험에 참여해 거짓말에 성공하는 것도 그만큼 중요하다고 느낀다. 따라서 간호사들은 거짓말이 탄로 날까봐 우려하기 때문에 발각의 두려움 역시 크게 느낀다. 직업과 관련이 없는 거짓말이라면 발각의 두려움은 훨씬 줄어들 것이다. 예를 들어 절도행위의 윤리적인 문제에 관한 느낌을 숨기라고 했다면 대부분의 학생들은 거짓말의 실패 여부에 그다지 신경 쓰지 않았을 것이다. 반면 실험에서 실패할 경우 간호학과 입학이 취소될 수도 있다고 한다면 거짓말을 성공해야 하는 중요성은 그만큼 커질 것이다. 연구 결과 우리 실험에서 가장 잘한 사람들, 즉 감정을 가장 잘 통제할 수 있었던 사람들이 그 후 3년간의 트레이닝 기간 동안에도 가장 뛰어났던 것으로 나타났다.

고객을 속이는 세일즈맨도 커미션을 많이 받는 계약에 더 많이 신경을 쓸 것이다. 보상이 클수록 발각에 대한 두려움도 커진다. 대가가 더 많기 때문이다. 그러나 때로는 거짓말쟁이가 중요하게 여기는 것이 명백한 보상이 아닐 때도 있다. 세일즈맨이라면 동료들의 부러움을 사고 싶을 수도 있다. 판매하기 힘든 고객을 확보했다면 커미션은 적더라도 동료들로부터 많은 부러움을 살 수 있다. 포커 게임을 하는 사람이 연적을 누르고 여자친구의 사랑을 독차지 하고 싶다면 아무리 푼돈내기 게임이라도 반드시 이기고 싶을 것이다. 반드시 이겨야 직성이 풀리는 사람들도 있다. 대가가 크든 적든 상관없다. 그런 사람들에게는 모든 경쟁이 중요하다. 중요하게 여기는 것이 무엇인지는 당사자만 알 수 있기 때문에 남들은 좀처럼 알아차리지 못한다.

단순히 보상을 얻기보다는 처벌을 피하고자 할 때 발각의 두려움은 훨씬 더 커진다. 대개 처음에는 뭔가를 얻겠다는 생각에 거짓말을 시작한다. 남을 속여서 자신이 얻을 수 있는 것만 생각하는 것이다. 횡령하는 사람이 처음으로 공금을 횡령하기 시작했을 때는 '와인과 여자'만을 생각했을지도 모른다. 오랫동안 거짓말을 반복하다보면 더 이상 얻을 만한 게 없을 수도 있다. 이를테면 회사 측에서 돈이 부족하다는 사실을 눈치 채고 의심을 하는 바람에 더 이상 돈을 빼돌리지 못하는 상황이 되면 말이다. 공금을 횡령한 사람은 횡령한 사실이 들통날까봐 계속해서 거짓말을 하게 된다. 이제는 처벌을 피하기 위해서 거짓말을 하는 것이다. 표적이 의심을 하거나 거짓말을 하는 사람이 자신감이 없을 때는 처음부터 처벌을 피할 목적으로 거짓말을 할 수도 있다.

거짓말에는 두 종류의 처벌이 따른다. 하나는 거짓말이 실패할 경우 예상할 수 있는 처벌이고, 다른 하나는 거짓말을 하는 행위 자체에 대한 처벌이다. 발각의 두려움은 두 종류의 처벌이 모두 걸려 있을 때 더욱 커진다. 때로는 거짓말을 하다 들켰을 때 받게 되는 처벌이 거짓말을 해서 피하려고 했던 처벌보다 훨씬 더 괴로울 수도 있다. 〈윈슬로우 보이〉에서 아버지가 아들에게 위협했던 게 바로 이런 것이었다. 거짓말 탐지자가 용의자를 심문하기 전에 '거짓 진술에 대한 처벌이 범죄 혐의에 대한 처벌보다 크다'는 점을 각인시키면, 용의자가 거짓말을 할 가능성은 현저하게 줄어들 것이다.

아이들이 잘못을 솔직하게 털어놓을 것인지 아니면 거짓말을 할 것인지 결정하는 데 영향을 미치는 요인들 가운데 하나가 '처벌의 정도'라는 것을 부모는 알아야만 한다. 픽션이 가미된 메이슨 로크 윔즈 Mason Locke Weems의 〈조지 워싱턴의 생애와 특이한 행동들The Life and Memorable Actions of George Washington〉에서 그 전형적인 사례를 찾아볼 수 있다. 아버지가 어린 조지에게 이렇게 말한다.

> "아이들이 조금만 잘못해도 난폭하게 때리는 바람에 오히려 이런 나쁜 습관(거짓말)을 만들어주는 부모들이 많이 있어. 그러면 잘못을 저지른 아이는 혼날까봐 무서워 다음번에 거짓말을 하게 되거든! 또 맞지 않으려고 말이야. 하지만 조지야, 항상 내가 하는 말이지만 다시 한 번 말해주마. 너는 아직 어리고 경험도 부족한 데다 아는 것도 많지 않다보니 어쩌다 잘못을 저지르는 일이 많을 거야. 하지만 그 잘못을 감추려고 거짓말을 해서는 절대 안 된다. 남자답고 당당하게 이 아버지에게 사실을 말해야 한단다. 그러면 나는 조지 너를 때리는 대신 더 사랑해주고 존중해줄 거야."

이 벚나무 이야기를 보면 조지가 아버지의 말을 믿었다는 것을 알 수 있다.

거짓말을 했다는 이유로 솔직하게 말할 때보다 더 많은 손해를 보는 사람은 단지 아이들만이 아니다. 아내가 외도 사실을 솔직하게 고백했다면 괴롭기는 하지만 용서를 했을 것이라고 말하는 남편. 더 이상 아내의 말을 믿을 수가 없다는 사실이 아내의 외도보다 더 괴롭다고 주장할지도 모른다. 아내는 이 점을 몰랐을 수도 있고, 이 말은 사실이 아닐 수도 있다. 외도 사실을 시인하는 것 자체가 잔인한 행동으로 여겨질 수도 있기 때문이다. 바람난 배우자를 둔 사람은 '진정 사려 깊은 배우자라면 외도에 대해 신중했을 것'이라고 주장할 것이다. 남편과 아내의 생각이 다른 경우가 많다. 결혼생활이 길어질수록 감정도 변하기 쉽다. 한 번 외도를 하고 난 후에 마음가짐이 급격하게 변하기도 한다. 상대방을 의심할 때의 마음가짐과 실제로 고백을 들었을 때의 마음가짐은 다르다.

범죄를 시인할 때보다 거짓말을 하다 발각되었을 때 더 큰 피해를 입는다는 사실을 범죄자가 알고 있다고 해도, 거짓말의 유혹을 뿌리치기는 힘들다. 자백을 하면 그 즉시 확실한 처벌을 받게 되지만 거짓말을 하면 처벌을 피할 가능성이 남아 있기 때문이다. 즉각적인 처벌을 면할 수도 있다는 기대감으로 거짓말이 발각될 가능성과 그에 따른 처벌을 과소평가하게 되는 것이다. 오랫동안 치밀하게 속이다 보면 자백을 해도 감형을 받을 수 없는 상황에 처할 수 있다. 이때가 되어서야 '차라리 처음에 자백을 하는 편이 나았을 것'이라고 후회하게 된다.

자백을 했을 때 따르는 대가와 계속 숨길 때 따르는 대가가 별반 다르지 않을 때도 있다. 너무나도 극악한 범죄 행위였기에 자백해 봤자 정상참작도 되지 않고, 숨긴다고 해서 형량이 더 늘어나는 것도 아니다. 아동 학대, 근친상간, 살인, 반역, 테러행위 같은 범죄가 이 경우에 해당된다. 잘못을 뉘우치는 바람둥이와는 달리 이런 범죄를 자백하는 사람은 용서받지 못한다. 범죄를 숨긴 사실이 발각될 경우에도 죄책감을 느낄 가능성은 희박하다. 비열하고 잔인한 사람들만 이런 상황에 처하는 것은 아니다. 나치 점령국에 살면서 유대인이라는 신분을 속인 사람들이나 전쟁 중 첩보활동을 한 사람들 역시 자백을 한다한들 얻는 것이 별로 없고 계속 거짓말을 해도 잃을 것이 없었다. 처벌이 줄어들 가능성이 없지만 계속 속여야 한다는 심적인 부담을 덜거나 발각에 대한 극심한 두려움과 죄책감을 덜기 위해 자백을 하는 경우도 있다.

발각에 대한 두려움에 미치는 이해관계를 고려할 때, 거짓말하는 사람뿐 아니라 표적의 득실도 따져보아야 한다. 대개는 표적이 손해를 보는 만큼 거짓말하는 사람이 이득을 보기 때문이다. 횡령을 한 사람이 횡령한 금액만큼 회사가 손해를 보게 되는 것처럼 말이다. 득실의 정도가 항상 똑같은 것은 아니다. 제품을 속여 판 세일즈맨이 얻는 커미션은 속아서 물건을 산 고객의 손해에 비하면 훨씬 작다. 거짓말쟁이와 표적이 중요하게 생각하는 득실은 양적인 면뿐만 아니라 종류 면에서도 다를 수가 있다. 바람둥이는 모험을 얻지만 배우자는 자존심에 상처를 입을 수도 있다. 거짓말쟁이와 표적의 득실이 다를 경우, 어느 한 쪽의 득실이 발각에 대한 두려움을 결정하는 요인이 되기도 한다. 그것은 거짓말쟁이가 그 차이를 인식하는가의 여부에 따라 달라진다.

거짓말쟁이가 표적의 득실을 늘 제대로 추정하는 것은 아니다. 거짓말쟁이는 자신에게 유리한 쪽으로 믿을 수 있는 기득권을 가지고 있다. 거짓말을 하는 사람은 표적 역시 거짓말로 인해 최소한 자기만 큼의 이득을 얻는다고 마음대로 생각한다. 실제로 그럴 수도 있다. 모든 거짓말이 표적에게 해가 되는 것은 아니다. 상대방을 위한 선의의 거짓말도 있다.

"지난 일요일 요세미티 국립공원의 산악지대에 추락했던 경비행기의 잔해에서 부상당한 열한 살 소년이 어제 구조되었다. 이 창백하고 여윈 소년은 눈 덮인 잔해의 뒷좌석에서 오리털 침낭을 몸에 두른 채 며칠을 버텼다. 해발 3,300미터 상공에서 휘몰아치는 눈보라와 영하의 날씨를 견뎌가며, 그것도 혼자서 말이다. 소년은 정신이 혼미한 상태에서 '엄마와 아빠는요?'라고 물었다. 구조대원들은 의붓아버지와 엄마가 사망했다는 사실을 아이에게 알리지 않았다. 그들은 아이가 누워 있던 곳으로부터 불과 몇 발자국 안 떨어진, 부서진 비행기의 조종석에 안전벨트를 맨 채 숨져 있었다."

이 거짓말이 구조대원에게 득 될 것은 없지만 아이를 위한 선의의 거짓말이었음을 부인할 사람은 없을 것이다. 표적에게 이롭다고 해서 거짓말쟁이가 발각의 두려움을 덜 느끼는 것은 아니다. 이해관계가 크면 상대방에서 이롭건 해롭건 발각에 대한 두려움 또한 커진다. 부모 잃은 충격을 아이가 견딜 수 있을지 우려하는 구조대원이라면 거짓말이 탄로 나지 않을까 조마조마했을 것이다.

요약해 보면 '발각에 대한 두려움'은 다음과 같은 경우에 가장 크게 느낀다.

- 상대방이 속이기 어려운 사람이라는 평판이 있는 경우
- 상대방이 의심하기 시작하는 경우
- 거짓말하는 사람이 연습도 하지 않았고 과거에도 거짓말에 성공한 적이 없는 경우
- 거짓말하는 사람이 발각의 두려움을 특히 많이 느끼는 경우
- 이해관계가 큰 경우
- 보상과 처벌을 모두 받는 경우 또는 처벌만 받는 경우
- 발각될 때의 처벌이 가혹한 경우 또는 사실에 대한 처벌이 너무나 가혹해 자백해봤자 득이 되는 것이 없을 경우
- 상대방이 거짓말로 인해 얻는 것이 전혀 없을 경우

속임의 죄책감

거짓말과 얽히곤 하는 세 가지 감정 가운데 하나는 속임의 죄책감 Deception Guilt이다. 속임의 죄책감은 거짓말한 사람이 법적으로 유죄이냐 무죄이냐를 따지는 게 아니라 거짓말한 사실에 대해 느끼는 감정을 뜻한다. 속임의 죄책감은 거짓말한 내용에 대해 느끼는 죄책감과는 다르다. 〈윈슬로우 보이〉에서 로니가 실제로 우편환을 훔쳤다고 가정해보자. 로니는 남의 물건을 훔친 것에 자책하며 이에 죄책감을 느낄지도 모른다. 아버지한테 절도 사실을 털어놓지 않았다면, 로니는 또한 거짓말한 사실에 대한 죄책감도 느낄 것이다. 이것이 바로 속임의 죄책감이다. 거짓말한 사실에 대해 죄책감을 느낀다고 해서 반드시 거짓말한 내용에 대한 죄책감까지 느끼는 것은 아니다. 로니가

훔친 우편환이 로니보다 좋은 성적을 받기 위해 시험시간에 부정행위를 했던 소년의 것이었다면? 로니는 비열한 학생의 돈을 훔친 것에 별로 죄책감을 느끼지 않을지도 모른다. 그러나 교장선생님이나 아버지에게 '훔친 사실을 숨긴 것'에 대해서는 죄책감을 느낄 수 있다. 정신과 환자 메리도 자살 계획에 대해서는 죄책감을 느끼지 않았지만 의사에게 거짓말한 사실에 대해서는 죄책감을 느꼈다.

발각의 두려움과 마찬가지로 속임의 죄책감도 정도가 다를 수가 있다. 아주 미미할 수도 있고, 죄책감 때문에 거짓말이 탄로 날 정도로 강할 수도 있다. 거짓말쟁이가 속임의 죄책감을 극심하게 느끼면, 자존감이라는 가장 기본적인 감정이 손상될 만큼 고통을 느끼기도 한다. 그런 경우, 심각한 죄책감을 벗어버리기 위해 처벌을 감수하고 자백하기도 한다. 자백을 하는 사람이 죄책감이라는 고통스런 감정을 덜기 위해 필요한 것은, 어쩌면 처벌인지도 모른다.

거짓말을 하겠다고 결심했을 때는 나중에 속임의 죄책감이 얼마나 클지 예상 못한다. 거짓말을 했는데도 상대방이 도움을 받았다고 생각해 고마움을 표시하거나 자신이 잘못한 일에 대해 다른 누군가 누명을 쓸 때, 대개는 죄책감을 느끼리라. 그러나 그것이 오히려 거짓말의 묘미라고 생각하는 사람도 있다. 이런 속이는 기쁨Duping Delight에 대해서는 나중에 살펴볼 것이다.

속임의 죄책감을 과소평가하는 또 다른 이유는 거짓말이 한 번으로 끝나는 게 아니라는 사실을 시간이 지나고 난 후에야 깨달을 수 있기 때문이다. 대개는 처음에 했던 거짓말이 들통 나지 않으려고 거짓말을 반복하게 된다.

수치심과 죄책감은 가까운 사이지만 질적인 면에서는 중요한 차이가 있다. 죄책감은 거짓말을 한 사람이 스스로 판단하는 것이기 때문에 다른 사람이 알 필요가 없다. 하지만 수치심은 그렇지 않다. 수치심은 남들의 비난이나 조롱이 있어야만 느끼게 되는 것이다. 거 짓말한 사실을 다른 사람들이 모른다면 수치심은 느끼지 않아도 죄 책감은 느낄 수가 있다. 물론 둘 다 느끼는 경우도 있다. 수치심과 죄책감을 구분하는 것은 매우 중요하다. 이 두 가지 감정이 정반대의 행동을 이끌어내기 때문이다. 죄책감을 벗어버리려면 자백을 해야 한다. 하지만 수치심을 피하고 싶다는 생각이 자백을 방해할 수가 있다.

〈윈슬로우 보이〉의 로니가 돈을 훔쳤다고 다시 한 번 가정해 보자. 로니는 절도 행위에 대해 극도의 죄책감을 느끼는 동시에 절도 사실을 숨긴 것에 대해서도 죄책감을 느낀다. 죄책감으로 인한 고통에서 벗어나기 위해 로니는 자백을 하고 싶어진다. 그런데 아버지가 보일 반응을 생각하니 수치심 때문에 자백을 할 수가 없다. 앞서 아들의 자백을 유도하기 위해 솔직하게 말하면 용서하겠다고 제안했던 일을 기억하는가? 처벌에 대한 두려움을 줄여줬기 때문에 로니는 발각의 두려움은 덜 느꼈을 수 있다. 그러나 실토를 하게 만들려면 아버지는 로니의 수치심까지 덜어주어야 했다. 아버지는 로니를 용서하겠다고 했지만, 앞서 인용한 수사관과 같은 말을 했다면 수치심까지 덜어주며 로니가 실토할 가능성을 높여주었을 것이다. 요컨대 아버지는 로니에게 이렇게 말할 수 있다.

"돈을 훔친 심정은 나도 이해해. 내가 그런 상황에 있었더라도 훔치고 싶다는 생각이 들었을 거야. 사람들은 모두 살아가면서 실수를 하기

도 하고 나중에 후회할 일을 하기도 하지. 때로는 자기 자신을 통제하
지 못할 때도 있고 말이야."

물론 평범한 아버지라면 그렇게까지 말하지는 못했을 것이다. 또한
수사관과는 달리 아들의 자백을 유도하기 위해 거짓말을 하지도 않을
것이다.

거짓말에 대한 수치심과 속임의 죄책감을 유난히 많이 느끼는 사람
들이 있다. 그런 사람 중에는 거짓말이 가장 나쁜 죄악이라고 엄격하
게 교육을 받고 자란 사람들도 있다. 특별히 거짓말을 강조하지는 않
았더라도 전반적으로 엄격한 분위기에서 자란 사람들은 죄책감을 강
하게 느낀다. 그런 사람들은 잘못을 저지를 경우, 죄책감을 더 많이
느끼고 남들 앞에서 더 크게 수치심을 느낄 만한 상황을 일부러 찾아
다니며 자책하기도 한다. 죄책감을 쉽게 느끼는 사람들에 대한 연구
는 아직까지 거의 없다. 반면에 죄책감을 못 느끼는 사람들에 대한 연
구는 어느 정도 이루어졌다.

칼럼니스트 잭 앤더슨Jack Anderson은 앱스캠Abscam 사건의 FBI 측 중
요 증인이었던 멜 와인버그Mel Weinberg의 진실성을 공격하면서 수치심
과 죄책감을 전혀 느끼지 않는 거짓말쟁이에 대한 글을 썼다. 지난 14
년간 계속되었던 와인버그의 외도를 아내가 눈치 챘을 때 와인버그는
다음과 같은 반응을 보였다고 한다.

멜이 귀가하자 아내 마리가 이유를 물었다. 그는 어깨를 으쓱하더니
이렇게 말했다.
"이런, 들켜 버렸네. 내가 세계 최고의 거짓말쟁이라고 했잖아."

그리고는 평상시 즐겨 앉던 안락의자에 편안히 앉아 중국 음식을 주문한 후 마리에게 손톱을 깎아달라고 했다.

삶의 거의 모든 면에서 죄책감이나 수치심이 결여되어 있다면 그런 죄책감이나 수치심의 결여를 사이코패스의 특징이라고 할 수 있다. 물론 신문기사만 보고 그런 판단을 내릴 수 있는 사람은 아무도 없을 것이다. 죄책감과 수치심의 결여가 선천성인지 후천성인지에 대한 전문가들의 의견은 분분하다. 어쨌거나 사이코패스라면 거짓말에 대한 죄책감이나 발각의 두려움으로 인한 실수 같은 건 하지 않으리라는 점에 대해서는 이견이 없다.

속이는 사람과 속는 사람의 사회적 가치관이 같지 않다면 거짓말에 대한 죄책감이 그리 크지 않을 것이다. 사람들은 나쁜 사람이라고 생각하는 사람에게 거짓말을 할 때에는 죄책감을 덜 느낀다. 평소 잠자리를 달가워하지 않는 배우자를 둔 바람둥이는 외도 사실을 숨겨도 죄책감을 덜 느낄 수 있다. 혁명가나 테러리스트가 정부요원을 속인다고 죄책감을 느끼지는 않는다. 첩보원이 정보를 캐내기 위해 상대방을 속였다고 해서 죄책감을 느끼는 법도 없다. 전 CIA 요원은 이 상황을 한 마디로 표현했다.

"정탐이라는 허울을 벗겨내면, 결국 첩자가 하는 일은 신뢰를 저버리는 것이다."

경호원들이 고위급 정부 인사를 암살하려는 인물을 식별하는 방법에 대해 물었을 때, 나는 '속임의 죄책감이 뚜렷한 징후를 보이지는 않을 것'이라고 대답했다. 전문 암살요원이 아니라면 잡힐까봐 두려워할 수는 있어도 계획한 일에 대해 죄책감을 느끼지는 않을 것이기 때문이다. 조직폭력배가 다른 조직의 일원을 속인다고 죄책감을 느끼지는 않을 것이다. 외교관이나 첩보원이 상대방을 속여도 죄책감을 느끼지 않는 이유 역시 마찬가지이다. 가치관이 다른 것이다. 거짓말 하는 사람은 자기편을 위해 좋은 일을 하는 것이기 때문이다.

위와 같은 경우 거짓말은 대개 용인된다. 이런 사람들은 저마다 이미 갖추어진 사회규범에 따라 합법적으로 상대방을 속인다. 가치관이 다른 반대파를 용인된 거짓말로 속이는 일이라면 죄책감을 느끼지 않을 것이다. 가치관도 같고 반대파도 아닌 사람을 속이는 다른 경우도 있다. 의사가 환자를 위해 거짓말을 했다면 역시 죄책감을 느끼지 않을 것이다. 환자에게 설탕으로 만든 가짜 약을 주면서 효과가 뛰어난 약이라고 속이는 것은 의학계의 전통적인 속임수다. 환자의 상태가 정말 나아지거나, 해가 될 수도 있는 불필요한 약을 달라고 조르는 일을 막을 수 있다면 의사는 거짓말을 해도 괜찮다고 믿는다. 히포크라테스의 선서도 환자에게 솔직해야 한다고 규정하지는 않는다. 의사는 환자에게 도움이 되는 일을 해야 하는 사람이다. 범죄자의 고해를 들은 신부가 경찰관으로부터 누가 범인인지 아느냐는 질문을 받았을 때, 그 사실을 숨긴다고 해서 속임의 죄책감을 느껴서는 안 된다. 신부서약을 한 순간 그런 거짓말은 해도 된다고 허락을 받은 셈이기 때문이다. 그러나 그런 거짓말로 인해 신부에게 이득이 가지는 않는다. 신분이 노출되지 않은 범죄자만 좋을 뿐이다. 우리 실험에 참여한 간호학과 학생들도 감정을 숨기는 데 대해 속임의 죄책감을 느끼지 않았다. 간호사라면 환자의 고통을 덜어주기 위해 감정을 숨겨야 한다는 나의 설명이 그들에게 '속여도 된다는 권한'을 부여했기 때문이다.

거짓말쟁이는 남을 위한 선의의 거짓말이 자기 자신에게도 좋다는 사실을 종종 깨닫지 못하거나 인정하지 않으려고 한다. 한 보험회사의 선임 부사장은 상대방의 자아가 관련된 일에 관해서는 사실대로 말하는 것이 비열한 일이라고 설명한다. 상대방에게 "아니, 당신은 절대 회장이 되지 못할 거야."라고 말하는 건 정말 어렵다. 이 경우, 거짓말로 인해 상대방의 감정도 지켜졌지만 부사장의 감정 역시 마찬가지로 지켜졌다. 사실대로 말했다간 상대방이 자신을 부정적으로 평가했다고 부사장을 탓하며 항의할 수도 있고 실망하는 상대방을 다루는 것이 '어려울' 수도 있다. 따라서 거짓말이 두 사람의 감정을 모두 지켜주었다고 할 수 있다. 물론 유쾌하진 않지만 사실을 알려주었다면 그 사람의 성과가 향상되거나 다른 직장을 찾게 되었을지도 모른다고, 거짓말이 실제로 그 남자에게 해가 되었다고 주장할 수도 있을 것이다. 마찬가지로 환자를 위해 위약을 주는 의사의 경우, 환자를 배려하는 마음에서 한 것이긴 하지만 의사 역시 거짓말로 인해 득을 본다고 주장할 수 있다. 더 이상 쓸 약이 없다는 사실을 알고 절망하는 환자를 대하거나, 위약을 처방받은 것에 화를 내는 환자를 대할 필요가 없기 때문이다. 이 경우 역시 거짓말이 환자에게 해가 되는지 도움이 되는지에 대해서는 논란의 여지가 있다. 30~40퍼센트의 환자들이 위약을 통해 안심을 하지만 일부 의료계 종사자들과 철학자들은 위약의 이용이 치료 관계에서 요구되는 신뢰를 위험에 빠뜨리고 더 위험한 속임수를 쓸 수 있는 길을 놓아 준다고 믿는다.

그러나 순전히 상대방만을 위한 선의의 거짓말도 있다. 범죄자의 고해를 숨기는 신부나 경비행기 사고로 부모가 사망했다는 사실을 부상당한 열한 살짜리 소년에게 알려주지 않은 구조대원처럼 '거짓말하는 사람에게 득이 될 것이 전혀 없는 경우' 가 이에 해당한다. 거짓말하는 사람이 거짓말을 해서 얻을 것이 없다고 생각한다면 속임의 죄책감은 전혀 느끼지 않을 것이다.

심지어 이기적인 거짓말이라도 용인된 것이라면 속임의 죄책감이 느껴지지 않을 수 있다. 포커 게임을 하는 사람이 허풍을 떤다고 해서 속임의 죄책감을 느끼지는 않을 것이다. 중동의 원유 시장이나 월스트리트, 부동산에서 흥정을 할 때도 마찬가지다. 직업상의 거짓말에 대한, 다음 기사 내용을 보자.

"아마 가장 유명한 거짓말은 '이게 마지막 제안입니다' 라는 말일 것이다. 비즈니스 세계에서는 그런 말이 용인되기만 할 뿐 아니라 당연한 것으로 여겨진다. 예를 들어 단체교섭의 경우, 처음부터 솔직하게 의도를 밝히는 사람은 없다."

원래 받고 싶은 가격보다 더 높은 값을 부른 집주인이 실제로 원하는 가격을 다 받고 팔았다고 해서 속임의 죄책감을 느끼지는 않을 것이다. 그런 거짓말은 용인된 것이기 때문이다. 흥정이나 포커에 참여하는 사람들은 사실이 아니라 거짓을 기대하기 때문에 거짓말이라는 정의와는 거리가 멀다. 이런 상황은 그 특성상 '아무도 진실한 사람이 없다' 고 사전 통지를 하는 것이나 다름없다. 포커 판에서 패를 보이고, 집을 부동산에 내놓으면서 처음부터 가장 낮은 가격을 부르는 어리석은 사람은 없을 것이다.

거짓말이 용인되지 않을 때 속임의 죄책감은 극대화된다. 속이는 사람과 속는 사람이 서로 신뢰의 관계에 놓여 있어 자신을 믿고 있는 상대방을 속이는 경우, 속임의 죄책감은 가장 커진다. 이런 기회주의적인 거짓말의 죄책감은 거짓말한 사람이 얻은 것만큼 상대방이 손해를 보게 될 때 더더욱 커진다. 하지만 이런 경우라도 속이는 사람과 속는 사람의 가치관이 같지 않다면 속임의 죄책감은 그리 크지 않을 것이다. 대마초를 피운 청소년이, 마약은 해로운 것이라고 말하는 부모의 잔소리를 들은 뒤 실제로 경험해 본 결과 부모의 말이 틀리다고 믿는다면, 대마초를 피운 사실을 숨긴다고 해도 속임의 죄책감을 느끼지 않게 된다. 술주정뱅이 부모가 아이의 대마초 경험을 막는 바람에 아이가 부모를 위선자로 인식한다면 속임의 죄책감을 느낄 가능성은 훨씬 희박해진다. 대마초나 또 다른 문제에 대한 생각은 부모와 같지 않더라도 아이가 부모를 존중하고 사랑한다면, 거짓말이 발각될 경우 수치심을 느낄 수 있다. 수치심은 자신과 의견을 달리하는 사람을 존중할 때 느낄 수 있다. 그렇지 않다면 반대 의견은 수치심이 아니라 분노와 경멸만 사게 된다.

불특정다수를 대상으로 거짓말을 하거나 거짓말의 대상이 누구인지 알지 못하는 경우, 거짓말하는 사람은 죄책감을 덜 느끼게 된다. 계산 착오로 비싼 물건의 값을 덜 치렀을 때, 계산대 점원을 알지 못하는 사이라면 고객은 죄책감을 덜 느끼게 된다. 이때 대형 슈퍼마켓이 아니라 일가족이 운영하는 작은 상점에서 그런 일이 벌어졌을 경우, 고객은 더 많은 죄책감을 느낀다.

이처럼 표적이 누구인지 알지 못할 때, 죄책감을 덜기 위해 의도적인 착각에 빠지는 경우가 많다. 표적이 실제로는 상처를 받지 않을 것이라거나, 상관하지 않을 것이라거나, 자신이 거짓말한 사실을 알지 못할 것이라거나, 심지어 속여도 괜찮은 사람이라고 생각하면서.

대개 속임의 죄책감과 발각에 대한 두려움은 반비례한다. 거짓말에 대한 죄책감이 줄어들면 발각에 대한 두려움은 커진다. 거짓말이 용인되는 경우 속임의 죄책감은 줄어들지만 대가가 커지기에 발각에 대한 두려움도 커진다. 우리 실험에 참여했던 간호학과 학생들의 경우, 사실을 숨기는 것이 직업과 관련된 용인된 일이었기 때문에 발각에 대한 두려움을 크게 느꼈지만 속임의 죄책감은 별로 느끼지 않았다. 직원의 횡령 사실을 의심하는 사장이 횡령에 대한 증거를 확보하기 위해 의혹을 숨긴다면 발각에 대한 두려움은 크겠지만 속임의 죄책감은 작을 것이다.

속임의 죄책감을 고조시키는 요인이 발각의 두려움을 덜기도 한다. 자신을 믿는 표적에게 거짓말을 하면 속임의 죄책감은 느끼겠지만 상대방이 거짓말을 의심하지 않을 것이기에 발각의 두려움을 느끼지는 않을 것이다. 물론 속임의 죄책감과 발각의 두려움을 동시에 많이 느낄 수가 있다. 두 가지 모두 느끼지 않는 경우도 있다. 이는 주어진 상황과 거짓말하는 사람, 거짓말 탐지자의 특성에 따라 다르다.

속임의 죄책감을 즐기는 사람들도 있다. 자신이 한 일에 대해 죄책감을 느낄 기회를 갖기 위해 남을 속이는 사람도 있다. 그러나 대부분의 사람들은 죄책감을 느끼는 것이 얼마나 고통스러운지 알기 때문에 죄책감을 덜 수 있는 방법을 찾는다. 거짓말을 정당화하는 방법은 많다. 거짓말을 부정에 대한 앙갚음으로 생각할 수도 있다. 비열하거나 못된 사람에게는 정직할 필요가 없다고 변명하는 것이다. 이를테면 이런 식이다.

"우리 상사는 너무 인색해. 성과에 대해 보상도 거의 안 해주고. 그래
　서 내가 직접 보복하기로 했어."

　상대방이 원래 잘 속는 사람이라면서 오히려 거짓말을 상대방의 탓
으로 돌리는 경우도 있다. 무방비상태로 있다가 당했다면서 말이다.
　거짓말을 정당화해서 속임의 죄책감을 줄이는 다른 두 가지 방법은
이미 앞에서 소개했다. 하나는 고상한 목적이나 직업상 어쩔 수 없다
고 우기는 경우이다. '대통령이라는 자리에 오르기 위해서는 어쩔 수
없는 일'이었다며 솔직하지 못하긴 했지만 거짓말은 아니라고 주장했
던 닉슨을 기억하는가?
　또 하나는 표적을 보호하기 위해 거짓말을 했다고 주장하며 '거짓
말을 정당화하는' 경우다. 표적이 알면서도 눈감아주었다고 주장하는
경우도 이에 해당된다. 표적이 처음부터 거짓말이라는 사실을 알면서
도 모르는 척하면서 거짓말에 동참했다면, 어떤 면에서는 속이는 것
이 아니기 때문에 거짓말한 사람은 아무 책임을 느끼지 않는다. 진심
으로 속아줄 생각이 있는 표적이라면 거짓말을 나타내는 징후를 알아
차리지 못해 거짓말하는 사람이 계속해서 거짓말을 할 수 있게 한다.
물론 속아줄 생각이 없는 표적이 의심을 하는 경우에는 거짓말을 밝
혀내려고 할 것이다.
　표적이 자발적으로 속아주는 경우를 보여주는 흥미로운 사례는 1
장 마지막 부분에 인용했던 비밀 정보원 로버트 루시에 관한 최근의
새 이야기로부터 찾아볼 수 있다. 루시는 로버트 달리Robert Daley의 소
설 〈도시의 왕자Prince of the City〉와 동명 영화에서 돋보였던 인물이다.
이 소설은 경찰관과 변호사 사이에 부정부패가 일어나고 있다는 증

거를 확보하기 위해 루시가 연방 검사를 도왔던 실화를 바탕으로 쓰였다.

정보원이 되기 위해 처음으로 연방검사를 만난 자리에서 루시는 그동안 얼마나 많은 범죄를 저질렀느냐는 질문을 받았다. 그는 세 건을 저질렀다고 시인했다. 하지만 나중에 루시로 인해 부정 사실을 폭로당한 사람들은 루시가 그보다 훨씬 더 많은 범죄를 저질렀다면서 범죄사실을 숨겼기 때문에 그의 증언은 무효라고 주장했다. 그러나 이런 주장은 입증되지 않았고 루시의 증언을 토대로 많은 사람들이 유죄판결을 받았다. 루시의 증언으로 유죄판결을 받은 사람들 중 한 명의 변호를 담당했던 앨런 더쇼비츠Alan Dershowitz 변호사는 재판이 끝난 후 루시와 나눈 대화에서 루시가 애초에 시인했던 것보다 더 많은 범죄를 저지른 사실을 인정했다고 말했다.

나는 루시에게 말했다.

"쇼(연방 검사)가 로즈너(더쇼비츠가 변호했던 사람) 사건 이전에 벌어졌던 범죄 사실에 대해 정말로 몰랐다는 사실을 믿을 수가 없군요."

그러자 루시는 대답했다.

"연방검사도 마음속으로는 내가 범죄를 더 많이 저질렀다는 사실을 알고 있었을 것입니다. 바보가 아닌 이상은 그랬겠죠."

"그런데도 검사는 당신이 증인석에서 거짓말하는 모습을 가만히 지켜보기만 했단 말입니까?"

"내가 거짓말을 하고 있다는 사실을 의식 못했는지도 모르지요. 어쩌면 의심도 하고 실제로 믿었을지도 모르고요. 하지만 그에게 범죄사실을 캐묻지 말아 달라고 했더니, 그도 더 이상 묻지 않더군요."

루시는 손가락 세 개를 치켜들고 환한 미소를 지었다.

"세 번이라고 했더니 그도 알았다고 했습니다. 검사들은 매일같이 위증을 눈감아주지요. 앨런, 당신도 잘 알잖아요?"

더쇼비츠는 이 같은 고백 또한 거짓말이라는 사실을 나중에야 알 수 있었다. 루시가 맨 처음 연방검사를 만났을 때 그 자리에 함께 있었던 경관이 '나중에 공개된 세 건의 범죄 외에도 더 많은 범죄를 저지른 사실을 루시가 처음부터 솔직하게 털어놓았다'고 알려주었기 때문이다. 연방검사는 증인으로 나서는 루시의 신뢰성을 보존하기 위해 범죄행위의 전모를 숨기는 데 동참했던 것이다. 고작 세 건의 범죄를 저지른 경찰이라면 배심원들이 믿어줄 수도 있지만, 여러 건의 범죄를 저지른 사람이라면 믿지 않을 것이 분명했기 때문이다. 재판이 끝난 후 루시가 여러 건의 범죄를 저지른 사실이 널리 알려졌다. 그러자 루시는 '연방검사들이 자신의 범죄 기록을 은폐하겠다고 노골적으로 공모한 것이 아니라 그저 자발적인 피해자에 불과했다'고 주장하며 더쇼비츠에게 거짓말을 했다. 그는 검사들이 자신을 보호하는 한 자신도 그들을 보호해주겠다고 약속했던 거래에 따라 자기 역할에 충실했던 것이다. 도둑들 간의 의리를 믿지 않았던 루시는 자신이 연방검사들에게 고백했던 내용을 녹음해서 간직하고 있었다. 그래야 나중에라도 연방검사들이 발뺌하는 일이 없을 것이기 때문이다. 연방검사들이 언제라도 자신의 위증 사실을 폭로할 수 있었기에, 루시는 자신이 기소되지 않도록 연방검사들이 지켜줄 것이라 믿을 만한 근거가 필요했다.

진실이 무엇이건, 더쇼비츠와 루시가 나눈 대화는 '속아줄 의사가 있는 표적이 거짓말로 인해 득을 볼 경우, 거짓말하는 사람이 남을 속이기가 얼마나 쉬운지'를 보여주는 훌륭한 사례다. 악의 없이 거짓말에 동조하는 사람들도 있다. 주로 예의를 갖춰야 하는 경우 이런 일이 발생한다. 주인은 일찍 자리를 뜨려는 손님의 변명을 자세하게 캐묻지 않고 그대로 받아들인다. 이 경우에는 주인의 감정을 건드리지 않도록 적절한 변명을 하는 것이 중요하다. 표적이 자발적으로 속아주기만 하는 것이 아니라 속여도 된다고 허락하는 것이나 마찬가지다. 따라서 예의상 하는 거짓말은 이 책에서 정의하는 거짓말에 해당되지 않는다.

악의 없는 거짓말이 오가는 또 다른 상황으로 연애를 꼽을 수가 있다. 이 경우에는 서로서로 거짓말을 계속할 수 있도록 양쪽 모두 거짓말에 동조한다. 셰익스피어의 〈소네트〉에서 그 사실을 확인할 수 있다.

나의 연인이 진실하다고 맹세할 때
나는 그녀가 거짓말하고 있다는 것을 알면서도 그녀를 믿는다.
그러면 그녀는 내가 경험이 부족한 젊은이라
세상의 교활한 거짓말을 배우지 않았을 것이라 생각할 것이다.
내 인생 최고의 시기가 지나갔다는 것을 알면서도
그녀가 나를 어리다고 생각한다는 이유만으로
나는 그녀의 거짓말을 믿는다.
우리는 둘 다 단순한 사실을 감추고 있다.
그런데 그녀는 무슨 까닭으로 솔직하지 않다고 말하지 않는 것일까?
그리고 나는 무슨 까닭으로 나이가 많다고 말하지 않는 것일까?

아, 사랑의 가장 좋은 습관은 믿는 척하는 것이다.

그리고 사랑에 빠진 노인은 나이를 숨기는 것을 좋아한다.

그래서 나는 그녀와 함께 누워있고 그녀도 나와 함께 누워있는 것이다.

그리고 거짓말이라는 잘못을 통해 우리는 서로에게 아첨한다.

물론 연인관계에서 벌어지는 속임수가 모두 다 그렇게 악의 없는 것은 아니다. 표적도 항상 속아주지는 않는다. 표적이 속아줄 의사가 있었는지 없었는지에 대해 거짓말쟁이가 솔직한 심정을 밝힌다고 해도 믿을 수는 없다. 거짓말한 사람은 표적이 속아줄 의사가 있었다고 생각해야 죄책감을 덜 느끼기 때문이다. 표적이 의심을 했는데도 불구하고 자발적으로 속아주었다는 사실이 인정된다면, 거짓말쟁이는 최소한 부분적으로라도 책임을 회피할 수 있다.

처음에는 속아줄 생각이 없던 표적이 거짓말을 밝히는 과정에서 입는 손해를 피하기 위해 나중에 자발적으로 속아주는 경우도 있다. 정부 관료가 사랑하는 연인을 믿고 업무와 관련된 정보를 알려주었는데, 나중에 그 연인을 첩자로 의심하게 된다면 얼마나 괴로워할지 상상해보라. 경력을 속인 지원자를 고용한 채용 담당자 역시 그 사실을 알게 되었을 때, 자신의 잘못된 판단을 인정하는 대신 거짓말을 눈감아주는 자발적인 피해자가 될지도 모른다. 로베르타 월스테터Roberta Wohlstetter는 국가 원수들이 적국의 거짓말에 자발적으로 속아주는 경우들을 설명했다.

"오랜 기간 잘못이 지속되는 경우, 사실이 아니라는 노골적인 증거가 점점 쌓여간다면 적국에 대한 믿음과 신념, 적국 원수와 공통적으로 가지고 있는 관심사가 매우 중요한 역할을 한다. 적대자는 피해자를 조금 도와주기만 하면 된다. 해로운 조치를 해롭지 않게 보이도록 적절한 설명을 하는 사람은 피해자이기 때문이다."

요약하면 속임의 죄책감은 다음과 같은 경우에 가장 크다.

- 상대방이 자발적으로 속아줄 의사가 없는 경우
- 전적으로 이기적인 거짓말이라 거짓말로 인해 상대방이 얻을 수 있는 것이 전혀 없으며 최소한 거짓말하는 사람이 얻는 것만큼 잃게 되는 경우
- 속임수가 용인되지 않고 정직한 관계를 유지해야 하는 경우
- 거짓말하는 사람이 오랫동안 거짓말을 한 적이 없는 경우
- 속이는 사람과 속는 사람의 사회적 가치관이 같은 경우
- 거짓말하는 사람이 표적과 개인적으로 친분이 있는 경우
- 표적이 나쁜 사람이라거나 잘 속는 사람이라고 우길 수 없는 경우
- 표적이 의심할 만한 이유를 가지고 있는 경우 또는 정반대로 거짓말하는 사람이 그동안 신뢰를 얻기 위해 노력한 경우

속이는 기쁨

거짓말과 얽히곤 하는 세 가지 감정 가운데 마지막 남은 하나는 속임의 죄책감이다.

지금까지는 '발각에 대한 두려움'과 '속이는 데 대한 죄책감' 등 거 짓말을 할 때 느낄 수 있는 부정적인 감정에 대해서 살펴보았다. 그러 나 거짓말은 거짓말한 사람이 긍정적인 감정을 느끼게 만들 수도 있 다. 거짓말을 일종의 성공으로 여기면 기분이 좋아진다. 거짓말을 하 는 그 순간, 또는 아직 확실하게 거짓말이 성공하지 않은 상태에서 상 대방이 의심할지도 모른다는 생각이 들 때, 거짓말쟁이는 짜릿함을 느낄 수도 있다. 거짓말이 성공하고 난 후에는 안도감이나 성공했다 는 자부심, 또는 표적에 대한 경멸과 더불어 즐거움을 느끼기도 한다. 이 모든 감정들을 일컬어 속이는 기쁨이라고 한다. 이를 감추지 않으 면 거짓말이 들통 날 수 있다. 악의 없는 '속이는 기쁨'을 이해하기 위 해, 가까운 친구에게 장난을 칠 때 느끼는 즐거움을 상상해보자. 속이 는 기쁨은 상황에 따라 강도가 다를 수가 있다. 발각의 두려움에 비해 미미할 수도 있고, 거짓말의 행동단서가 드러날 정도로 클 수도 있다. 어떤 거짓말쟁이는 거짓말을 성공시켰다는 쾌감을 나누기 위해 다른 사람에게 거짓말을 고백하기도 한다. 범죄자들은 자신이 똑똑하다는 점을 인정받고 싶어서 친구나 낯선 사람, 심지어 경찰관에게 범죄사 실을 털어놓는다.

손해를 볼 수 있는 위험성이 있는 경우에 한해 거짓말도 등산이나 체스처럼 즐거운 유희가 될 수 있다. 오래 전 시카고대학 학부생일 때, 학교 서점에서 책을 훔치는 게 유행이었다. 거의 신입생 신고식이 나 다름없었는데 학생들은 몇 권의 책을 훔쳐 여러 사람들에게 보이 고 인정을 받았다. 발각의 두려움이 낮았던 것이다. 당시 학생들은 학 교 서점이 협동조합체제로 운영되어야 한다고 믿었다. 영리목적으로 운영되고 있었기 때문에 절도를 해도 괜찮다는 분위기였다. 학교 근처의 개인 서점에서는 책을 훔치는 일이 없었다. 재학시절 책을 훔치다 잡힌 학생은 단 한 명밖에 없었는데 속이는 기쁨을 감추지 못하고는 덜미가 잡히고 말았던 것이었다. 버나드는 평범한 절도 행위에 만족하지 못했다. 그는 자부심을 느끼고, 서점에 대한 경멸감을 보여주며, 다른 학생들로부터 존경받고 싶다는 생각에 위험수위를 높였다. 그래서 그는 숨기기 힘든 커다란 미술책만 훔쳤다. 얼마 안 있어 그마저도 시시해졌고, 수위를 한층 더 높여 한 번에 서너 권의 미술책을 훔쳐냈다. 그런데 그것도 식은 죽 먹기였다. 그는 서점 점원을 놀리기 시작했다. 그는 겨드랑이에 훔친 책을 끼고 계산대 주변을 어슬렁거리면서 숨기려 들지도 않았다. 점원이 자신을 의심하게 만들려는 심산이었다. 속이는 기쁨은 그를 점점 더 무모하게 만들었다. 속이는 기쁨으로 인해 그가 보인 대담한 행동으로 절도 행각의 일부가 드러났다. 마침내 그는 잡혔고 그의 기숙사 방에서는 거의 5백여 권에 달하는 훔친 책들이 발견되었다.

속이는 기쁨의 강도를 높일 수 있는 다른 방법들도 있다. 속이기 어려운 사람이라는 평판을 가진 사람을 속이는 것이다. 제삼자가 속이는 사실을 알고 있는 경우에도 그 기쁨이 커질 수 있다. 그렇다고 그 사람이 현장에 같이 있을 필요는 없다. 그저 속임수를 주시하며 성공을 인정해주기만 하면 된다. 거짓말을 즐겁게 지켜보는 관객이 있을 경우 속이는 기쁨은 최고조에 달하고, 따라서 쾌감의 징후를 감추기도 어려워진다. 다른 아이들이 지켜보는 가운데 한 아이가 다른 아이에게 거짓말을 하는 경우, 다른 아이들이 즐거워하는 모습을 본 거짓말쟁이가 웃음을 터뜨리는 바람에 거짓말이 끝나는 상황을 떠올려보자. 노련한 포커 게이머는 속이는 기쁨의 징후를 잘 감춘다. 대단한 패를 들고 있으면서도 자신의 패가 형편없는 것처럼 보이게 만들어 다른 게이머들이 판돈을 올리고 계속 게임을 하게 만드는 것이다. 훈수를 두는 사람이 다 알고 지켜볼 때에도 속이는 기쁨의 징후를 숨기지 않으면 안 된다. 그 사람과 눈을 마주치지 않는 것이 가장 쉬운 방법이다. 남들에 비해 속이는 기쁨을 훨씬 더 많이 느끼는 사람들도 있을 것이다. 그에 관한 연구는 아직 전무하지만 말이다.

거짓말을 하면서 속이는 기쁨, 속임의 죄책감, 발각의 두려움을 한 꺼번에 느낄 수도 있고 연달아 느낄 수도 있다. 다시 포커 게임에서, 큰 판돈이 걸렸는데 형편없는 패를 가진 사람이 좋은 패를 가지고 있는 것처럼 속여 다른 사람들이 패를 접게 하는 상황을 생각해보자. 먼저 그 사람은 발각에 대한 두려움을 느꼈을 것이다. 또한 다른 사람들이 패를 접는 것을 보면서 속이는 기쁨 또한 느꼈을 것이다. 포커 게임은 원래 거짓말이 용인되어 있기에 사기도박을 하지 않는 한 발각에 대한 두려움은 느끼지 않을 것이다. 횡령한 사람의 경우 동료 직원들과 회사를 속인 데 대한 기쁨, 누군가 의심할지도 모른다는 생각이 들 때마다 느끼는 두려움, 그리고 법을 위반하고 자신을 믿은 회사를 기만한 데 대한 죄책감 등 세 가지 감정을 모두 느낄 수가 있다.

요약하면, 속이는 기쁨은 다음과 같은 경우에 가장 크게 느낀다.

- 표적이 속이기 어려운 사람이라는 평판을 가지고 있는 경우
- 속이거나 꾸며내야 하는 내용 때문에 거짓말하는 것 자체가 어려운 경우
- 다른 사람들이 지켜보거나 거짓말에 대해 알고 있으며 거짓말하는 사람의 능숙한 솜씨를 인정하는 경우

이상의 감정들은 일반적인 거짓말쟁이가 아무리 숨기려고 노력해도 표정, 목소리, 몸짓을 통해 드러날 수 있다. 설령 비언어적인 단서가 없다 해도, 그런 낌새를 보이지 않으려고 노력하는 것 자체가 거짓말 단서가 될 수 있다. 이제, 말과 목소리, 몸짓, 표정으로 거짓말을 탐지하는 방법을 살펴보자.

텔링 라이즈

Telling Lies

| 제2부 |

완벽한 거짓말은 없다

제3장

목소리, 몸짓, 표정의 비밀

"내가 거짓말을 했는지 어떻게 아세요?"

"거짓말에는 두 종류가 있거든. 다리가 짧아지는 거짓말과 코가 길어
지는 거짓말. 그런데 네 거짓말은 코가 길어지는 거짓말이구나."

 -〈피노키오〉 (1892)

거짓말을 알아차릴 수 있는 뚜렷한 단서가 있다면 세상의 거짓말은
크게 줄어들 것이다. 하지만 그런 것은 없다. 제스처든 표정이든 근육
경련이든 그 자체만으로 거짓말을 의미하는 단서 같은 것 말이다. 다
만 거짓말하는 사람이 횡설수설한다거나 하는 말과 드러나 보이는 감
정이 어울리지 않는다는 정도만 알아차릴 수 있을 뿐이다.

거짓말 탐지자는 말, 목소리, 몸짓, 표정을 통해 감정이 어떻게 드
러나는지, 숨기려는 노력에도 불구하고 숨겨지지 않는 감정은 무엇인

지, 또 무엇을 보고 감정을 꾸며낸다는 사실을 알 수 있는지 배워야 한다. 또한 이런 행동들을 하면서 거짓말쟁이가 어떻게 변명을 하는지도 이해해야 한다.

거짓말을 잡아내는 것은 간단한 문제가 아니다. 판단할 정보가 너무 많다는 것이 첫 번째 이유다. 말, 이야기의 중단, 음성, 표정, 머리 움직임, 제스처, 자세, 호흡, 상기되거나 창백해지는 안색, 발한 등 살펴보아야 할 요소들이 너무 많다. 이 모든 요소들이 동시에, 또는 연달아 정보를 전달하면서 탐지자의 주의를 흐트러뜨린다. 다행스러운 점은 거짓말 탐지자가 듣고 보는 모든 요소에 똑같이 세심한 주의를 기울일 필요는 없다는 것이다. 모든 요소들이 전부 다 믿을 만한 것은 아니기 때문이다. 반면, 다른 요소에 비해 거짓말이라는 사실을 훨씬 더 많이 나타내는 정보도 있다. 이상하게도 사람들은 가장 믿을 수 없는 말과 표정에 주로 주의를 기울인다. 그런 경향으로 인해 쉽게 거짓말에 속기도 한다.

거짓말쟁이가 자신의 행동을 모조리 감시하고 통제하고 위장하는 것은 아니다. 그렇게 하고 싶어도 할 수 없다. 머리끝부터 발끝까지 자신이 하는 모든 말과 행동을 완벽하게 통제할 수 있는 사람은 아무도 없다. 그 대신 거짓말쟁이들은 남들이 가장 많이 주시할 만한 것만 감추고 위장한다. 거짓말쟁이는 특히 언어의 선택에 가장 세심한 주의를 기울인다. 사람들은 대개 남들이 하는 말에 귀를 기울인다. 말이 그렇게 많은 관심을 받는 이유는 그것이 가장 풍부하고 차별화된 의사소통 수단이기 때문이다. 표정이나 목소리 몸짓에 비해 말은 훨씬 더 많은 메시지를 빨리 전달할 수가 있는 것이다. 거짓말하는 사람들은 말을 가려하면서 드러내고 싶지 않은 메시지를 숨긴다. 현대인들은 말에 집중한다. 목소리나 표정, 몸짓보다 자신이 하는 말을 더 책임지는 경향이 있다. 화난 표정이나 엄한 목소리는 언제든 부인해버리면 그만이다.

"네가 그렇게 들은 거겠지. 나는 화 안 냈는데?"

이런 식으로 변명하면서 말이다. 하지만 말로 화를 표현하면 부인하기가 훨씬 더 힘들어진다. 한 번 내뱉은 말은 주워 담을 수가 없다. 자신이 한 말을 상대방은 그대로 반복할 수가 있다.

말이 그렇게 많은 관심을 받고 그렇게 다양한 위장의 수단으로 쓰이는 또 다른 이유는 '말을 통해 사실이 아닌 거짓을 꾸며내기가 쉽기 때문'이다. 거짓말하는 사람은 자신이 정확하게 무슨 말을 할 것인지 미리 적어보고 고칠 수가 있다. 표정과 제스처, 억양을 그런 식으로 정확하게 계획할 수 있는 사람은 뛰어난 연기자밖에 없을 것이다. 하지만 말은 여러 번 연습하기가 쉽다. 말하는 사람은 자신이 하는 말을 들으면서 끊임없이 평가하고 고쳐나갈 수가 있다. 표정, 몸짓, 목소리에 대한 평가는 그만큼 정확하지가 않다.

말 다음으로 가장 많은 관심을 받는 요소는 표정이다. 사람들은 표정에 관한 말을 많이 한다. 이런 식으로 말이다.

"그런 표정 좀 짓지 마!"
"그런 말을 할 때는 웃어야지!"
"건방지게 쳐다보지 마!"

표정이 지대한 관심을 받는 이유는 그것이 자아의 표시이자 상징이기 때문이다. 표정은 사람들을 구분하는 주요 방식이다. 사람들은 사진을 벽에 걸거나 책상에 놓거나 지갑에 넣고 다닌다. 그만큼 얼굴을 중시한다. 최근 실시된 연구 결과, 뇌에 표정인식을 전담하는 부분이 따로 있다는 사실이 밝혀지기도 했다.

사람들이 표정에 그렇게 집중하는 다른 이유도 있다. 감정은 주로 표정을 통해 드러난다. 목소리와 더불어 말하는 사람이 어떤 감정을 느끼는지 드러나는 것이다. 그러나 항상 정확한 것은 아니다. 감정을 거짓으로 드러내는 표정을 지을 수도 있기 때문이다. 말이 잘 들리지 않을 때, 말하는 사람의 입술을 보면 무슨 말을 하는지 짐작이 가능하다. 얼굴을 주시하는 것 또한 대화를 계속하는 데 필요한 중요한 신호를 얻기 위함이기도 하다. 말하는 사람은 상대방이 자신의 말을 듣고 있는지 확인하고 싶어 한다. 말하는 사람의 얼굴을 쳐다보는 것이 '상대방의 말을 듣고 있다' 는 것을 의미할 수도 있지만, 언제나 믿을 만한 것은 아니다. 예의바른 사람이라면 따분한 소리를 지껄이는 사람의 얼굴을 쳐다보지만 속으로는 다른 생각을 할 수 있다. 듣는 편에서 이따금 고개를 끄덕이거나 '음, 그렇군요' 같은 소리를 내기도 하지만, 그것 역시 꾸며낼 수가 있다. 대부분의 사람들은 말을 할 때 듣는 사람의 반응을 주시한다. 그래서 상대방이 반응을 보이지 않으면 재빨리, "제 말을 듣고 있나요?"라고 묻는다. 물론 듣는 사람이 맞장구를 쳐주든 말든 상관하지 않고 자기 할 말만 계속하는 사람들도 있다.

말과 표정에 비해 몸짓과 목소리가 받는 관심은 미미하다. 대개 몸짓은 표정만큼 많은 정보를 제공하지 않는다. 목소리 역시 말보다 훨씬 적은 정보를 제공하기 때문에 관심을 갖지 않아도 놓치는 것이 별로 없다. 손짓은 수화처럼 많은 메시지를 제공할 수 있지만, 북유럽 사람들과 미국 사람들 사이에서는 조용히 해야 할 때를 제외하고는 대화를 하면서 손짓을 하는 일이 흔치 않다. 예를 들어 소음 때문에 대화를 나눌 수 없는 제재소 목공들의 경우 상당히 정교한 손짓을 사용한다. 파일럿과 착륙 유도 지상 요원 사이에서도 마찬가지 이유로 정교한 손짓을 통해 의사전달이 이루어진다. 표정과 마찬가지로 목소리도 말하는 사람이 감정이 휩싸였는지 아닌지를 나타내지만 느끼는 감정에 대해 표정만큼 정확하게 많은 정보를 제공하지는 않는다.

거짓말하는 사람은 대개 목소리와 몸짓보다는 사람들이 더 큰 관심을 가지는 '말과 표정'에 신경을 쓴다. 표정보다는 말을 통제하기가 더 쉽기도 하다. 말로 속이는 것이 거짓표정을 짓는 것보다 쉬운 이유는 앞서 설명한 대로 표정보다 말을 연습하기가 수월하기 때문이다. 마찬가지로 사실을 숨기는 것 또한 표정을 감추는 것보다 용이하다. 말은 표정보다 주의하고 관리하기에 더 쉽다. 거짓말이 탄로 날 말은 쉽사리 삼갈 수가 있다. 상대방이 하는 말을 파악하기는 쉽지만 표정을 읽고 알아내기는 힘들다. 말을 할 때만큼 정확하게 피드백을 받을 수 있는 유일한 방법은 거울을 갖다 놓고 자신의 얼굴 표정 변화를 일일이 관찰하는 것이다. 표정을 보면 근육이 긴장하고 움직이는 때를 감지할 수 있다. 그러나 연구 결과 대부분의 사람들은 이런 정보를 별로 활용하지 않는 것으로 나타났다. 과도한 표정을 지을 때까지, 얼굴에 나타나는 표정을 인식하는 사람들은 거의 없다. 신경 과학자들은 표정의 변화에 대한 정보를 제공하는 것이 뇌에서 근육의 변화를 인식하는 것인지 피부의 변화를 인식하는 것인지 정확하게 파악하지 못하고 있다. 사람들이 자기 자신의 표정을 얼마나 잘 인식하는지에 대한 심리학자들의 의견은 분분하다. 연구를 통해 나는 사람들이 자기 표정을 잘 인식하지 못하며 대부분의 경우 표정의 감각에 그다지 관심을 가지지 않는다는 사실을 알게 되었다.

말보다 표정에서 거짓말 단서를 더 많이 찾을 수 있는 또 한 가지 중요한 이유가 있다. 표정은 감정과 연관된 두뇌영역과 직접적으로 연결되어 있지만 말은 그렇지 않기 때문이다. 감정이 고조되면 자신도 모르는 사이에 얼굴 근육이 경련을 일으키기 시작한다. 이런 표정의 변화를 저지할 수 있는 유일한 방법은 다양한 시도를 통해 자발적으로 표정을 감추는 방법을 배우거나 습관화하는 것이다. 감정이 고조될 때 드러나기 시작하는 표정은 꾸며내지 않는 한 의도적으로 지을 수가 없다. 표정은 이중적이다. 대개는 동시에 의도적으로 표정을 지을 수도 있고 무의식적으로 표정을 지을 수도 있으며 거짓으로 꾸밀 수도 사실대로 드러낼 수도 있다. 그래서 표정은 복잡하고 혼란스러우며 매력적이다. 의도적인 표정과 무의식적인 표정을 구분하는 신경계의 근거에 대해서는 다음 장에서 좀 더 자세히 살펴볼 것이다.

의심 많은 사람이라면 목소리와 몸짓에도 좀 더 많은 신경을 써야 한다. 표정과 마찬가지로 목소리도 감정을 관할하는 두뇌영역과 연결되어 있다. 감정이 고조될 때 목소리의 변화를 감추기란 매우 어렵다. 목소리에 주의하기 위해 거짓말하는 사람은 자신의 목소리를 들어보곤 하는데, 이는 말만큼 효과적이지 못하다. 녹음된 자기 목소리를 처음 들어보는 사람들은 그 낯선 목소리에 놀라곤 한다. 자신이 말을 할 때 들리는 자기 목소리는 뼈를 통해 전달되기 때문에 녹음된 목소리와 다르다.

몸짓 또한 속임수의 단서가 된다. 표정이나 목소리와 달리 대부분의 몸짓은 감정을 관할하는 두뇌영역과 직접적으로 연결되어 있지 않다. 몸짓을 관찰하는 것은 그다지 어렵지 않다. 사람은 대개 자신의 몸이 어떻게 움직이는지 느끼고 인식할 수 있기 때문이다. 몸짓을 숨기는 것 또한 표정이나 목소리의 변화를 숨기는 것보다 훨씬 쉽다. 그러나 대부분의 사람들은 몸짓을 굳이 숨기려고 하지 않는다. 그렇게 할 필요가 없다고 배우면서 자랐기 때문이다. 자신의 몸짓에 책임을 져야 하는 경우는 드물다. 이처럼 표정을 주의하고 말을 조심하는데 급급한 나머지 몸짓은 신경을 쓰지 않기 때문에 몸짓은 훌륭한 거짓말 단서가 될 수 있는 것이다.

말로써 거짓말을 할 수 있다는 사실을 우리는 잘 알면서도 쉽게 거짓말에 속곤 한다. 왜 그런가? 상대방의 말을 그대로 믿기 때문이다. 그렇다고 해서 말을 완전히 무시해야 한다는 뜻은 아니다. 사람들은 실제로 거짓말 단서가 될 수 있는 말실수를 저지른다. 말실수는 하지 않더라도 말과 목소리, 몸짓, 표정 사이에 일관성이 없으면 거짓말이 탄로 날 수 있다. 그러나 표정, 몸짓, 목소리에 담긴 거짓말 단서는 대개 무시되거나 오해를 받는다. 참가자들이 녹화된 영상을 보고 그 속에 등장한 사람들을 판단하게 하는 여러 연구를 실시한 결과 이 같은 사실을 알 수가 있었다.

피실험자 일부는 표정만 보게 하고, 일부는 몸짓만 보게 했으며, 또 다른 일부는 내용을 이해할 수 없지만 목소리는 들을 수 있도록 편집된 연설을 듣게 했다. 나머지는 말을 듣거나 글을 읽게 했다. 모든 참가자들이 똑같은 사람들 −같은 장면을 보면서 감정을 솔직히 드러내거나 숨기라는 지시를 받았던 간호학과 학생들− 의 목소리를 듣거나 모습을 보았다. 정직한 상담에서 학생들은 바다가 보이는 즐거운 장면을 보면서 감정을 있는 그대로 솔직하게 설명했다. 거짓말 상담에서는 피투성이 수술 장면을 보면서 꽃이 만발한 기분 좋은 장면을 보고 있는 것처럼 상담사를 속여야 했다. 상담사는 간호학과 학생들이 어떤 장면을 보는지 알 수 없었다. 학생들은 직업과 관련된 대가가 크기 때문에 상담사를 속이기 위해 열심히 노력했다. 그들은 우리 연구가 응급실이나 수술실에서 감정을 얼마나 잘 통제할 수 있는지 시험하는 것이라고 믿었다.

학생들의 거짓말을 사람들이 얼마나 잘 탐지하는가 하는 실험의 목적은 일단 '표정, 몸짓, 목소리, 말 가운데 가장 거짓말을 잘 드러내는 요소'가 무엇인지 살펴보기 위한 것이었다. 더불어 의심 많은 사람들이 그렇지 않은 사람들에 비해 거짓말을 더 잘 탐지하는지 밝혀내기 위한 목적도 있었다. 우리는 영상물을 보거나 학생들이 하는 말을 듣게 될 참가자들을 두 그룹으로 나누었다. 그 가운데 일부에게는 판단해야 할 사람들에 대한 정보를 줘서 의심을 품게 만들었고 일부는 전혀 의심하지 않게 했다. 의심하지 않는 그룹에게는 실험에 관한 어떤 정보도 주지 않았다. 거짓말이나 속임수가 있을지도 모른다는 말을 전혀 언급하지 않았던 것이다. 우리는 그저 보고 있는 장면에 대해 이야기하는 사람들의 모습을 보거나 목소리를 들을 것이라고만 말했다. 사람들이 의심하지 않도록 우리는 우호적 성향, 외향적 성향, 지배적 성향, 어색함, 차분함 등 판단해야 하는 여러 목록에 솔직함을 살짝 끼워 넣었다.

거짓말에 서투른 일부 간호학과 학생들을 제외한 나머지 학생들은 의심하지 않는 그룹을 쉽게 속일 수가 있었다. 표정만 보거나 말만 들은 실험 참자가들은 거짓말을 잡아내는 작업에 가장 저조했다. 그들은 거짓말을 하는 간호학과 학생들이 오히려 더 정직해 보인다고 판단하기도 했다. 의심을 품고 보는 참가자들 역시 마찬가지였다. 간호학과 학생들이 받은 지시사항을 모두 알고 있었던 이 참가자들은 학생들이 거짓말을 하는 것인지 사실대로 말하는 것인지를 판단해야 했다. 그들은 솔직하다고 생각하는지 아니면 거짓말이라고 생각하는지 한 가지만 판단하면 되었는데, 어떤 것이 거짓말이고 어떤 것이 솔직한 말인지 제대로 집어낸 사람은 거의 없었다. 몸짓만 본 사람들이 가장 잘 판단했지만 그들 역시 적중률은 65퍼센트에 불과했다. 우연히 맞힐 확률이 50퍼센트인 점에 비하면 결코 높은 수치라 할 수 없다. 적중률이 85퍼센트나 될 정도 제대로 판단한 사람들도 몇 있었다. 그런 사람들 중에는 전문 임상의로 명성이 자자한 노련한 정신분석학자도 있었고 다른 전문직에 종사하지만 특별히 예민한 사람들도 있었다.

그러나 반드시 그렇게 속아야만 하는 것은 아니다. 이 실험과 다음 장에서 다룰 다른 실험 내용의 일부를 들은 사람들 중에는 간호학과 학생들의 거짓말을 가장 노련한 정신분석학자들만큼 잘 판단하는 사람들도 있었다. 일부 거짓말 단서는 학습할 수 있다. 거짓말하는 사람이 사이코패스거나 고도의 연습을 한 사람이거나 타고난 거짓말쟁이가 아니고 감정을 꾸미는 것과 관련된 거짓말이라면 거짓말을 잡아낼 수 있는 확률은 훨씬 더 높아진다.

거짓말 단서를 찾는 법을 배우는 목적은 세 가지다. 거짓말쟁이를 더 잘 찾아내고, 사실을 오해하는 일을 줄이며, 무엇보다 앞의 두 가지가 불가능한 상황을 깨닫기 위해서다.

말 속에 드러난 단서

부주의한 발언으로 거짓말이 탄로 나는 경우는 의외로 많다. 할 말을 꾸며내지 못했다거나 꾸미려고 했는데 실패했기 때문이 아니라, 그저 거짓말을 하면서 주의를 기울이지 않았기 때문이다. 한 헤드헌터 회사의 대표는 다른 이름을 사용해 한 해에 두 번 자신의 회사에 지원했던 사람의 이야기를 들려주었다. '이름이 무엇이냐'는 질문에 처음에는 레슬리 디엔터Leslie D'ainter라는 이름을 사용했다가 나중에 레스터 덴터Lester Dainter로 바꾼 그 남자는 거침없이 거짓말을 이어나갔다. 그는 '레슬리라는 이름이 너무 여성스럽다는 생각이 들어서 때문에 바꿨고 성은 발음하기 쉽게 하기 위해 바꿨'고 설명했다. 그러나 실제로 거짓말이 탄로 난 이유는 추천서 때문이었다. 그는 세 통의 눈부신 추천서를 제출했다. 그런데 세 명의 '고용주들이' 썼다는 추천서를 보니 똑같은 단어의 철자가 모두 잘못 적혀 있었다.

아무리 세심한 거짓말쟁이라도 실수를 하는 바람에 거짓말이 탄로 나는 경우도 있다. 〈생활 속의 정신병리학The Psychopathology of Everyday Life〉에서 프로이드는 실언을 하거나 이름을 잊어버리거나 잘못 읽거나 잘못 쓰는 등 일상생활 속에서 저지르는 실수가 우연한 일이 아닌, 내면의 심리적인 갈등을 나타내는 의미 있는 사건임을 주장했다.

"실언은, 밝히고 싶지 않은 것을 밝히는 자기배반의 한 형태다."

프로이드의 설명은 거짓말에 국한된 것은 아니지만 그가 설명한 사례들 가운데에는 거짓말을 탄로 나게 만드는 실언 사례도 포함되어 있다. 다음은 프로이드의 유명한 초기 추종자 중 한 명인 브릴 박사Dr. Brill의 경험담이다.

어느 날 밤, 나는 프링크 박사와 산책을 하면서 뉴욕 정신분석 협회의 일을 논의했다. 그러다가 몇 년 동안 만난 적도 없었고 사생활에 대해서 아는 바도 없었던 알이라는 동료를 만났다. 다시 만나 무척 반가웠던 나는 그에게 함께 차를 마시자고 제안했다. 우리 세 사람은 카페에 앉아 두 시간 동안 활기찬 대화를 나누었다. 나에 관해 잘 아는 것 같았던 그는 형식적인 인사를 나눈 후 막내 아이에 대해 물었다. 그는 나를 아는 또 다른 친구를 통해 종종 내 소식을 들었다면서 의학 신문에서 내 연구 관련 기사를 읽고 난 후로 관심을 가져왔다고 말했다. 내가 결혼을 했느냐고 묻자 그는 아직 하지 않았다고 말하더니 이어서 이렇게 반문했다.

"나 같은 남자가 왜 결혼을 해야 하나?"

카페를 나서다가, 그가 갑자기 나를 보고 말했다.

"자네가 이런 경우에 처했다면 어떻게 할지 궁금해서 묻는 건데 말이야, 내가 아는 간호사 중에 간통죄로 고소당한 사람이 있어. 아내가 남편을 간통죄로 고소하면서 그녀까지 같이 고소한 거지. 그리고 결국 그 남자는 원하는 대로 이혼을 했어."

"그 여자가 원하는 대로 이혼을 했단 말이지?"

그의 말을 자르며 내가 말하자 그는 재빨리 자기가 한 말실수를 바로잡으며 이렇게 말했다.

"아, 물론 그 여자가 원하는 대로 이혼을 했지."

그리고는 이혼 소송과 스캔들에 시달린 간호사가 술을 마시기 시작했고, 불안에 떨고 있다는 등 이야기를 늘어놓았다. 그리고 나라면 그 남자에게 '그녀를 어떻게 대하라'고 조언해줄 것인지 등을 물었다.

그가 말실수를 바로 잡자마자, 나는 그에게 왜 그런 실수를 했는지 이유를 설명해달라고 물었지만 그는 별 것 아니라는 듯 되물었다.

"말실수는 모든 사람들이 하는 거 아닌가?"

그리고는 그저 우연일 뿐이었다는 변명을 늘어놓았다. 나는 말했다.

"말실수를 하는 데는 다 그럴만한 이유가 있는 법 아닌가."

결혼을 하지 않았다고 말하지 않았다면, 나는 그 이야기의 주인공이 바로 그라고 생각했을 것이다. 그랬다면 아내가 아닌 그가 이혼 승소를 해서 혼인법상 위자료를 주지 않아도 되고, 뉴욕 주에서 재혼도 할 수 있게 되기를 바라는 마음에 그런 말실수를 하게 되었다고 생각할 수 있었다. 그런 이야기를 하자, 그는 나의 추측을 완강하게 부인했다. 잠시 후 그는 역력히 불안한 모습을 보이다가 갑자기 웃음을 터뜨리는 등 지나치게 감정적인 반응을 보이기도 했다. 이로 인해 나의 의심은 커져만 갔다. 연구를 위해 사실대로 말해달라는 나의 부탁에 그는 하소연했다.

"거짓말을 듣길 원하지 않는다면, 내가 결혼한 일이 없었다는 사실을 믿어 주게나. 자네의 정신분석적인 해석이 틀렸다고 말이야."

그는 사소한 것에 의미를 부여하는 사람은 위험하다고 지적하더니 갑자기 다른 약속이 있는 걸 잊었다면서 황급히 자리를 떠났다.

프링크 박사와 나는 그가 말실수를 한 이유가 내 말대로일 것이라고 믿었다. 그래서 나는 조사를 통해 그것이 맞는지 틀린지 밝혀내겠다고 결심했다. 며칠 후 나는 알의 옛 친구였던 이웃을 찾아갔고 그는 나의 말이 정확하다고 확인해주었다. 몇 주 전에 이혼 소송이 있었는데 간호사가 간통죄로 고소를 당했다는 것이었다.

"무언가 말하고자 하는 의지를 억누르면 말실수를 하게 된다."

프로이드의 말이다. 거짓말을 할 때는 말하는 사람이 의도적으로 의지를 억제하는 경우겠지만, 프로이드는 말하는 사람이 그렇게 억제한다는 사실을 의식 못하는 경우에 대해 더 많은 관심을 가졌다. 말실수를 하고 나서야 사람은 비로소 자신이 무슨 말을 억제해왔는지 깨달을 수 있다. 물론 그렇지 않은 경우도 있다.

모든 말실수가 거짓말의 근거라고 생각해서는 안 된다. 또한 상대방이 말실수를 하지 않았다고 해서 무조건 솔직하다고 믿어서도 안 된다. 결국 말실수를 하는 정황을 살펴보면서 거짓말인지 아닌지를 판단해야 할 것이다. 프로이드는 말실수로 인해 탄로 나는 거짓말이 일부에 불과한 반면 대부분의 거짓말은 그렇지 않은 이유를 설명하지 않았다. 한 가지 가능성은, 거짓말쟁이가 속인다는 사실에 대해 죄책감을 느껴 무의식적으로 거짓말이 발각되기를 바랄 때 말실수가 일어난다는 가정이다. 그렇지만 왜 일부 거짓말만 말실수로 발각되는 것인지에 대한 연구는 진행된 바가 없다. 어쨌거나 알은 존경 받는 동료를 속이는 데 대해 죄책감을 느꼈을 것이다.

말로 인해 거짓말이 탄로 나는 세 번째 이유는 '장황한 설명'이다. 장황한 설명은 말실수와는 다르다. 한두 단어만 잘못 말하는 정도에 그치지 않는다. 정보가 슬그머니 새는 것이 아니라 쏟아져 나온다. 감정에 휩싸였던 거짓말쟁이는 한참이 지난 후에야 자신이 무슨 말을 했는지 깨닫게 된다. 분노, 공포, 두려움, 괴로움과 같은 감정에 휩싸이는 바람에 거짓말의 정보를 발설했던 것이다.

NBC TV의 〈투데이쇼Today Show〉를 진행했던 톰 브로커Tom Brokaw는 다음과 같은 네 번째 거짓말 단서를 설명했다.

"사람들에게서 나오는 거짓말 단서는 대부분 물리적인 것이 아니라 언어적인 것입니다. 저는 상대방의 표정에서 거짓말 단서를 찾지 않습니다. 대신에 주로 복잡한 대답이나 교묘하게 얼버무리는 대답에 주목하지요."

거짓말에 관한 어떤 연구를 보면 브로커의 지적이 틀리지 않음을 이해할 수 있다. 연구 결과 사람들이 거짓말을 할 때는 '직접적인 대답을 피하고 얼버무리거나 필요 이상으로 많은 말을 하는 것'으로 나타났다. 그러나 대부분의 사람들이 우회적이거나 간접적인 대답을 할 정도로 어수룩하지 않다는, 정반대의 결과를 나타내는 연구도 있다.[1] 그런 거짓말쟁이는 톰 브로커의 수사망(?)을 충분히 벗어났을 것이다. 더욱 위험한 것은, 평상시에 우회적으로 말하거나 얼버무리는 습관이 있는 사람의 솔직한 발언을 거짓말로 오해하는 경우다. 항상 그런 식으로 말하는 사람들도 있기 때문이다. 그런 사람들에게는 그것이 거짓말의 징후가 아니다. 그저 말하는 방식일 뿐이다. 유용한 속임수 단서가 되는 모든 행동이 어떤 사람들에게는 평범한 행동일 수도 있다. 그런 사람들을 오해할 가능성을, 나는 톰 브로커의 이름을 따 '브로커 위험'이라고 부른다. 거짓말 탐지자가 용의자를 알지 못해 행동의 특성을 모르는 경우 브로커 위험에 빠지기가 쉽다. 브로커 위험을 피하는 방법에 대해서는 뒤에서 자세하게 살펴볼 것이다.

말 속에서 드러나는 다른 거짓말 단서에 관한 연구는 더 이상 진행된 것이 없다. 앞으로 새로운 요소가 발견되기도 쉽지 않을 것이라고 생각한다. 비록 부주의한 실수, 실언, 장황한 설명, 우회적이거나 간접적인 표현과 같은 실수를 저지르기는 하지만, 거짓말하는 사람이 말로 사실을 은폐하고 꾸미기 쉽기 때문이다.

목소리에 드러난 단서

음성이란 사용되는 단어 이외에 말과 관련된 모든 것을 가리킨다. 음성을 통해 알 수 있는 가장 흔한 거짓말 단서는 '말의 중단'이다. 지나치게 오래 중단하는 경우와 지나치게 자주 중단하는 경우가 있다. 말할 차례가 되었는데 망설일 때, 특히 질문에 답을 해야 하는데 망설인다면 의심을 해볼 수 있다. 말하는 사이에 지나치게 자주 말을 중단한다면 이 역시도 의심을 할 수 있다. "아", "아아", "어" 같은 의미 없는 단어나 "나는, 그러니까 내가 하는 말은……"과 같은 표현의 반복, "나는 그게 저, 정말 좋아" 같은 말 더듬기가 이에 해당한다.

말의 중단이나 표현의 오류처럼 음성과 관련된 실수가 발생하는 이유는 두 가지다. 하나는 거짓말하는 사람이 미처 할 말을 생각 못했기 때문이다. 거짓말을 하게 될 줄 미처 몰랐다거나 거짓말을 할 생각이었지만 특정한 질문을 예상하지 못했을 때 망설이거나 표현의 실수를 저지를 수 있다. 사전에 철저히 준비한 경우에도 실수를 저지를 수 있다. 발각의 두려움을 많이 느끼는 경우, 할 말을 잊거나 말을 더듬는 수가 있다. 자신이 하는 거짓말이 얼마나 형편없게 들릴지 생각하다 보면 발각의 두려움이 커지고, 그러다 보면 말의 중단이나 표현적인 실수를 더 많이 저지르게 된다.

거짓말은 또 목소리에 의해서도 발각될 수가 있다. 목소리에 말하는 사람의 감정이 드러난다는 일반적인 믿음과 달리, 정작 목소리를 연구하는 과학자들은 이 점을 아직 확신하지 못하고 있다. 알려진 것은 유쾌한 목소리와 불쾌한 목소리를 구분하는 여러 가지 방법 정도다. 분노, 두려움, 괴로움, 혐오감, 경멸 등 각기 다른 불쾌한 감정을 느낄 때에도 목소리가 달라지는지에 대해서는 아직까지 확인된 바가 없다. 나는 그런 차이점이 언젠가는 밝혀지리라고 믿는다. 여기서는 지금까지 알려진 것과 가능성이 커 보이는 것만 살펴볼 것이다.

목소리에서 드러나는 감정의 징후 중에 가장 많이 입증된 것이 목소리 톤이다. 연구 대상의 70퍼센트가 '흥분했을 때' 목소리 톤이 높아졌다. 분노나 두려움을 느껴 흥분하는 경우 이런 일이 발생한다. 슬픔이나 우울함을 느낄 때는 오히려 목소리 톤이 가라앉는다는 증거가 있지만 확실하지는 않다. 즐거움, 괴로움, 혐오감이나 경멸을 느꼈을 때 목소리 톤이 어떻게 변하는지 과학자들은 아직 밝혀내지 못했다. 가능성 있는 다른 감정의 징후로, 분노나 두려움을 느낄 때 말이 빨라지고 슬픔을 느낄 때 말이 느려지는 것을 들 수가 있다. 목소리의 다른 특징, 다른 주파수대의 에너지 스펙트럼, 호흡의 변화를 측정하면 새로운 사실을 알아낼 수가 있을 것이다.

감정에 의한 목소리 변화는 숨기기가 쉽지 않다. 거짓말하는 바로 그 순간에 느끼는 감정을 속여야만 한다면 거짓말이 누설될 가능성이 커질 것이다. 거짓말하는 목적이 두려움이나 분노를 감추기 위한 것이라면 목소리 톤은 평소보다 더 높아지고 커질 것이다. 말하는 속도도 빨라질 것이다. 거짓말하는 사람이 슬픔을 감추려고 한다면 이와 정반대로 목소리가 바뀔 것이다. 이를 기억하고 있으면 상대방의 거짓말을 밝혀낼 수 있다.

원래 감정을 숨길 목적이 아니었다가 나중에 감정이 연관되는 거짓말을 하는 경우, 목소리의 어감으로 인해 거짓말이 발각될 수도 있다. 발각에 대한 두려움은 목소리를 떨리게 만든다. 속임의 죄책감은 슬픔을 느낄 때와 같은 어감의 변화를 일으킬 수도 있을 것이다. 아직은 추론에 불과하지만 말이다. 속이는 기쁨을 느낄 때 발생하는 어감의 변화만 따로 떼어 측정할 수 있는지는 확실하지 않다. 나는 모든 종류의 흥분이 저마다 특정한 어감의 변화를 가지고 있다고 믿는다.

간호학과 학생들을 대상으로 한 실험은 '속임수와 관련된 목소리 톤의 변화'를 최초로 입증한 연구다. 우리는 거짓말을 할 때 목소리 톤이 올라간다는 사실을 발견했다. 아마도 간호사들이 두려움을 느꼈기 때문에 목소리 톤이 올라갔으리라고 생각한다. 간호사들이 두려움을 느낄 만한 이유는 두 가지다. 거짓말의 대가를 최대한 크게 만들었기 때문에 발각에 대한 두려움을 강하게 느꼈을 것이다. 더불어 피가 낭자한 수술 장면이 두려움을 느끼게 만들었을 것이다. 두 종류의 두려움을 유발하는 요소가 그렇게 강력하지 않았다면 이런 결과가 안 나왔을지도 모른다. 직업과 무관한, 단순한 실험으로만 생각하는 사람들을 실험 대상으로 삼았다고 가정해 보자. 대가가 작기 때문에 목소리 톤이 바뀔 정도로 큰 두려움을 느끼지 못했을 것이다. 한 가지 더, 간호학과 학생들에게 아이가 죽는 장면을 보여줘서 두려움보다는 슬픔을 느끼게 했다고 가정해보자. 발각에 대한 두려움으로 인해 목소리 톤은 높아질 수 있지만, 이런 반응은 목소리 톤을 낮추는 슬픔 감정으로 인해 사라졌을 것이다.

목소리 톤이 높아지는 것은 거짓말의 징후가 아니다. 그저 두려움이나 분노, 흥분을 느끼고 있다는 증거일 뿐이다. 실험 결과, 그런 감정의 징후는 꽃이 만발한 장면을 보고 행복한 만족감을 느꼈다고 주장하는 학생의 거짓말을 탄로 나게 만들었다.

그러나 목소리에 담긴 감정의 징후를 무조건 거짓말 단서로 해석하는 것은 위험하다. 정직한 사람이라도 상대방이 진심을 믿어주지 않을까 두려워한다면 거짓말 발각의 두려움을 느낄 때와 마찬가지로 목소리 톤이 높아질 수 있다. 거짓말하는 사람뿐만 아니라 정직한 사람도 때로는 감정적으로 흥분한다. 거짓말 탐지자가 어려움을 느끼는 것은 이런 경우다. 거짓말 단서에 대한 해석에 혼란을 줄 수 있는 이런 문제를 '오델로의 실수Othello error'라고 부르겠다. 오델로의 실수에 대해서는 뒤에 가서 자세히 살펴볼 것이다.

목소리에서 느낄 수 있는 감정의 징후가 항상 거짓말을 의미하는 것은 아니듯 목소리에서 감정의 징후가 전혀 나타나지 않는다고 해서 그 사람이 반드시 진실을 말하는 것 또한 아니다. 전국적인 전파를 탔던 미 상원 워터게이트 청문회의 증언자 존 딘John Dean의 발언은 여러 모로 논란의 대상이 되었다. 감정이 전혀 드러나지 않은, 놀라울 정도로 차분한 목소리 톤이 어떻게 해석되느냐에 따라 믿을 수 있는지 없는지의 여부가 갈렸던 것이다. 닉슨 대통령의 보좌관이었던 존 딘이 청문회에서 증언을 한 것은 워터게이트 호텔에 있었던 민주당 선거운동 지휘 본부에 괴한들이 침입한 지 12개월이 지나서였다. 존 딘의 청문회 증언이 있기 한 달 전, 닉슨은 자신의 측근들이 워터게이트 침입을 은폐하려 했다는 사실은 인정했지만 그 사건은 자신은 알지 못하는 일이라고 부인했다.

당시 존 시리카 연방 판사는 이런 말을 했다.

"서로 반대되는 증언 때문에 은폐에 관한 잡다한 일들이 밝혀졌다. 앞으로 판결을 내려야 할 부분은 닉슨 대통령이 유죄냐 무죄냐 하는 것이다. 이 문제를 판단하는 데 딘의 증언이 결정적인 역할을 한다. 딘은 상원 청문회에서 닉슨 대통령에게 '워터게이트 침입 사건 피고들의 입을 막으려면 수백만 달러가 든다'고 다시 한 번 말했다. 그 말을 들은 닉슨 대통령은 '돈은 구할 수 있으니 걱정하지 말라'고 했다. 이렇게 진술하며 딘은 놀라워하지도 않았고 분노하지도 않았으며 부인하지도 않았다. 딘의 증언 가운데 가장 중요한 것은, 이처럼 '닉슨 대통령 본인이 피고인들을 매수하라고 승인'했다는 내용이었다."

다음 날 백악관은 딘의 주장에 이의를 제기했다. 5년 후 출간된 회고록에서 닉슨은 이렇게 주장했다.

"나는 워터게이트 사건에 대한 존 딘의 증언을 진실과 거짓, 참된 오해와 고의적인 왜곡의 교묘한 혼합물로 본다. 자신의 혐의를 가볍게 하기 위해, 그는 워터게이트 은폐에 관해 자신이 알고 있던 모든 지식과 불안감을 다른 사람들의 말과 행동인 것처럼 증언했다."

당시 딘에 대한 공격은 그보다 훨씬 더 심했다. 백악관에서 언론으로 흘러들어간 이야기에 따르면 '딘이 수감될 경우 동성애자들로부터 성폭행을 당할까봐 두려운 나머지 대통령을 공격하며 거짓말을 하고 있다'는 소문도 있었다.

뚜렷한 물증 없이 딘과 닉슨의 증언이 서로 엇갈리는 상황. 실제로 누가 진실을 말하는지 아는 사람은 거의 없었다. 시리카 판사는 이런 의혹을 느꼈다고 설명했다.

"나는 딘의 진술이 신빙성 면에서 떨어진다고 생각했다. 그는 분명 사건 은폐에 핵심적인 인물이었다. 따라서 잃을 것도 많을 것이다. 당시 나는 딘이 사실을 말하는 것이 아니라 대통령을 연루시켜 자기 자신을 보호하고 싶은 생각이 더 클 거라고 생각했다."

그런 다음 시리카 판사는 딘의 목소리에서 어떤 인상을 받았는지 설명했다.

"그가 진술하고 난 후 며칠 동안 위원회 위원들은 그에게 불리한 질문을 퍼부었다. 그러나 그는 자신이 한 말을 고수했다. 어디에도 흥분한 기색은 찾아볼 수가 없었다. 단조롭고 감정이 느껴지지 않는 목소리 톤으로 인해 사람들은 그의 진술이 사실이라고 믿었다."

스스로를 통제하며 단조로운 톤으로 말하는 사람에 대해, 뭔가 숨기는 것이 있다고 생각하는 사람들도 있다. 딘의 단조로운 목소리를 오해하지 않으려면 그가 '평소에도 그런 식으로 말하는지'를 알아야 할 것이다.

목소리에서 감정의 징후가 느껴지지 않는다고 해서 그 사람이 100 퍼센트 진실하다는 것은 아니다. 적어도 목소리에 한해서는 감정의 징후를 전혀 보이지 않는 사람들도 있다. 시리카 판사는 브로커 위험에 빠지기가 쉬운 입장이었다. 뉴스 진행자 톰 브로커가 우회적인 발언을 거짓말의 징후로 여긴다고 했던 데 대해 나는 '항상 우회적으로 말하는 사람도 있다'고 설명했다. 여기에서는 시리카 판사가 정반대의 실수를 저지를 수도 있는 상황이었다. 거짓말 단서가 보이지 않았다는 이유만으로 솔직한 사람이라고 판단하는 것은 거짓말 단서를 좀처럼 드러내지 않는 사람들도 있다는 사실을 간과하는 것이다.

이런 두 실수 모두 '감정을 표현하는 정도가 사람마다 다르기 때문'에 발생한다. 용의자가 평소에 특별한 감정을 느꼈을 때 어떤 행동을 보이는지 파악하지 않는 한 거짓말 탐지자는 이런 실수를 저지르기 쉽다. 믿을 만한 '거짓말의 행동 단서'가 세상에 존재하지 않는다면 브로커 위험에 빠질 일은 없을 것이다. 그럴 경우 거짓말 탐지자가 거짓말을 탐지할 수 있는 방법도 없을 것이다. 마찬가지로 세상 모든 사람들이 똑같은 상황에 똑같은 행동단서를 보인다면, 이때도 브로커 위험에 빠질 일은 없을 것이다. 모든 사람들에게서 하나 이상의 거짓말 단서가 존재한다면 거짓말 탐지자가 대부분의 사람들을 판단하는데 유용하게 이용할 것이다. 존 딘의 아내나 가까운 친구라면 그렇지 않겠지만, 딘을 만난 적조차 없었던 시리카 판사는 브로커 위험에 빠질 가능성이 높았다.

단조로운 목소리로 진술했던 딘의 사례는 또 다른 교훈을 알려준다. 거짓말 탐지자라면 용의자가 타고난 연기자일 가능성도 고려해야 한다는 것이다. 존 딘은 그처럼 타고난 연기자였다. 그는 시리카 판사를 비롯한 다른 사람들이 자신을 어떻게 판단할지 미리 알고 있었다. 다음은 딘의 말이다.

"진술을 할 때 지나치게 흥분한 것과 같은 인상을 남기기가 쉽다. 나는 아무런 감정 없이, 가능한 냉정하게 똑같은 톤으로 읽을 것이다. 답변도 그렇게 할 것이다. 사람들은 침착하게 행동하는 사람이 사실대로 말하는 것이라고 믿는 경향이 있다."

증언을 마치고 닉슨 대통령과의 대질 심문이 시작되었을 때, 자신의 심리상태에 대해 딘은 이렇게 말했다.

"권력을 가진 대통령과 마주 앉자 목이 메고, 내 편은 아무도 없다는 생각이 들었다. 내 자신이 무기력해진 느낌이었다. 나는 깊은 숨을 쉬었다. 그리고 내 자신을 통제하고자 애썼다. 감정을 드러내서는 안 된다고 생각했다. 그것이 남자답지 못한 나약함의 증거라고 언론이 떠들어댈 것이기 때문이었다."

딘의 연기는 계획된 것이었고 그는 자신의 행동을 통제하는 능력이 뛰어났다. 그렇다고 해서 그가 거짓말쟁이라는 의미는 아니다. 다만 사람들은 그의 행동을 좀 더 신중하게 해석했어야 했다. 실제로 딘의 진술이 대부분 사실이었고 딘과는 달리 뛰어난 연기자가 아니었던 닉슨이 거짓말을 한 것이라는 증거가 잇따랐다.

목소리를 듣고 거짓말을 자동으로 정확하게 탐지한다는 기계에 대해 살펴보자. 심리 스트레스 측정기Psychological Stress Evaluator, PSE, 마크 II 음성 분석기Mark II Voice Analyzer, 심리 스트레스 분석기Psychological Stress Analyzer, PSA, 해고스Hagoth, 목소리 스트레스 모니터Voice Stress Monitor 등과 같은 거짓말 탐지기의 제조업체들은 심지어 전화기 음성만으로도 거짓말을 탐지할 수가 있다고 주장한다. 하지만 이런 기기들은 그 이름에서도 알 수 있듯이 거짓말이 아니라 스트레스를 탐지한다. 그 자체만으로 거짓말임을 나타내는 목소리는 없다. 단지 부정적인 감정을 나타낼 뿐이다. 이렇게 다소 값비싼 기기들을 제조하는 업체들은 '부정적인 감정을 전혀 느끼지 않는 거짓말쟁이들을 놓칠 가능성'과 '솔직한 사람이 흥분했을 때 거짓말이라고 잘못 판단할 수 있다는 가능성'에 대한 경고를 표시하지 않고 있다. 목소리를 전문으로 연구하는 과학자들과 거짓말 탐지를 위해 다른 기술을 전문적으로 연구하는 과학자들은 이런 기기가 우연히 거짓말을 맞출 확률보다 높은 성과를 내지 않을 뿐 아니라 흥분상태조차 제대로 가려내지 못한다고 지적한다. 하지만 이런 지적이 판매에 영향을 미치지는 않는 것 같다. 확실하게 거짓말을 탐지할 수 있다는 선전문구가 호기심을 자극하기 때문이다.

몸짓에 드러난 단서

대학원 재학 시절, 나는 사람의 몸짓을 보고 숨겨진 감정을 감지할 수 있다는 사실을 실험으로 알아냈다. 당시만 해도 몸짓이 감정이나 인성을 일부 반영한다는 것을 입증해주는 과학적인 근거가 별로 없었다. 일부 정신분석학자들의 의견과 달리, 당시 심리학계를 주도하던 행동분석학자들은 그들의 주장을 근거 없는 가설이라고 일축해버렸다. 1914년부터 1954년까지 많은 연구가 진행되었다. 그러나 비언어적인 행동이 감정과 인성에 대한 정확한 정보를 제공한다는 주장을 입증하는 데는 실패했다. 심리학계는 '표정이나 몸짓을 보고 감정이나 인성을 읽을 수 있다는 일반적인 속설을 과학적인 실험을 통해 입증하려 했다'는 사실 자체에 자부심을 느꼈다. 그러나 몸짓에 관한 연구를 계속했던 몇 안 되는 사회과학자들과 임상학자들은 초감각심리학ESP과 필적학에 관심을 가졌던 사람들과 마찬가지로 순진하거나 이상주의자, 아니면 허풍쟁이로 여겨졌다.

하지만 나는 그런 현실에 만족할 수 없었다. 집단 치료 시간에 몸짓을 관찰하면서, 나는 '누가 무엇에 대해 흥분했는지' 가려낼 수 있었다. 당시 대학원 1학년이었던 나는 순진하게도 비언어적 행동에 대한 심리학계의 관점을 바꿔놓겠다는 포부를 갖고 있었다. 그리고 스트레스를 받는 사람의 몸짓을 입증할 수 있는 연구를 고안했다. 스트레스의 근원은 동료 학생들에게 질문을 해주기로 동의한 담당교수였다. 몰래카메라로 학생들의 행동을 녹화하는 동안, 담당교수는 심리학과 대학원생들에게 계속 따지듯 물었다. 졸업을 하면 무엇을 할 것인지, 연구를 하겠다고 말한 학생들에게는 정신질환에 시달리는 사람들을 도와줄 책임은 회피하고 연구실에 숨어 있을 생각인지, 정신과 의사가 되어 그런 사람들을 도와주겠다고 말한 학생들에게는 정신질환 치료법 개발을 위해 연구에 몰두할 생각은 하지 않고 돈 벌 생각만 하는 건지 등을 물었다. 또 정신과상담을 받아본 적이 있는지. 그렇다고 대답한 학생들에게는 정신적으로 문제가 있는 사람이 어떻게 정신질환이 있는 환자들을 보살필 생각인지, 상담을 받아본 적이 없다고 말한 학생들에게는 직접 경험해 보지도 않고 어떻게 다른 사람들을 도와줄 수 있을 것인지를 학생들마다 물었다. 공격적이고 비판적인 질문에 학생들이 대답하려 하면 담당교수는 말을 막기까지 했다. 참여 학생들은 동료인 나를 돕기 위해 이 괴로운 실험에 자발적으로 참여한 이들이었다. 그들은 이 실험이 스트레스와 관계있는 연구 상담이라는 것을 알고 있었는데, 그럼에도 일단 상담이 시작되고 나니 진땀을 흘리는 모습들이었다. 담당교수가 학생들에게 끼치는 영향력이 엄청났기 때문이다. 학생들이 졸업하기 위해서는 담당교수의 평가가 절대적이었고 그가 추천서를 얼마나 잘 써주느냐에 따라 일자리가 달라졌다. 실험이 시작된 지 몇 분 지나지 않아 학생들은 당황하기 시작했다. 자리를 뜰 수도 변명을 할 수도 없었던 학생들은 부글부글 끓는 속을 삭이며 잠자코 입을 다물었고 때로는 알 수 없는 신음소리를 내곤 했다. 실험 후 담당교수는 여태까지 자신이 그렇게 비합리적으로 행동했던 이유를 설명해주고, 아울러 스트레스를 잘 견뎠다고 칭찬해주었다. 내가 따로 부탁한 내용이었다.

실험이 진행되는 동안, 나는 단방향 거울 저편에 서서 상황을 지켜보면서 카메라로 학생들의 몸짓을 하나하나 찍었다. 첫 상담에서 벌어진 일은 믿을 수 없을 정도로 놀라웠다. 세 번째로 공격을 받자, 한 여학생이 교수를 향해 가운데 손가락을 펴는 것이었다! 그녀는 거의 1분 동안이나 그 손 모양을 유지했다. 하지만 전혀 화난 표정이 아니었고 교수 또한 그것을 보지 못한 듯했다. 상담이 끝나자마자 나는 서둘러 문을 열고 들어갔다. 내가 본 광경을 설명하자 두 사람 모두 내가 지어낸 말이라며 믿으려 하지 않았다. 그녀는 화가 났다는 것은 인정했지만 그 감정을 드러내지는 않았다고 부인했다. 담당교수 또한 무례한 몸짓을 봤다면 절대 놓치지 않았을 거라면서 내 상상일 뿐이라고 일축했다. 그러나 사진이 현상되자 내가 한 말이 사실로 입증되었다. 가운데 손가락을 펴는 이 몸짓의 실수는 무의식적인 감정을 드

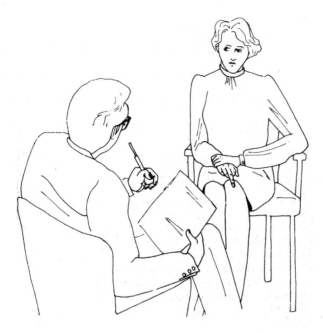

〈**그림1**〉 담당교수와 학생의 대화장면에서 나타난 상징동작

러낸 것이 아니었다. 그녀 자신이 화가 났다는 사실을 알고 있었기 때문이다. 다만 의식적으로 그런 감정을 드러낸 것은 아니었다. 자신이 교수를 향해 가운데 손가락을 폈다는 사실을 그녀는 알지 못했다. 그녀가 숨기고자 했던 감정이 은연중에 누설된 것이었다.

끔찍한 수술 장면을 봐야 했던 간호학과 학생들의 실험을 진행하면서도 '비언어적인 누설인 몸짓의 실수'를 똑같이 목격했다. 이번에 목격한 실수는 손가락이 아니라 어깨를 으쓱하는 제스처였다. 상담사가 "계속 보고 싶습니까?", "지금 보는 장면을 어린 아이에게도 보여주겠습니까?"라는 질문을 했을 때, 많은 간호학과 학생들이 어깨를 살짝 으쓱하며 거짓말임을 드러냈던 것이다.

어깨를 으쓱하는 동작이나 가운데 손가락을 펴는 동작은 '상징동작^{Emblem}' 이라고 부르는 행동의 일종이다. 상징동작은 한 문화 집단에 속하는 사람들이 모두 아는 아주 확실한 의미를 나타낸다. 가운데 손가락을 펴는 것이 "빌어먹을"이나 "염병할" 같은 욕을 의미하고 어깨를 으쓱하는 것은 "나도 모른다", "어쩔 수가 없다", "그게 무슨 상관이야?"라는 뜻을 의미한다. 대부분의 다른 동작은 그렇게 확실하게 정의되어 있지 않으며 의미 또한 애매하다. 따라서 말을 하지 않으면 그런 동작들은 별다른 의미를 지니지 않는다. 상징동작은 말 대신 이용되기도 하고 말을 할 수 없는 상황에서 이용되기도 한다. 오늘날 미국에서 통용되는 상징동작은 60여 가지가 있다. 많이 알려진 상징동작으로는 '긍정'을 나타내는 고개 끄덕임, '부정'을 나타내는 고개 가로젓기, 이쪽으로 오라는 손짓, 만나거나 헤어질 때 하는 손 흔들기, 부끄러운 줄 알라는 뜻으로 검지 위에 반대편 검지를 문지르기, 더 크게 말하라는 뜻으로 귀에 손 갖다 대기, 자동차를 얻어 타기 위한 엄지손가락 펴기와 같은 행동이 있다.

상징동작은 거의 항상 의도적으로 이루어진다. 상징동작을 하는 사람은 의도적으로 메시지를 전달하려고 하기 때문이다. 물론 예외도 있다. 말실수처럼 몸짓에도 상징동작으로 인해 숨기려고 하는 정보가 누설되는 실수가 있다.

상징동작이 의도적으로 메시지를 전달하는 것이 아니라 숨겨진 정보를 드러내는 실수라는 것을 알 수 있는 방법은 두 가지다. 하나는 상징동작이 전체가 아니라 일부로만 이루어지는 경우다. 어깨를 으쓱하거나, 두 어깨를 모두 올렸다 내리거나, 손바닥을 위로 향해 펴거나, 눈썹은 치켜 올리고 눈은 내리깔면서 입을 말발굽 모양으로 만드는 표정을 짓거나 아니면 이 모든 행동을 모두 한꺼번에 하면서 때로는 머리를 옆으로 살짝 갸웃거리기도 한다. 상징이 거짓말을 누설하는 경우에는 한 가지 동작만 보이는 데다 완전하지도 않다. 한쪽 어깨만 아주 살짝 올리거나 아랫입술만 올리거나 손바닥을 아주 살짝만 위로 펴는 식이다. 가운데 손가락을 펴는 상징동작은 손가락의 배열뿐만 아니라 손 전체를 앞으로 내밀고 주로 위로 여러 번 찌르는 움직임까지 포함된다. 하지만 스트레스 실험에서 발견했듯 억눌러진 분노를 누설하는 경우, 움직임은 없고 손가락을 펴는 동작만 있었다.

상징동작이 의도적인 행동이 아니라 실수라는 것을 알 수 있는 두 번째 방법은 일반적인 위치가 아니라 엉뚱한 위치에서 동작이 이루어지는 경우다. 대부분의 상징동작은 사람의 정면, 허리와 목 사이에서 이루어진다. 일반적인 위치에서 이루어지는 상징동작과 달리 감정이 은연중에 누설되는 상징동작은 절대 일반적인 위치에서 이루어지지 않는다. 스트레스 실험에서 교수에게 손가락 욕을 했던 여학생도 허공이 아니라 무릎 위에 손을 얹은 상태에서 그 같은 상징동작을 했었다. 간호학과 학생들 역시, 어깨를 으쓱해 어쩔 수 없다는 생각을 감추지 못하고 손은 무릎 위에 그대로 둔 채 약간 돌리기만 했었다. 상징동작이 일반적인 위치에서 완전하게 이루어졌다면 거짓말하는 사람이 상징동작을 삼갔을 것이다. 물론 일반적인 위치를 벗어나 불완전하게 행해지는 누설의 상징동작들을 눈치채기는 쉽지 않다. 거짓말하는 사람이 이런 누설의 상징동작을 반복적으로 보인다고 해도 거짓말하는 사람과 상대방 모두 알아차리지 못하는 경우가 많다.

거짓말하는 사람이 모두 실수로 상징동작을 드러내는 것은 아니다. 그렇게 확실한 속임수의 단서는 없다. 사람들이 거짓말할 때 대략 얼마나 자주 실수로 상징동작을 보이는지에 관해서 역시 조사된 바가 거의 없다. 질책을 가하던 교수에 대해서는 다섯 명의 학생들 가운데 두 명이 실수로 상징동작을 했다. 간호학과 학생들의 경우 절반 조금 넘는 수의 학생들이 상징동작을 드러내는 실수를 범했다. 왜 어떤 사람들은 이런 식으로 누설을 하고 어떤 사람들은 그렇지 않은지 그 이유는 알 수가 없다. 안타깝게도 속임수를 연구한 다른 조사관들 가운데 상징동작의 실수에 대해 우리가 알아낸 결과를 확인한 사람은 없었다.

모든 거짓말쟁이가 상징동작의 실수를 저지르는 것은 아니지만, 일단 상징동작의 실수가 드러났을 때 이는 상당히 믿을 만한 거짓말 단서가 된다. 상징동작의 실수는 거짓말하는 사람이 드러내고 싶지 않은 메시지를 확실하게 보여주는 증거다. 대부분의 다른 거짓말 단서에 비해 상징동작의 실수는 해석을 잘못해 브로커 위험이나 오델로의 실수에 빠지는 경우가 드물다. 평소에도 장황하게 말하는 사람은 있지만 규칙적으로 상징동작 실수를 저지르는 사람은 거의 없기 때문이다. 말실수는 거짓말과 관련된 스트레스뿐 아니라 많은 종류의 스트레스를 의미할 수 있다. 반면 상징동작은 말처럼 매우 구체적인 메시지를 의미한다. 상징동작의 실수 또한 애매한 경우가 별로 없다. 거짓말하는 사람이 실수로 "빌어먹을"이나 "미치겠네"라고 말한다면 그것이 무엇을 의미하는지 해석하는 데는 별 문제가 없을 것이다.

거짓말을 할 때 어떤 상징동작이 실수로 일어날지, 어떤 메시지가 누설될지는 숨기고 있는 감정에 따라 다르다. 스트레스 실험에서는 학생들이 분노를 숨기고 있었기 때문에 손가락과 주먹이라는 상징동작 실수가 발생했다. 간호학과 학생들 실험에서는 자신이 제대로 감정을 숨기지 못할까봐 우려하는 학생들이 많았다. 성인이라면 상징동작의 종류와 의미를 배울 필요가 없다. 누구나 자기가 속한 문화권에서 쓰이는 상징동작의 의미를 알기 때문이다. 그러나 상징동작이 실수로 일어날 수도 있다는 사실은 깨달아야 한다. 거짓말 탐지자가 이런 가능성을 유념하지 않는다면 불완전하고 일반적인 위치에서 행해지지 않는 상징동작을 놓쳐버릴 수 있을 것이다.

거짓말 단서를 제공할 만한 또 다른 몸짓으로는 '설명동작Illustrator'이 있다. 설명동작은 상징동작과 혼동되는 경우가 많은데, 거짓말을 할 때 서로 상반된 성향을 갖고 있으므로 이 두 가지를 구별하는 것이 중요하다. 상징동작의 실수는 잦아지는 반면 설명동작은 대개 줄어들기 때문이다.

설명동작은 말 그대로 이야기하는 내용을 설명해주는 동작이다. 이런 식의 동작 역시 그 종류가 다양하다. 이를테면 단어나 문구를 강조하기 위해 강세 부호나 밑줄을 긋는 듯한 행동, 생각의 흐름을 나타내기 위해 마치 지휘를 하듯이 허공에 손짓을 할 때도 있으며, 말하는 내용을 반복하거나 강조하면서 허공에다 그림을 그리거나 어떤 동작을 해 보이는 것 등이 이에 해당한다. 눈썹과 눈꺼풀의 움직임을 이용해 내용을 강조하는 것, 몸 전체나 상체를 이용할 때도 있지만 대개는 손을 사용해 내용을 설명하는 행동도 마찬가지다.

설명동작의 적절성에 대한 사회적인 인식은 지난 몇 백 년 동안 여러 차례 변했다. 설명동작이 상류층의 상징으로 인식되던 때가 있었는가 하면 세련되지 못한 행동으로 치부되던 때도 있었다. 웅변술을 다룬 책들은 대개 설명동작을 성공적인 연설의 필수요소로 설명했다.

설명동작에 관해 초창기 연구가 이루어졌던 이유는 거짓말 단서를 밝히기 위해서가 아니라 나치 사회과학자들의 주장에 맞서기 위해서였다. 1930년대에는 설명동작이 타고난 것이며, 유태인이나 집시 등 '열등 민족'은 비유태계 백인 같은 '우수 민족'에 비해 크고 광범위한 설명동작을 사용한다고 주장하는 기사들이 많이 있었다. 하지만 독일의 동맹국이었던 이탈리아 사람들의 큰 설명동작에 관해서는 아무런 언급도 없었다.

콜롬비아 대학에 재학 중이던 유태계 아르헨티나인 데이빗 에프런 David Efron은 인류학자 프란츠 보아스Franz Boas와 함께 뉴욕 로우어 이스트 사이드Lower East Side에 사는 주민들의 설명동작을 조사했다. 그는 시실리 출신 이민자들이 허공에 그림을 그리거나 행동을 보여주는 설명동작을 즐겨 사용하는 반면, 유태계 리투아니아 이민자들은 뭔가를 강조하거나 생각의 흐름을 나타내는 설명동작을 주로 이용한다는 사실을 발견했다. 미국에서 태어나 여러 인종이 함께 공부하는 통합학교 자녀들의 설명동작에는 별다른 차이가 없었다. 시실리 부모 밑에서 자란 아이들이나 유태계 리투아니안 부모 밑에서 자란 아이들이나 비슷한 설명동작을 사용하는 것으로 나타났던 것이다.

결국 에프런은 설명동작이 선천적인 것이 아니라 후천적이라는 점을 밝혀냈다. 다른 문화권에 속하는 사람들은 다른 종류의 설명동작을 이용하기도 하지만 정도의 차이가 있었다. 설명동작을 아주 많이 사용하는 문화권이 있는가 하면 거의 사용하지 않는 문화권도 있었다. 심지어 같은 문화권 내에서도 '얼마나 많은 설명동작을 보이는지'에 관한 개인차가 있었다. 설명동작을 자주 사용하는 문화권에서 이민 온 사람들은 대개 말할 때 손을 사용하지 말라고 아이들에게 가르친다. 설명동작을 사용하면 이민자라는 티가 난다고 주의를 주는 것이다. 설명동작의 횟수나 종류로 인해 거짓말이 탄로 나는 것은 아니다. 거짓말 단서는 거짓말하는 사람이 평상시보다 설명동작을 적게 사용할 경우 포착할 수 있었다. 설명동작이 감소하는 이유를 잘못 해석하지 않기 위해, 사람들이 언제 설명동작을 사용하는지 좀 더 살펴볼 필요가 있을 것이다.

우선 사람들이 설명동작을 사용하는 이유부터 살펴보자. 설명동작은 말로 표현하기 어려운 생각을 설명할 때 이를 보조하는 목적으로 사용된다. 사람들은 의자를 설명할 때보다 지그재그를 설명할 때 설명동작을 더 많이 사용한다. 특정 직업을 선택한 이유를 설명할 때보다 우체국까지 가는 길을 설명할 때 설명동작을 더 많이 사용한다. 설명동작은 또한 말하는 사람이 적절한 단어를 생각해내지 못할 때에도 사용된다. 손가락을 튕겨 딱 소리를 낸다거나 허공에 손을 올리고 마치 주변에 떠돌아다니는 단어를 잡기라도 하듯 하는 제스처 말이다. 그런 설명동작은 말하는 사람이 아직 할 말을 끝내지 않았으며 적절한 단어를 찾고 있는 중이라는 것을 상대방에게 알려준다. 설명동작은 사람들이 말을 조리 있게 표현하도록 돕는 기능도 가지고 있다. 설명동작은 감정이 고조된 상태에서 말을 할 때 늘어난다. 화가 나거나 두렵거나 불안하거나 괴롭거나 흥분해서 열변을 토할 때 사람들은 설명동작을 더 많이 사용하는 경향이 있다.

설명동작의 감소가 언제 거짓말의 단서가 될 수 있는지 확인하기 위해, 사람들이 평소보다 설명동작을 덜 사용하는 이유를 살펴보자. 첫 번째 이유는 '말하면서 감정을 담지 않기 때문'이다. 사람들은 따분하거나 무관심하거나 또는 슬픔에 잠겨 있을 때 평소보다 설명동작을 적게 사용한다. 우려하는 척하거나 열정적인 척하면서도 평소보다 설명동작을 많이 하지 않는다면 거짓말이 탄로 날 수 있다.

또한 설명동작은 '말하는 사람이 정확히 무슨 말을 해야 할지 모를 때'에도 줄어든다. 말하는 사람이 말하기 전에 해야 할 말을 생각하며 단어 하나하나를 고민할 때는 설명동작이 많이 나타나지 않는다. 강의를 하든 물건을 판매하든, 처음 한 두 번은 설명동작이 많이 나타나지 않는다. 말을 하면서 주의를 기울일 때에도 설명동작이 줄어든다. 그러나 주의를 기울인다는 게 꼭 거짓말을 한다는 의미는 아니다. 상사에게 좋은 첫인상을 남겨야 할 때, 상을 탈 수 있는 퀴즈 문제에 답을 맞힐 때, 항상 존경해오던 사람을 직접 만나 첫 인사를 건넬 때에도 주의를 기울일 수가 있다. 소심한 사람이라면 좋은 일자리를 제안받고 솔깃하다가도 어떻게 말해야 할지 고민하다가 설명동작이 줄어들기도 한다.

연습을 하지 못한 거짓말쟁이가 언제 어떤 질문을 받을지 예상 못하는 경우에도 설명동작이 줄어든다. 거짓말을 미리 준비하고 연습한 거짓말쟁이라도 감정의 방해로 인해 설명동작이 줄어들 수 있다.

간호학과 학생들 역시 꽃이 만발한 장면을 솔직하게 설명할 때보다 절단 수술과 화상 환자 장면에 대한 반응을 숨기려고 할 때 설명동작이 줄어들었다. 그 이유는 적어도 두 가지다. 준비한 거짓말이 없어서 이를 꾸미느라 머릿속이 바빠서이기도 하고, 발각에 대한 두려움이나 끔찍한 장면에 대한 두려움 등 강렬한 감정을 느꼈기 때문이기도 하다. 다른 연구 결과 사실을 말할 때보다 거짓말을 할 때 설명동작이 확연하게 줄어든다는 사실을 발견했다. 감정과 상관이 있다기보다 거짓말하는 사람들의 사전 준비가 미비했던 때문이었다.

앞에서 '거짓말을 할 때 상징동작과 설명동작의 빈도수가 정반대로 나타나기 때문에 설명동작과 상징동작을 구분하는 것이 중요하다'

고 말한 바 있다. 상징동작과 설명동작의 가장 큰 차이점은 '움직임과 메시지의 정확성' 차이다.

상징동작을 할 때, 움직임과 의미하는 메시지는 모두 정확하게 정해져 있다. 아무 동작이나 되는 것이 아니라, 아주 잘 정의된 어떤 동작만이 그에 상응하는 메시지를 전달할 수가 있는 것이다. 그에 비해 설명동작은 다양한 움직임이 포함될 수 있다. 이때 정확한 메시지보다는 다소 막연한 메시지를 전달한다. 엄지와 검지를 둥그렇게 만들어 '오케이'라는 의미를 전달하는 상징동작을 생각해보자. 이런 상징동작을 보여주는 방법은 오직 한 가지밖에 없다. 만약 엄지손가락을 중지에 갖다 대거나 새끼손가락에 갖다 대면 무슨 뜻인지 정확하게 알 수가 없을 것이다. 그 의미 또한 '오케이', '좋아', '훌륭해' 등 매우 구체적이다. 설명동작은 말과 함께 사용되지 않는다면 큰 의미가 없다. 말을 듣지 못하는 상태에서 설명동작만 본다면 무슨 대화가 오고가는 것인지 알 수가 없을 것이다. 상징동작은 그렇지 않다. 상징동작과 설명동작의 또 다른 차이점은, 비록 두 가지 모두 대화를 할 때 사용되긴 하지만, 상징동작은 말을 대신할 수도 있고 말을 할 수 없는 상황에서 사용되기도 한다는 점이다. 반면 설명동작은 오로지 말을 할 때에만 더불어 쓰인다.

따라서 거짓말 탐지자는 상징동작의 실수보다 설명동작을 해석할 때 더욱 신중을 기해야 한다. 오델로의 실수나 브로커 위험은 설명동작을 해석할 때는 영향을 끼치지만 상징동작의 실수를 해석할 때는 별다른 영향을 주지 않는다. 거짓말 탐지자가 설명동작의 감소를 눈치챘다면 거짓말 이외에 상대방이 그렇게 조심스럽게 말할 만한 다른 모든 이유를 고려해야 한다. 상징동작의 실수는 설명동작에 비해 훨씬 명확하다. 전달하는 메시지가 대개 뚜렷하기 때문이다. 따라서 거짓말 탐지자가 해석하기에 훨씬 수월하다. 게다가 상징동작의 실수를 해석하기 위해 용의자를 사전에 만날 필요도 없다. 상징동작 자체만으로도 의미가 있기 때문이다. 설명동작은 사람에 따라 빈도수가 엄청나게 차이나기 때문에 거짓말 탐지자가 비교할 근거를 가지고 있지 않는 한 판단을 내릴 수 없다. 다른 속임수 단서와 마찬가지로 설명동작도 상대방과 미리 만난 적이 있어야 제대로 된 해석이 가능하다. 첫 만남에서 설명동작을 보고 거짓말을 감지하기란 매우 어렵다. 반면 상징동작의 실수에 대해서는 그럴 가능성이 거의 없다.

다음으로 설명하고자 하는 몸짓은 조작동작Manipulator이다. 조작동작은 신체의 일부를 매만지거나, 주무르거나, 문지르거나, 잡거나, 꼬집거나, 후비거나, 긁는 등 또 다른 신체의 일부를 조작하는 행동 모두를 말한다. 조작동작은 아주 잠깐 일어날 수도 있고 몇 분 동안 지속될 수도 있다. 잠깐 동안 이루어지는 조작동작들은 머리를 매만진다거나 귀를 후빈다거나 신체의 일부를 긁는 등 목적이 있는 것처럼 보인다. 머리를 꼬거나 풀기, 손가락 문지르기, 발로 장단 맞추기 등 오랫동안 계속되는 다른 동작들은 목적이 없는 것처럼 보인다. 조작동작은 주로 손을 가지고 하는 경우가 많다. 손은 또한 다른 신체의 일부처럼 조작 당하기도 한다. 일반적으로 조작되는 대상은 머리카락, 귀, 코, 가랑이 등이다. 조작동작은 또한 볼 안쪽에 혀를 갖다 댄다거나 입술을 깨무는 등 얼굴 내에서 이루어질 수도 있다. 다리를 꼬는 것도 일종의 조작동작이다. 성냥, 연필, 페이퍼 클립, 담배와 같은 소도구 또한 조작동작에 쓰일 수가 있다.

여기서 조작동작을 설명하는 이유는 거짓말 탐지자가 이것을 거짓말의 징후로 해석할 때 따르는 위험을 알려주기 위해서다. 많은 조작동작을 보인다는 이유로 솔직한 사람을 거짓말쟁이로 잘못 판단하는 거짓말 탐지자들이 적지 않다. 조작동작은 누군가 감정적으로 고조되었다는 증거가 될 수 있다. 물론 항상 그런 것은 아니다. 조작동작을 보이는 횟수의 증가는 믿을 만한 속임수의 근거가 아님에도, 사람들은 그렇다고 생각한다.

사람들은 어려서부터 이런 조작동작들을 하지 말라고 배우면서 자란다. 그러나 결국 이런 행동을 그만 두는 대신 '자신이 이런 행동을 한다는 사실을 인식 못하게' 되곤 한다. 물론 자신이 조작동작을 한다는 사실을 전혀 인식 못하는 것은 아니다. 누군가 조작동작을 하는 자신을 바라본다고 느끼면, 하던 행동을 멈추거나 다른 행동을 하는 척 가장한다. 조작동작을 감추기 위한 전략 역시 대부분 인식 못하는 상태에서 행해진다. 조작동작은 거의 무의식적으로 이루어진다. 대부분의 사람들은 조작동작을 하지 않으려고 의도적으로 노력하지만 그러지 못하는 경우가 많다. 거기 익숙해져 있기 때문이다.

사람들은 자신이 조작동작을 직접 할 때보다 다른 사람이 그럴 때 훨씬 더 잘 의식한다. 대화 중에 누군가 조작동작을 하기 시작하면, 대부분 그 동작이 끝날 때까지 기다려주곤 한다. 누군가 조작동작을 하는 동안 사람들은 다른 데를 보다가 조작동작이 끝나면 시선을 되돌리는 것이다. 물론 조작동작이 머리카락을 꼬는 등 의미 없는 행동의 반복인 경우 계속해서 시선을 피하지는 않는다. 그렇다고 조작동작 하는 사람의 행동을 응시하지도 않는다. 조작동작에 대한 '예의바른 무관심' 은 무의식적으로 반복된 습관을 통해서 생겨난다. 예의를 지키지 않는 쪽은 조작동작을 하는 사람이 아니라 조작동작을 바라보는 사람이다. 자동차 두 대가 빨간 신호등에 정지한 경우, 열심히 귀를 후비는 사람이 아니라 옆 차에서 귀 후비는 사람을 바라보는 사람이 무례를 범하는 것이다.

조작동작을 연구하며, 숱한 질문들을 만나야 했다. 어떤 사람들은 왜 특정한 조작동작만을 선호할까? 꼬집는 대신 문지르는 것, 후비는 대신 긁는 것이 무슨 별다른 의미가 있을까? 손이나 귀, 코를 긁는 것이 어떤 메시지를 전달하는 것 아닐까? 사람들은 저마다 반지를 돌리거나 손톱을 물어뜯거나 수염을 꼬는 등의 특징적인 조작동작을 가지고 있는데, 이것은 어떤 원인에서일까? 사람들이 저마다 선호하는 조작동작은 왜 다르며, 왜 어떤 사람들은 특정한 조작동작을 가지고 있지 않을까?

조작동작이 어떤 의미를 지니고 있다고 학자들은 믿는다. 이를테면 정신과 환자들이 뭔가를 후벼 파는 조작동작을 보이는 경우, '화를 참고 있다' 는 것을 뜻한다. 눈을 가리는 행동은 수치심을 느끼는 환자들 사이에서는 흔히 나타나는 조작동작이다. 그렇지만 이런 증거는 '불편을 많이 느낄수록 조작동작이 늘어난다' 는 일반적인 연구결과만큼 확실하지는 않다.

긴장하거나 불안할 때 안절부절 못하고 끊임없이 움직인다는 일반 사람들의 선입견은 과학자들을 통해 사실로 입증되었다. 몸을 긁거나, 꼬집거나, 후비거나, 매만지는 행동은 어떤 식으로든 불편함을 느낄 때 증가한다. 나는 또한 사람들이 편안하거나 긴장을 하지 않을 때도 많은 조작동작을 보인다고 믿는다. 친한 친구와 함께 있을 때 사람들은 트림을 하거나 조작동작 등 평소에 자제하는 동작을 거리낌 없이 드러내곤 한다. 그렇다면 조작동작은 친하지 않은 사람들과 함께

하는 예의를 갖춰야 하는 자리에 한해서만 '불편함'을 나타낸다고 할 수 있을 것이다.

조작동작은 불편함과 편안함이라는 정반대의 상태를 나타내기에 믿을 만한 속임수의 증거라 할 수 없다. 또한 거짓말쟁이들은 조작동작을 억제해야 한다는 것을 알고 있으며 대부분은 어느 정도 성공하기도 한다. 그렇다고 거짓말쟁이들이 이 점에 대해 특별한 지식을 가지고 있는 것은 아니다. 다만 '조작동작이 긴장에서 비롯된 불편함을 나타내는 증거'라는 일반적인 속설을 그들도 인식하고 있기 때문이리라. 사람들은 끊임없이 안절부절 못하는 행동이 거짓말 단서라고 생각한다. "누군가 거짓말을 하는 것인지 아닌지 어떻게 알 수 있느냐"고 물었을 때, 어색한 행동을 하거나 흘금흘금 쳐다보는 행동을 근거로 꼽은 사람이 가장 많았다. 모든 사람들이 거짓말 단서라고 여기는 쉽게 억제할 수 있는 행동은 거짓말의 대가가 크고 거짓말하는 사람이 발각을 원하지 않는 경우, 신빙성 있는 단서라 할 수 없다.

간호학과 학생들의 경우 사실대로 말할 때나 거짓말을 할 때나 조작동작을 보이는 횟수는 엇비슷했었다. 다른 연구에서는 거짓말을 할 때 조작동작의 횟수가 늘어났다. 이런 모순적인 결과가 생기는 이유는 거짓말에 따르는 대가의 차이 때문이다. 대가가 크면 상반된 힘이 작용해서 조작동작이 간헐적으로 발생한다. 큰 대가는 거짓말하는 사람으로 하여금 조작동작처럼 '거짓말 단서라고 알려진 행동'을 주시하고 억제하게 만드는데, 발각에 대한 두려움으로 인한 불편한 심기는 조작동작의 발생 빈도를 높인다. 따라서 조작동작이 주시되고 억제되어 한 동안 나타나지 않다가, 어느새 다시 나타나게 되고, 그렇게 나타난 조작동작은 조금 지나면 다시 주시되어 억제된다. 거짓말의 대가가 큰 간호학과 학생들은 조작동작을 억제하려고 열심히 노력했다. 거짓말하는 동안 조작동작의 횟수가 증가했던 거짓말들은 그 대가가 그다지 크지 않았다. 실험이 진행되는 동안 거짓말을 하라고 지시 받은 상황 자체가 이상했기에 불편을 느껴 조작행동이 늘어났을 수도 있다. 하지만 이런 거짓말에는 성패에 대한 대가가 없었기에 거짓말하는 사람이 굳이 조작동작을 주시하고 억제하려고 노력할 이유도 없었다. 모순적인 결과에 대한 나의 설명이 옳지 않다고 해도, 조작동작을 해석할 때 신중해야 한다는 충분한 근거가 된다. 이런 사후 해석은 더 많은 연구가 진행되어 입증되기 전까지는 잠정적인 가설로 봐야 할 것이다.

연구 결과 사람들은 조작동작을 많이 보이는 이들을 거짓말쟁이라고 판단하는 경향이 있는 것으로 밝혀졌다. 조작동작을 보이는 사람이 실제로 사실을 말하는 것인지 거짓말을 하는 것인지는 상관하지 않았다. 조작동작을 많이 보이면 정직하지 않다고 판단했다는 것이다. 이런 실수를 범할 가능성이 높다는 걸 인식하는 것이 중요하다. 조작동작이 믿을 만한 거짓말 증거가 되지 못하는 이유들을 다시 한번 살펴보자. 얼마나 많은 조작동작을 사용하는지, 평상시에 어떤 종류의 조작동작을 보이는지가 사람마다 크게 다르다. 이런 개인적인 차이의 문제, 즉 브로커 위험은 거짓말 용의자의 평소 행동을 비교해 보면 해결할 수 있다.

조작동작은 사람들이 어떤 식으로든 불편함을 느낄 때 늘어난다. 이처럼 조작동작을 거짓말 단서로 해석할 때는 오델로의 실수를 범할 수도 있다. 이는 다른 거짓말 단서들에도 생길 수 있는 문제지만, 특히 조작동작의 경우 심각해진다. 조작동작은 단순히 불편함을 나타내는 게 아니라 때로 친한 친구들과 있을 때는 편안함을 나타내는 증거가 되기 때문이다.

많은 조작동작을 보이는 것이 거짓말을 드러내는 증거라고 사람들을 믿는다. 따라서 용의주도한 거짓말쟁이들은 조작동작을 억제하려고 노력할 것이다. 표정과는 달리 조작동작은 억제하기가 쉽다. 거짓말에 따르는 대가가 클 경우, 잠시 동안만이라도 조작동작을 억제할 수 있는 것이다.

몸짓의 또 다른 요소인 '자세' 또한 많은 연구가 있었지만 거짓말의 단서나 누설이 될 만한 증거는 발견되지 않았다. 사람들은 상황에 따라 어떤 자세로 앉고 서야 하는지 잘 알고 있다. 예의를 갖춘 면접에 적절한 자세는 친구와 이야기를 나눌 때 갖는 자세와는 엄연히 다르다. 거짓말을 할 때도 자세는 잘 통제되고 성공적으로 조절된다. 나를 비롯해 거짓말을 연구하는 사람들은 거짓말을 할 때나 사실을 말할 때 어떤 자세의 차이점도 발견 못했다. 물론 자세가 변하는 경우를 연구하지는 않았다. 무엇인가에 관심을 가지거나 화가 난 경우 자세를 앞으로 기울이는, 두려움이나 역겨움을 느낄 때는 자세를 뒤로 젖히는 모습이 종종 언급되었던 내용이었다. 그러나 거짓말쟁이라면 이런 자세의 변화에 대처할 방법을 알고 있을 것이다.

자율신경계 단서

지금까지는 골격근에 의한 몸짓을 살펴보았다. 이제는 자율신경계ANS에 대해서 설명해보겠다. 사람은 감정이 고조될 때 호흡의 변화나 침을 삼키는 횟수, 발한 등 신체에 두드러진 변화를 일으킨다. 이런 변화는 감정이 고조될 때 저절로 발생하는 것으로 억제하기가 아주 힘들기 때문에 매우 신빙성 있는 거짓말 단서가 된다.

폴리그래프 거짓말 탐지기도 이런 ANS의 변화를 측정한다. 육안으로 식별할 수 있는 변화도 많이 있다. 거짓말하는 사람이 두려움, 분노, 흥분, 괴로움, 죄책감, 수치심을 느끼면 호흡이 가빠지거나 가슴이 답답해지거나 침을 자주 삼키거나 땀의 냄새나 양이 달라진다. 감정에 따라 다른 ANS의 변화가 나타나는지 아닌지의 문제는 수십 년 동안 심리학자들 사이에 의견이 분분한 내용이었다. 대부분의 심리학자들은 '특정한 감정이 특정한 ANS의 변화를 일으키지 않는다'고 생각한다. 어떤 감정이 고조되더라도 호흡이 빨라지고 땀을 흘리고 침을 삼키게 된다는 것이다. ANS의 변화는 '감정을 느끼는 정도'를 나타내는 것이지 '느끼는 감정의 종류'를 나타내는 것이 아니다.

그러나 이런 관점은 일반 사람들의 경험과 상반된다. 사람들은 화가 났을 때와 두려울 때 느끼는 신체적인 감각이 다르다고 한다. 이에 대해 심리학자들은 '화가 났을 때와 두려울 때 느끼는 똑같은 신체 감각을 각기 달리 해석하기 때문'이라고 주장한다. 두려움을 느낄 때와 분노를 느낄 때 ANS 활동이 실제로 다르다는 증거가 되지 않는다는 것이다.

이 책을 마무리할 무렵, 나는 이런 관점에 반박하기 위한 연구에 착수했다. ANS 변화가 각각의 감정에 따라 각기 다르다는 내 주장이 맞는다면, 이는 거짓말을 감지하는 데 중요한 단서가 될 것이었다. 그렇다면 폴리그래프 거짓말 탐지기를 사용하거나 단순히 듣고 관찰하는 것만으로도, 용의자가 감정적으로 고조되었으며 그게 두려움인지 분노인지 혐오감인지 슬픔인지를 알 수 있을 터였다. 다음 장에서 살펴보겠지만 이런 정보는 표정에서도 읽을 수 있는데, 표정을 통해 드러나는 많은 단서들은 사람들 의지로 숨기는 것이 가능하다. 그에 비해 ANS 활동은 숨기기가 훨씬 더 어렵다.

현재까지 이 문제에 관해 우리가 발표한 연구는 한 가지밖에 없었는데, 연구 결과에 동의하지 않는 일부 저명한 심리학자들로 인해 논란의 대상이 되고 있다. 따라서 아직까지는 가설로 받아들여지고 있다.

감정마다 각기 다른 ANS 활동이 일어난다는 증거를 발견하는 데는 두 가지 어려운 점이 있었다. 그 중 하나는 순수한 감정의 표본을 얻는 문제였다. 두려움으로 인한 ANS 변화와 분노에 대한 ANS 변화를 비교하기 위해, 실험 대상들이 언제 각각의 감정을 느끼는지 확신할 수 있어야 한다. ANS의 변화를 측정하기 위해서는 정교한 기기가 필요하기 때문에 실험 대상들은 반드시 실험실에서 감정을 드러내야만 했다. 문제는 자연스럽지 못한 분위기에서 어떻게 강렬한 감정을 이끌어내는가 하는 것이었다. 어떻게 해야 사람들이 두려움과 분노 가운데 한 가지만 느끼게 만들 수 있을까? 나를 비롯한 여러 사람들이 감정의 혼합Emotion blend이라고 부르는, '두려움과 분노를 동시에 느끼는' 상황을 막는 게 중요했다. 감정이 분리되어 표본이 순수하지 않는 한 ANS 활동이 감정마다 다르게 일어난다는 것을 증명할 방법이 없기 때문이었다. 분노 표본마다 어느 정도 두려움이 포함되어 있고 두려움의 표본에 항상 분노가 포함되어 있다면 ANS 변화에 대한 결과는 항상 일정할 것이다. 실험실에서든 실생활에서든 감정의 혼합을 피하기란 쉬운 일이 아니었다.

감정의 표본을 추출하는 데 가장 많이 이용한 방법은 실험 대상에게 두려움을 느꼈던 일을 떠올리거나 상상하라고 하는 것이다. 실험 대상이 강도에게 습격을 당하는 장면을 상상한다고 가정해보자. 과학자는 실험 대상이 강도에 대해 '분노'를 느끼거나 두려움을 느끼는 자기 자신에게 '화'를 내거나 그런 위험한 상황에 처하게 된 자기 자신을 어리석다고 '자책'하지 않도록 신경을 써야 한다. 감정을 불러일으키는 다른 방법들도 마찬가지로 감정의 혼합이 발생할 위험이 있다. 예를 들어 실험 대상으로 하여금 두려움을 불러일으키기 위해 알프레드 히치콕Alfred Hitchcock의 〈사이코Psycho〉 가운데 그 유명한 장면, 안소니 퍼킨스가 샤워 중인 자넷 리를 칼로 공격하는 모습을 보여준다고 가정하자. 실험 대상은 자신을 두렵게 만든 과학자에게 분노를 느낄 수도 있고 두려움을 느끼는 자기 자신에게 화가 날 수도 있다. 자넷 리를 공격한 안소니 퍼킨스에게 화가 날 수도 있고 낭자한 피 때문에 역겨움을 느낄 수도 있으며 자넷 리의 고통에 괴로움을 느낄 수도 있을 것이다. 순수한 감정의 표본을 얻어내기란 생각보다 쉽지 않다. ANS를 연구한 대부분의 과학자들은 실험 대상이 과학자의 지시대로 의도하는 감정을 느꼈을 것이라고 믿는데, 나는 그렇지 않다고 본다. 그들은 자신이 얻은 감정의 표본이 정말 순수한 것인지 보장하거나 확인하는 단계를 밟지 않았다.

두 번째는 실험실에서 감정의 표본을 얻기 위한 기술이 결과에 영향을 미치는 문제였다. 대부분의 실험 대상들은 실험실에서 무슨 일이 벌어질지 대충 짐작한다. 하지만 현실은 짐작했던 것 이상이다. ANS 활동을 측정하기 위해서는 실험 대상의 신체 곳곳에 전선이 부착되어야 한다. 호흡, 심장 박동, 피부 온도, 발한 정도를 측정하는 데도 무수한 전선들이 많이 연결된다. 거기에 더해 자신의 몸에서 벌어지는 일을 여러 과학자들이 세밀하게 주시하고 있으며 녹화용 카메라까지 돌아가고 있다면 대부분의 사람들이 당혹감을 느끼게 된다. 당혹감도 감정이다. 이로 인해 ANS 변화를 일으킨다면 그것이 과학자들이 얻어낸 모든 감정 표본에 스며들을 것이다. 두려움과 분노의 감정을 요구하며, 과학자는 실험 대상이 한 순간에는 두려웠던 사건을 떠올리고 다른 한 순간에는 분노를 일으키는 기억을 떠올렸으리라 생각할 것이다. 그러나 실제로 두 가지 기억을 떠올리는 동안 실험 대상이 느꼈던 감정은 당혹감이었을지 모른다. 당혹감을 줄이려는 조치를 취한 과학자는 아무도 없었고 당혹감이 순수한 감정의 표본을 망가뜨리지 않았는지 확인해본 사람도 없었다.

동료들과 나는 당혹감을 없애기 위해 전문 배우들을 실험대상으로 삼았다. 배우들은 전선과 녹화용 카메라 앞에서 당황하지 않았다. 오히려 적극적이었다. 배우들을 연구대상으로 삼은 결과, 순수한 감정 표본을 얻는 첫 번째 문제를 해결하는 데도 도움이 되었다. 대부분의 배우들은 감정을 떠올려 다시 경험하는 능력을 기르기 위해 스타니슬라브스키Stanislavski 연기술을 훈련한 사람들이다. 배우들은 특정 배역을 연기하는 데 필요한 감각 기억을 떠올리기 위해 배우들이 즐겨 연습하는 게 바로 이 기술이다. 우리는 이 점을 아주 유용하게 이용할 수 있었다. 그들에게 전선을 연결한 후, 살아오면서 가장 큰 분노를 느꼈던 때를 떠올리고 최대한 그 감정을 다시 경험해보라고 지시했다. 이어서 두려움, 슬픔, 놀람, 행복, 역겨움에 대해서도 지시했다. 결과는 성공이었다. 매번 기억을 떠올리고 난 후, 배우들에게 지시한 감정을 얼마나 강렬하게 느꼈는지, 다른 감정을 함께 느끼지는 않았는지 설문조사를 실시했던 것이다. 우리가 지시한 감정만큼 다른 감정도 강렬하게 느꼈다고 보고한 자료는 표본에 포함시키지 않았다. 결국 우리는 감정의 혼합이 아닌 순수한 감정을 얻었음을 직접 확인했다.

배우들을 실험대상으로 삼은 뒤, 여태까지 한 번도 이용된 적이 없었던 순수한 감정의 표본을 얻는 새로운 기술을 쉽게 시도해 볼 수 있었다. 감정을 불러일으키는 이 새로운 기술은 몇 년 전 다른 연구를 하다가 우연히 발견한 것이었다. 어떤 근육이 어떤 표정을 만들어 내는지, '표정에 관한 역학'을 알아내기 위해 수천 가지 표정을 체계화하고 녹화한 후 복합적인 근육의 움직임들이 어떤 표정을 만들어내는지 분석했다. 실험 결과는 놀라웠다. 감정과 관련된 근육에 움직임을 가하자, ANS 변화로 인해 신체에도 느닷없는 변화가 일어났다. 의도적으로 안면 근육을 움직이자 생각지도 않은 ANS의 변화가 일어났던 것이다. 반복적인 실험의 결과도 똑같았다. ANS 활동이 특정 안면 근육의 움직임에 따라 다르게 일어나는지 아직 파악하지 못한 상태에서, 우리는 배우들에게 정확히 어떤 안면 근육을 움직여야 하는지 알려주었다. 각기 다른 여섯 개의 감정에 대해 여섯 가지 다른 사항을 지시했다. 요청에 의해 특정한 표정을 짓고 그런 표정을 남들 앞에 보이는 일에 능숙한 배우들은 비교적 쉽게 우리의 지시에 따랐다. 이번에도 우리는 배우들이 알아서 순수한 감정의 표본을 만들어낼 것이라고 믿지 않았다. 우리는 그들의 표정 연기를 녹화한 후, 비디오 판독 결과 그들이 우리가 요청한 표정을 지어보였다고 판단될 때에만 표본으로 사용했다.

실험 결과 'ANS 활동이 모든 감정에 똑같이 일어나지 않는다'는 강력한 증거를 찾을 수가 있었다. 우리가 측정한 심장박동 수, 피부 온도, 땀의 변화 등은 모든 감정에 대해 똑같이 일어나지 않았다. 예를 들어 배우들이 분노를 나타내는 안면 근육을 움직였을 때와 두려움을 나타내는 안면 근육을 움직였을 때, 심장박동은 모두 빨라졌지만 피부 온도에는 각기 다른 변화가 발생했다. 분노를 느낄 때는 피부 온도가 뜨거워졌지만 두려움을 느낄 때는 차가워졌다. 다른 사람들을 대상으로 같은 실험을 실시했을 때도 똑같은 결과를 얻을 수 있었다.

다른 과학자들이 이 실험과 똑같은 결과를 얻는다면 폴리그래프 거짓말 탐지기를 통해 얻은 결과를 달리 해석할 수 있을 것이다. 용의자가 단순히 감정을 느끼는지 안 느끼는지만 알 수 있는 게 아니라 여러 가지 ANS 활동을 측정해 '어떤 감정을 느끼는지'까지를 알아낼 수 있는 것이다. 폴리그래프 거짓말 탐지기 없이 호흡이나 땀을 흘리는 패턴의 변화만을 가지고도 특정한 감정에 대해 감지할 수 있다. 숨기기 어려운 ANS 활동이 용의자가 느끼는 감정을 나타낼 수 있다면, 사실대로 말하는 사람을 믿지 않거나 거짓말하는 사람을 믿는 등 거짓말 탐지에서의 실수를 줄일 수 있을 것이다. 아직까지 ANS 활동의 근거를 듣고 보는 것만으로도 감정이 구분될 수 있는지는 확인된 바 없다. 그러나 연구를 계속할 당위성은 충분하다고 생각한다.

지금까지 우리는 은폐와 왜곡이라는 두 가지 기본적인 거짓말 방법을 살펴보았다. 그리고 은폐하려는 감정이 말이나 목소리, 몸짓을 통해 어떻게 발각될 수 있는지를 다루었다. 실제로 아무런 감정도 느끼지 않는데 특정한 감정을 느끼는 척 하거나 실제로 느끼는 감정을 숨기려고 하는 거짓말쟁이들의 왜곡을 생각해보자. 처남의 사업이 파산했다는 사실을 듣고 슬픈 표정을 지어보이는 사람을 예로 들겠다. 아무런 감정도 느끼지 않았다면 그저 상황에 맞추어 적절한 표정을 지어보이면 그뿐이리라. 그러나 처남의 불행을 은근히 기뻐하는 사람이라면 슬픈 표정을 지어 실제로 느끼는 감정을 가려야 한다. 말이나 목소리, 몸짓으로 그런 감정의 왜곡을 읽어내는 일이 과연 가능할까? 그건 아무도 모른다. 감정의 왜곡을 밝혀내는 연구는 그다지 활발하게 이루어지지 않아왔다.

감정을 왜곡하는 데 말이라는 수단이 가장 적당하긴 하지만, 사실이든 아니든 감정을 말로 표현하는 것은 쉬운 일이 아니다. 오직 시인만이 표정을 통해 드러난 뉘앙스를 제대로 전달할 수 있을 것이다. 실제로 느끼지 않는 감정을 말로 표현하는 것은 실제로 느끼는 감정을 말로 표현하는 것만큼이나 어렵다. 어느 쪽도 제대로 표현되거나 설득력 있게 들리지 않을 것이다. 말로 표현하는 감정은 목소리, 몸짓, 표정이 동반되어야 더 큰 의미를 갖게 된다. 분노, 두려움, 괴로움, 행복, 역겨움, 놀람 등의 감정은 목소리를 꾸며서 속일 수 있다고 생각한다. 이런 감정을 느낄 때 목소리가 변하는 것을 감추기는 어렵지만 그런 목소리를 꾸미는 건 그다지 어렵지 않다. 대부분의 사람들은 목소리 때문에 속는다.

자율신경계로 인한 어떤 변화 중에는 꾸미기 쉬운 것도 있다. 감정을 느낄 때 호흡이 가빠지거나 자신도 모르게 침을 삼키는 행동을 억제하기는 어렵지만, 반대로 호흡을 좀 더 빨리 한다거나 자주 침을 삼키는 등과 같은 행동을 거짓으로 꾸며낼 수가 있다. 발한은 좀 다르다. 은폐하기도 어렵고 꾸며내기도 어렵다.

거짓말하는 사람이라면 일부러 조작행동 횟수를 늘일 수 있겠지만 대부분의 사람들은 평소에 자신이 어떤 조작행동을 하는지 기억하지 못한다. 쉽게 행할 수 있는 이런 행동을 하지 않음으로써, 상대방이 두려움이나 괴로움을 느낀다고 충분히 믿을 수 있을 만한 상황에서도 거짓말이 탄로 나는 경우가 있다. 아무 감정도 느끼지 않는 상황에서 '자신이 하는 말에 감정적으로 충실한 열의를 느낀다는 인상을 주기 위해' 설명동작을 사용할 수도 있겠지만 그다지 성공적이지는 않을 것이다. 닉슨 전 대통령과 포드 전 대통령 모두 참모들로부터 설명동작을 많이 사용하도록 코치를 받았다고 한다. TV를 통해 그들을 볼 때마다, 바로 그런 과도한 설명동작 때문에, 그들이 하는 말이 오히려 가식적으로 느껴지곤 했다. 말을 하면서 자연스럽게 설명동작이 이루어지는 그 시점에 오히려 의도적인 설명동작을 해 보이는 것은 더 어려운 일이다. 그것은 모든 행동을 하나하나 생각하면서 스키를 타는 것과 비슷하다. 한 눈에 보기에도 어색할 수밖에 없는 것이다.

숨겨진 정보를 누설하는 행동 단서는 거짓말하는 사람이 거짓말을 미리 꾸며내지 못했거나 실제 감정과 어울리지 않는 말을 하고 있음을 드러내는 증거다. 말실수와 상징동작의 실수, 그리고 장황한 말은 말하는 이의 감정과 말하는 이가 과거에 했던 일, 계획, 의도, 환상, 아이디어 등 모든 종류의 숨겨진 정보를 누설할 수 있다.

또 간접적인 표현, 말의 중단, 표현의 실수, 설명동작의 감소 등은 말하는 사람이 할 말을 미리 생각하지 못해 매우 조심스러운 상황임을 의미한다. 이런 것들은 부정적인 감정의 징후다. 설명동작은 또한 따분함을 느낄 때에도 감소할 수가 있다.

목소리가 커지고 말이 빨라지는 변화는 두려움, 분노, 또는 흥분을 느낄 때 발생한다. 슬픔이나 죄책감을 느끼면 목소리는 이와 정반대로 변한다.

호흡이나 발한의 변화, 침을 삼키는 횟수의 증가, 입이 마르는 현상은 강한 감정을 느끼고 있다는 증거가 된다. 멀지 않은 미래에, 이런 변화의 패턴을 통해 어떤 감정인지를 파악하는 일이 가능할 것이다.

제4장

표정은 거짓말하지 않는다

표정은 거짓을 나타낼 수도 있고 사실을 나타낼 수도 있으며 동시에 두 가지 모두를 나타낼 수도 있다. 그래서 거짓말 탐지자에게 소중한 자료가 된다. 표정은 대개 거짓말하는 사람이 보여주고 싶은 것과 감추고 싶은 두 가지 메시지를 모두 드러낸다. 어떤 표정은 거짓된 정보를 제공하여 거짓말의 수단이 되기도 한다. 때로 어울리지 않는 표정은 거짓말이 탄로 나게도 하고, 감추려는 노력에도 불구하고 감정이 드러나게도 한다. 한 순간 거짓에 그럴듯한 표정이 보이다가도, 다음 순간 숨기려던 감정이 드러나는 경우가 있다. 한 가지 표정 속에 실제로 느낀 감정과 거짓 감정이 모두 드러나는 경우도 가능하다. 사람들이 어떤 표정을 보고 거짓말을 알아차리지 못하는 이유는 '실제로 느끼는 감정과 거짓된 감정을 구별하지 못하기 때문'이다.

　실제로 느끼는 진짜 감정은 생각하거나 의도하지 않고도 무의식적으로 표정에 나타난다. 진짜 감정을 숨기고 거짓된 감정을 느끼는 척할 때는 거짓된 표정이 나타난다. 표정은 의도적으로 선택한 표정과 무의식적으로 나타나는 표정이 포함된 이중적인 체계를 가지고 있는데, 무의식적으로 표정이 나타날 때는 당사자조차 자신이 무슨 표정을 짓는지 알아차리지 못할 수도 있다. 의식적인 표정과 무의식적인 표정의 중간에는 선택하지 않아도 자동으로 나타나는 표정이 있다. 이런 표정은 선택을 한다 해도 대개 인식하지 못한다. 특정한 표정을 조절하도록 지시하는 표정 매너리즘이나 타고난 습관으로는 '권위 있는 사람에게 분노를 드러내지 못하는 경우'를 들 수 있다. 여기에서 살펴보고자 하는 것은 남을 속이기 위해 '의식적이고 의도적으로 꾸미는 거짓 표정'과 거짓말하는 사람이 감추려고 하지만 '무의식적으로 자연스럽게 나타나는 감정의 표현'이다.

감정을 드러내는 수만 가지 표정

각기 다른 뇌 손상을 입은 환자들을 연구한 결과 의식적인 표현과 무의식적인 표현이 서로 다른 뇌의 영역과 관련이 있다는 놀라운 사실이 밝혀졌다. 추체로 신경계라고 부르는 뇌의 일부에 손상을 입은 환자들에게 미소를 지어보라고 하면 짓지 못했지만, 농담을 듣거나 다른 식으로 재미를 느낄 때는 미소를 지을 수 있었다. 비추체성 뇌의 영역이 손상된 환자들에게는 정반대 현상이 나타났다. 의도적으로 미소를 지어보일 수는 있었지만 아무리 재미있는 장면을 보아도 무표정하기만 했다. 의도적으로 표정을 지을 수 없는 추체로 손상을 입은 환자들은 자연스러운 표정을 감추거나 의도적으로 거짓된 표정을 지을 수가 없기 때문에 표정을 통해 거짓말을 할 수 없다. 반대로 비추체성 뇌 손상을 입은 환자들은 실제로 느끼는 감정 표정을 억제할 필요가 없기 때문에 표정만으로 그럴듯한 거짓말을 할 수가 있다.

무의식적으로 감정을 드러내는 표정은 진화의 산물이다. 인간의 표정 중에 어떤 것들은 다른 영장류의 표정과 똑같다. 표정을 통해 드러나는 감정의 표현 가운데 행복감, 두려움, 분노, 혐오감, 슬픔, 괴로움 등 일부 감정은 보편적인 것으로 나이, 성별, 인종, 문화에 상관없이 모든 사람들에게 공통적으로 나타난다. 이런 표정들은 감정에 대한 가장 풍부한 자원의 원천으로 순간적인 감정의 미묘한 뉘앙스까지 드러낸다. 표정은 '오직 시인만이 말로 표현할 수 있는' 특정한 감정까지 나타낼 수가 있다. 표정이 나타낼 수 있는 것은 다음과 같다.

그렇지만 앞서 말한 대로 표정은 무의식적인 감정을 나타내는 신호 체계만은 아니다. 아이들도 태어난 지 몇 년 만에 진짜 감정을 숨기고 가짜 감정을 꾸며내는 등 일부 표정을 통제하는 법을 배운다. 부모가 직접 본보기가 되거나 다음과 같은 말로 표정 통제를 가르친다.

"왜 그렇게 화난 표정이니?"
"이모가 선물을 줬으니 웃어야지."
"그렇게 따분한 표정 짓지 마."

- **느끼는 감정** : 분노, 두려움, 슬픔, 혐오감, 괴로움, 행복, 만족감, 흥분, 놀람, 모멸감 등. 모두 각기 다른 표정을 통해 드러난다.
- **두 가지 감정이 혼합된 경우** : 두 가지 감정을 동시에 느끼는 경우 각

각의 감정이 표정을 통해 드러난다.

- **느끼는 감정의 강도** : 불쾌함에서부터 분노, 걱정, 공포 등 각각의 감
  정을 느끼는 정도가 다를 수 있다.

아이들은 자라면서 이런 표현 규칙을 배우고 이는 깊이 배인 습관
이 된다. 그래서 나중에는 표정을 통제하는 많은 표현 규칙이 자동으
로 작동하여 일부러 선택하거나 자각하지 않아도 표정을 조절할 수
있게 된다. 심지어 표현 규칙을 자각하고 있을 때조차 그걸 따르지 않
기가 불가능해지기도 한다. 인식하지 않아도 자동적으로 작동하는 습
관이 생기면 그걸 고치기는 힘들다. 나는 감정 통제와 관련된 이런 표
현 규칙의 습관을 깨기가 가장 어렵다고 믿는다.

표현 규칙 가운데에는 문화마다 다른 것도 있다. 이곳은 외국을 처
음 여행하는 여행자가 흔히 느낄 수 있는 일이다. 감정을 불러일으키
는 장면을 혼자 본 일본인의 표정과 미국인의 표정은 거의 비슷하다.
그러나 다른 사람이 함께 한 어려운 자리에서 그런 장면을 본다면, 일
본인은 공손한 미소로 부정적인 감정을 숨기며 미국인보다 훨씬 더
많이 표현의 규칙을 따르는 편이다.

사람들은 자동적으로 작동하는 습관적인 표정의 통제는 물론, 진짜
감정의 표현을 의도적이고 의식적으로 억누르거나 가짜 감정을 느끼
는 척 위장할 수도 있고 실제로 그렇게 한다. 대부분의 사람들은 표정
을 통해 성공적으로 거짓말을 한다. 상대방의 표정을 보고 완전히 속
고 말았던 기억을 거의 모든 사람들이 가지고 있을 것이다. 이와 정반
대로 상대방의 표정을 보고 그 사람이 하는 말이 거짓임을 깨달은 적
또한 있을 것이다. 당사자가 인식하지 못하거나 심지어 부인하기까지

하는 분노나 두려움을 상대의 표정을 통해 눈치챘던 경험이 없는 커플이 세상에 있을까? 대부분의 사람들은 상대방의 거짓 표정을 감지할 수 있다고 믿는다. 하지만 우리가 실시한 연구에 따르면 대부분의 사람들이 이를 감지 못하는 것으로 드러났다.

간호학과 학생들이 거짓말을 하는지 사실대로 말하는지 구별한 사람이 거의 없었다는 연구결과를 앞에서 소개했었다. 간호학과 학생들의 표정만 본 사람들은 거짓말하는 학생들이 가장 정직하다고 점수를 매기는 등 '눈감고 찍는' 것보다도 낮은 확률을 기록했다. 관찰자들은 거짓 표정에 속아 진짜 감정을 누설하는 표현들을 보지 못했다. 누군가 거짓말을 할 때, 뚜렷하고 눈에 띄는 표현일수록 주로 거짓일 확률이 높다. 가짜 감정임을 보여주는 미묘한 징후나 진짜 감정이 언뜻 드러나는 힌트들은 대개 놓치기 일쑤다.

대부분의 연구원들은 거짓말쟁이의 표정을 측정하는 게 아니라 '설명동작이나 말투의 실수' 처럼 눈에 띄는 행동에만 초점을 맞추었다. 표정을 연구한 몇 안 되는 사람들도 미소에만 초점을 맞추었으며 그것도 지나치게 단순한 측정에만 그쳤다. 그들은 사람들이 거짓말을 할 때나 사실을 말할 때 모두 자주 미소를 짓는다는 사실을 알아냈는데, 그러나 어떤 종류의 미소를 짓는지는 밝히지 못했다. 모든 미소가 다 똑같은 것은 아니다. 표정을 측정하는 우리 기술은 오십여 가지의 각기 다른 미소를 구별할 수 있다. 간호학과 학생들이 거짓말을 할 때 짓는 미소는 사실을 말할 때 짓는 미소와 달랐다. 미소에 대해서는 이번 장의 끝부분에서 다시 살펴볼 것이다.

비언어적 의사소통과 거짓말에 흥미를 가진 사람들도 웬만하면 꺼리는 것이 표정 분석이다. 표정은 상당히 다양하기 때문이다. 최근까지도 모든 표정을 판단할 포괄적이고 객관적인 방법이 없었다. 비디오테이프를 통해 간호학과 학생들이 거짓말하는 모습을 관찰한 후, 우리는 표정에 나타나는 거짓말 단서를 파악하기 위해 더 정확한 판단 기준이 필요하다는 점을 깨달았다. 그리하여 거의 10년의 연구 끝에 정확하게 표정을 판단할 수 있는 기술을 개발했다.

표정에는 수천 가지가 있다. 그 중에는 감정과 아무런 상관이 없는 표정들도 많다. 대화신호Conversational signals 라고 부르는 표정들은 설명동작과 같이 말을 강조하거나 물음표나 느낌표처럼 어법상 구조적인 역할을 하기도 한다. 또한 상징적인 표정도 있다. 한쪽 눈을 감는 윙크, 눈썹을 치켜 올리고 눈꺼풀을 내린 채 입모양을 말발굽처럼 만들고 으쓱하는 동작, 한쪽 눈썹만 치켜 올리는 회의적인 표정 같은 것이 이에 해당된다. 입술을 지그시 깨무는 것, 입술을 빨아들이는 것, 혀로 입술을 핥는 것, 불을 부풀리는 것도 조작표정이다. 그리고 물론 진짜 감정을 드러내는 표정과 가짜 감정을 드러내는 표정도 있다.

각각의 감정을 나타내는 표정은 하나만 있는 게 아니다. 감정에 따라 수십, 수백 개의 표정이 있기도 하다. 모든 감정은 겉보기에도 서로 다른 표정 집단을 가지고 있다. 감정마다 한 가지 감정이나 경험을 가진 게 아니니 그렇게 놀랄만한 일이 아닐 것이다. 예를 들어 분노의 경험집단에 속하는 요소들을 보면, 다음과 같은 기준에 따라 다양한 분노가 나타난다.

- **분노의 강도** : 짜증에서 격노까지
- **억제 정도** : 폭발적인 분노에서부터 발끈하는 정도까지
- **시작될 때까지 걸리는 시간(온셋 타임, Onset time)** : 울컥하는 분노에

서 서서히 쌓이는 분노까지

- **끝나기까지 걸리는 시간(오프셋 타임, Offset time)** : 금세 가라앉는 분노에서 좀처럼 사그라지지 않는 분노까지
- **체온** : 뜨겁게 달아오르는 분노에서 싸늘하게 식는 분노까지
- **진정성** : 정말로 화를 내는 경우에서 귀여운 장난꾸러기 아이에게 화난 척하는 거짓 분노까지

여기에 즐기는 분노, 죄책감을 느끼는 분노, 독선적인 분노, 경멸의 분노 등 다른 감정과 혼합된 분노까지 포함하면 '분노 집단'은 더욱 커질 것이다.

이렇게 다양한 분노를 모두 표현할 수 있을 정도로 사람의 얼굴 표정이 다양할까? 그건 아무도 모른다. 나는 감정 집단보다 표정이 더 다양할 것이라고 믿는다. 우리에게는 어떤 감정을 나타내는 말보다 표정이 더 다양하다는 증거가 있다. 표정은 한두 마디 언어가 표현할 수 없는 뉘앙스와 미묘함까지를 표시한다. 우리는 오래 전부터 '표정 목록을 작성하는 연구'를 해왔다. 각기 다른 감정을 나타내는 표정들이 얼마나 많은지, 어떤 표정들이 비슷한 표정이며 어떤 표정들이 겉보기에는 다르지만 관련된 마음 상태를 나타내는지 알아내기 위해서였다. 이제 설명할 '표정에서 드러나는 거짓말 단서' 가운데에는 새로운 표정 관찰 기술을 사용해 체계적으로 연구한 것도 있고 수천 시간 동안 표정을 연구한 결과를 근거한 것도 있다. '의도적으로 짓는 표정과 무의식적으로 나타나는 표정이 다르다'는 우리의 연구 결과를 과학적으로 입증한 결과는 아직 없다. 따라서 앞으로 설명할 내용은 잠정적인 가설이라 볼 수 있을 것이다.

우선 좀처럼 포착하기 힘든 단서인 '미세 표정' 부터 살펴보자. 이런 표정은 숨기는 감정을 완전하게 드러내지만 너무 순식간에 지나가는 바람에 놓치기 쉽다. 0.25초도 안 되는 시간 동안 나타났다 사라지는 것이다. 우리는 20년 전에 실시했던 첫 번째 거짓말 연구에서 이 같은 미세 표정을 발견했다. 정신과 환자 메리의 상담 내용을 녹화한 장면을 살펴보고 있을 때였다. 그녀가 병원에 입원한 지 몇 주 지난 후에 녹화한 것으로, 더 이상 우울하지 않으니 가족과 함께 집에서 주말을 보낼 수 있게 해달라고 외출 허락을 구하는 장면이었다. 잠시 후 그녀는 '여전히 몹시 불행하다고 느낀다' 면서 병원의 감시에서 벗어나 자살할 생각으로 거짓말을 했다고 털어놓았다.

메리는 어깨를 으쓱하는 상징동작을 여러 차례 보였다. 설명동작 또한 적었다. 화면을 저속으로 반복 재생해 본 결과 미세 표정도 발견할 수가 있었다. 완전히 슬픈 표정이었다. 그 표정이 아주 잠시 스친 뒤에는 얼굴에 곧바로 '가식적인 미소' 가 나타났다. 너무 빨리 지나가는 바람에 알아보기 쉽지 않은 표정이었다. 〈그림2〉는 슬픈 표정을 나타낸 것이다. 그림을 보면 슬픈 표정이라는 것을 아주 쉽게 알아볼 수 있는데 정지된 표정이기 때문이다. 이 표정을 1/25초 동안 본다면 누구라도 알아차리지 못할 것이다. 우리가 미세 표정을 발견하자마자 다른 연구원들도 미세 표정을 발견했다고 발표했다. 그들은 '미세 표정은 감정의 억제로 인해 무의식적인 감정이 드러나는 것' 이라고 말했다. 그러나 메리의 경우에는 무의식적인 감정이 아니었다. 그녀는 미세 표정에서 드러난 슬픔을 처절하게 인식하고 있었다.

우리는 미세 표정이 포함된 메리의 상담 장면을 사람들에게 보여주고 그녀가 어떤 감정을 느끼고 있는지 판단하도록 했다. 훈련 받지 않

〈그림 2〉 슬픈 표정

은 사람들은 쉽게 속았다. 미세 표정에 담긴 메시지를 알아차리지 못한 채 '그녀의 기분이 좋은 것 같다'고 생각했던 것이다. 느린 화면을 보여주자, 그제야 사람들은 그녀가 슬픔을 느낀다는 것을 감지할 수가 있었다. 숙련된 의사들에게는 느린 화면을 보여줄 필요가 없었다. 그들은 정상 속도로 재생되는 화면을 보고도 미세 표정을 포착하고 슬픔의 메시지를 발견했다.

보통 사람들도 한 시간 정도만 연습하면 아주 순간적인 표정을 알아볼 수 있다. 우리는 프로젝터 렌즈 위에 셔터를 달아 슬라이드가 아주 잠시 동안만 보이게 했다. 맨 처음 1/15초 동안 표정을 보여주었을 때, 사람들은 '표정을 볼 수도 없었으며 이런 식으로는 절대 알아볼 수 없을 것'이라고 주장했다. 하지만 사람들은 미세 표정을 알아보는 법을 매우 빨리 터득했다. 나중에는 너무 쉽게 알아보는 바람에 우리가 셔터 속도를 늦췄다고 생각하는 사람이 나올 정도였다. 수백 가지 표정을 보고 난 후에는 짧은 노출 시간에도 모든 사람들이 감정을 알아볼 수가 있었다. 셔터가 없어도, 눈앞에 놓은 표정 사진에 최대한 빨리 불빛을 비추는 방법을 사용하면 누구든 이 기술을 연습할 수 있다. 사진 속에 나타난 감정이 무엇인지 추측해본 다음, 다시 사진을 천천히 살펴보면서 확인한 후 다음 사진으로 넘어가는 식으로 연습하면 된다. 적어도 몇 백 장은 보면서 연습해야 할 것이다.

미세 표정은 숨겨진 감정을 누설할 정도로 풍부하지만 여러 이유로 발견하기가 쉽지 않다. 간호학과 학생들의 거짓말 실험에서도 미세 표정은 거의 찾아볼 수 없었다. 이보다 훨씬 더 흔히 볼 수 있는 것이 차단 표정squelched expression이다. 어떤 표정이 나타나려는 순간 당사자가 의도적으로 표정을 없애거나 미소와 같은 다른 표정으로 위장을 하는 것이다. 재빨리 표정을 차단해버리면 원래 표정이 어떤 감정을 드러내려고 했던 것인지 파악하기조차 어려운 경우가 있다. 이런 경우 어떤 감정인가를 숨긴다는 뚜렷한 단서가 된다. 차단 표정은 대개 미세 표정보다 더 오래 가지만 완전하지 못하다. 미세 표정은 시간이 짧을 뿐 감정을 완전히 드러낸다. 차단 표정은 표정이 완전하게 드러나지 않지만 미세 표정보다 오래 지속되며 차단하는 행동 자체가 눈에 띈다.

미세 표정과 차단 표정은 대부분의 거짓말 단서를 해석하는 데 어려움을 주는 두 가지 문제에 취약하다. 앞서 설명한 것처럼 브로커 위험은 감정 표현이 사람에 따라 다르다는 점을 고려하지 않고 거짓말을 해석할 때 발생하는 실수다. 감정을 숨기는 사람들이 모두 다 미세 표정이나 차단 표정을 보이는 것은 아니다. 따라서 그런 표정을 찾아볼 수 없다고 해서 모두 진실하다는 것은 아니다. 표정을 통제하는 능력은 사람마다 다른데, 타고난 거짓말쟁이의 경우에는 완벽하게 표정을 숨기도 한다. 오델로의 실수는 사실을 말하는 사람이 거짓말을 한다는 의심을 받을 경우 감정적으로 고조될 수 있다는 점을 인식하지 않을 때 발생한다. 미세 표정이나 차단 표정을 보인다고 해서 그 사람이 거짓말을 한다고 확신할 수 없다. 이처럼 오델로의 실수를 피하기 위한 고려를 거짓말 탐지자는 해야 한다. 표정에 의해 누설되는 거의 모든 감정은 감정을 숨기려고 하는 정직한 사람이라도 느낄 수 있다. 이를테면 정직한 사람이라도 상대방이 믿어주지 않을까 싶어 두려움을 느낄 수도 있고 다른 점에 대해 죄책감을 느낄 수도 있으며, 부당하게 의심받는 데 대해 분노를 느끼거나 혐오감을 느낄 수도 있다. 반면 자신을 의심하는 사람이 틀렸음을 증명할 기회를 가져 즐거울 수도 있으며 의심을 받는다는 사실에 놀랄 수도 있다. 정직한 사람이 그런 감정을 숨기고 싶다면 미세 표정이나 차단 표정이 일어날 수도 있다. 미세 표정과 차단 표정을 해석할 때 발생하는 이런 문제의 해결법은 다음 장에서 살펴볼 것이다.

표정을 만드는 모든 안면 근육이 통제하기 쉬운 것은 아니다. 다른 근육에 비해 의지대로 움직일 수 없는 종류로는 신뢰 근육이 있다. 신뢰 근육은 거짓말하는 사람이 마음대로 움직이지 못하는 신체 특성이다. 진짜 감정을 숨기려고 할 때도 신뢰 근육을 조정하거나 차단할 수 없다. 표정을 숨기기가 어렵다는 것이다.

우리는 사람들에게 안면 근육을 하나하나 움직여보라고도 하고 여러 가지 표정을 지어보라고도 하면서 쉽게 통제할 수 없는 근육이 어떤 것인지 파악했다. 프리즌과 나는 사람들이 의도적으로 얼굴 근육을 얼마나 잘 움직이고 감정을 연기할 수 있는지 살펴보기 위해 '요청에 따른 표정 짓기 테스트Requested Facial Action Test'를 개발했다. 그 결과 '극소수의 사람들만 의도적으로 움직일 수 있는' 특정한 근육이 있다는 사실을 알게 되었다. 예를 들어 우리가 테스트한 사람들 가운데 겨우 10퍼센트 정도만이 턱 근육을 움직이지 않고도 입술의 양끝을 아래로 내릴 수가 있었다. 하지만 이렇게 통제하기 어려운 근육들도 그런 움직임을 유발하는 감정을 느낄 때는 저절로 움직였다. 예를 들어 의도적으로 입술 양끝을 아래로 내리지 못하는 사람들도 슬픔을 느낄 때는 어렵지 않게 그런 표정을 지었다. 우리는 사람들에게 이렇게 통제하기 어려운 근육을 의도적으로 움직이는 방법을 가르쳤다. 수백 시간이 걸리는 일이었다. 이런 근육을 의도적으로 움직일 수 없는 것은, 거짓 표정을 통해 감정을 드러내라는 명령을 근육에 전달하기가 어렵기 때문이다. 거짓 표정을 지으라는 명령을 근육에 전달할 수 없다면, 그런 근육을 움직이게 만드는 감정을 실제로 느꼈을 때에도 근육의 움직임을 막거나 차단하라는 명령을 전달할 수가 없을 것이라고 나는 추측했다. 의도적으로 근육을 움직여 거짓 표정을 지을 수가 없다면 표정의 일부를 숨기기 위해 근육을 움직이지 못하게 하는 것 또한 쉽지가 않을 터였다.

실제로 느끼는 감정을 막을 수는 없더라도 감출 수 있는 방법은 있다. 주로 미소를 지어 감정을 위장하는 것이다. 여기서 문제는 이마와 눈꺼풀에 드러난 진짜 감정의 표시를 숨길 수 없다는 것이다. 다른 대안으로, 실제 표정을 감추기 위해 반대 근육을 조이는 방법이 있다. 예를 들어 즐거운 미소는 입술을 꼭 다물고 턱 근육을 위로 올리면 희미해질 수가 있다. 그러나 반대 근육을 사용하는 것 자체가 거짓말 단서가 될 수 있다. 반대 근육의 움직임과 진짜 감정과 연관된 근육의 움직임이 한꺼번에 일어나면 표정이 부자연스럽거나 통제된 인상을 주기 때문이다. 진짜 감정을 감추는 가장 좋은 방법은 해당 표정과 관계된 근육의 움직임을 완전히 막는 것이다. 그런데 진짜 감정이 신뢰 근육을 움직이는 것이라면 그러기가 어려울 것이다.

이마는 신뢰 근육이 주로 움직이는 곳이다. 〈그림3-1〉은 슬픔과 괴로움, 그리고 죄책감을 느꼈을 때 일어나는 신뢰 근육 움직임을 보여준다. 〈그림2〉에서 보여준 것과 같은 표정이지만 〈그림3-1〉의 경우 이마를 제외한 나머지 부분이 무표정하기 때문에 이마에 집중하기가 훨씬 쉽다. 눈썹의 안쪽 끝이 위로 올라간 점을 주목하라. 이 경우 대개는 눈꺼풀도 삼각형이 되고 이마 가운데에 주름도 잡힌다. 우리가 실험한 사람들 가운데 15퍼센트도 안 되는 사람들이 이런 움직임을 의도적으로 만들어낼 수 있었다. 이런 움직임은 슬픔, 괴로움, 죄책감을 거짓으로 꾸민다고 해서 일어나지 않는다. 반대로 그런 감정을 실제로 느낄 때면 아무리 숨기려고 해도 저절로 일어난다. 이 그림을 비롯한 표정 그림들은 -표정이 얼굴에 드러났다 사라지는 과정을 보여주지는 않지만- 과장된 표정을 하고 있어 확실하게 알아보는 데 도움이 될 것이다. 슬픈 감정이 약하다면 〈그림3-1〉과 이마 모양은 같지만 크기가 작을 것이다. 표정의 패턴을 알면 정지 화면이 아니라 실생활에서의 작고 미세한 표정까지도 알아볼 수 있을 것이다.

〈그림3-2〉는 두려움, 걱정, 공포를 느낄 때 발생하는 신뢰 근육의 움직임을 보여준다. 눈썹이 올라가고 가운데로 모여 있는 모습에 주목하자. 이런 복합적인 근육의 움직임을 의도적으로 만들어내기는 굉장히 어렵다. 이처럼 의도적으로 움직일 수 있는 사람은 실험 대상 전

체의 10퍼센트에도 못 미쳤다. 위쪽 눈꺼풀이 올라가고 아래 눈꺼풀이 긴장된 모습을 보여주는 이런 표정은 대개 공포를 나타낸다. 이런 눈꺼풀의 움직임은 비교적 통제하기가 어렵지 않아, 두려움을 숨기려고 할 때 나타나지 않을 수도 있다. 대신 눈썹의 모습은 그대로 남아 있는 경우가 많다.

〈그림3-3〉과 〈그림3-4〉는 각각 분노와 놀라움을 나타내는 눈썹과 눈꺼풀의 움직임을 보여준다. 다른 감정들은 특징적인 눈썹과 눈꺼풀의 움직임이 없다. 〈그림3-3〉과 〈그림3-4〉에 나타난 눈썹과 눈꺼풀의 움직임은 신뢰 근육이 아니다. 누구든 그런 표정을 지을 수 있고, 쉽게 감출 수도 있다. 이 그림들을 포함시킨 이유는 눈썹과 눈꺼풀로 감정을 나타내는 모습을 상세하게 설명하면서 〈그림3-1〉과 〈그림3-2〉에 나타난 신뢰 근육의 움직임과 확실하게 비교하기 위해서다.

〈그림3-3〉과 〈그림3-4〉에 나타나는 눈썹의 움직임은 사람이 표정을 지을 때 가장 자주 나타나는 모습이다. 이런 눈썹 움직임은 주로 말하는 내용을 강조하기 위한 대화 신호로 이용된다. 눈썹을 올리는 것은 또한 불신과 회의를 나타내는 상징 표정이나 느낌표, 물음표의 역할을 하기도 한다. 다윈Darwin은 눈썹을 내려 모으는 근육을 '어려움의 근육'이라고 불렀다. 무거운 물건을 드는 것부터 복잡한 수학 문제를 푸는 것까지 온갖 어려운 행동을 할 때 이런 움직임이 발생한다는 점에서 다윈의 생각이 옳다고 할 수도 있다. 눈썹을 내리면서 한데 모으는 움직임은 당황하거나 집중을 할 때도 흔히 나타난다.

입 주변에도 신뢰 근육의 움직임이 일어난다. 분노를 가장 잘 나타내는 단서 중 하나로 '입술이 가늘어지는 것'이 있다. 붉은 부분이 평소보다 적게 보이지만 그렇다고 입술이 안으로 빨려들거나 꼭 눌리는

〈그림 3-1〉슬픔, 괴로움, 죄책감

〈그림 3-2〉두려움, 걱정, 공포

〈그림 3-3〉분노

〈그림 3-4〉놀라움

〈그림 4〉 화를 내는 입술

것은 아니다. 이런 근육의 움직임은 의도적으로 보이기가 상당히 어렵다. 화를 내는 사람이 그 사실을 미처 인식하기도 전에 이런 움직임을 보이는 것을 발견했다. 그렇지만 이 움직임은 미세한 데다 미소로 쉽게 감춰질 수가 있다. 〈그림4〉는 이 움직임으로 바뀐 입술 모습을 나타낸 것이다.

거짓말을 했다고 의심받는 진실한 사람이 거짓말하는 사람과 똑같은 감정적인 단서를 보일 수 있다는 점을 인식 못하는 오델로의 실수로 인해 신뢰 근육 움직임의 해석은 복잡해질 수 있다. 정직한 용의자가 부당한 의심을 받을까봐 두려워 한 나머지 〈그림3-3〉에 나타난 두려운 표정을 보일 수 있다. 두려운 표정을 지으면 사람들이 자신을 거짓말쟁이로 여길까봐, 두려움의 감정을 숨기려 할 것이다. 따라서 두려움의 단서는 제어하기 힘든 눈썹에만 남아 있게 된다. 발각될까봐 두려운 거짓말쟁이가 두려움을 숨기는 경우에도 똑같은 표정을 보일 가능성이 크다. 거짓말 탐지자가 이 문제를 해결하는 방법은 다음 장에서 살펴볼 것이다.

개인적인 차이 때문에 거짓말쟁이가 거짓말 단서를 보이지 않을 수도 있고 진실한 사람이 거짓말 단서를 보일 수도 있다는 점을 인식 못하는 브로커 위험 또한 신뢰 안면 근육을 해석할 때 피해야 할 문제다. 사이코패스와 타고난 거짓말쟁이들은 모두 진짜 감정을 표정에 드러내지 않는 능력을 가지고 있다. 그들은 심지어 신뢰 안면 근육마저 믿을 수 없다. 카리스마 넘치는 많은 지도자들 역시 그 방면에 뛰어난 연기자다. 교황 요한 바오로 2세가 1983년 폴란드를 방문했을 때도 이런 기술을 보였다고 한다.

1980년 그단스크에서 벌어진 조선소 파업 당시, 폴란드 공산당 지도부가 어느 정도 정치적인 자유를 허락하지 않을까 하는 희망이 생겨났다. 그러나 많은 사람들은 자유노조 위원장인 레흐 바웬사Lech Walesa가 너무 성급하게 급진적인 노선을 취한 나머지 헝가리, 체코슬로바키아, 동독의 경우처럼 구 소련군이 폴란드를 점령할까봐 두려워했다. 그로부터 몇 개월 동안 구 소련 군대는 폴란드 국경 인근에서 '군사 훈련'을 실시했다. 마침내 자유노조를 허용해 준 정권이 물러나고, 모스코바의 허락을 받은 폴란드 군대가 무력진압을 시작했다. 야루젤스키Jaruzelski 장군은 자유노조의 활동을 금지하고 바웬사를 구금했으며 계엄령을 선포했다. 그로부터 18개월 후 이루어지는 폴란드 출신 교황의 폴란드 방문은 당시 정세에 커다란 영향을 미칠 수 있었다. 교황은 과연 바웬사에 대한 지지를 표명할 것인가? 교황이 폴란드를 방문했다는 사실 자체가 다시 파업에 불을 붙이고 폭동을 일으키게 만들 것인가? 아니면 교황은 야루젤스키 장군을 정식으로 인정할 것인가?

윌리엄 사파이어William Safire 기자는 장군과 교황의 녹화된 회담 장면을 이렇게 묘사했다.

"교황과 꼭두각시 지도자는 미소를 지으며 악수를 나눴다. 공식석상에서의 모습이 어떤 식으로 이용될 수 있는지 이해하고 있었던 교황은 그 상황에 알맞게 표정을 관리했다. 이로써 교회와 정부 사이에 어떤 비밀 협정이 있었음을 분명하게 알 수가 있다. 모스크바가 세운 폴란드 지도자 '야루젤스키'가 정치적으로 인정받은 장면은 국영 TV에서 반복적으로 방송될 것이다."

모든 정치적인 지도자들이 그처럼 표정을 잘 관리하는 것은 아니다. 전 이집트 대통령 안와르 사다트Anwar Sadat는 십대에 안면 근육을 통제하는 법을 배우려고 했던 일에 관해 이렇게 적었다.

"나의 취미는 정치였다. 당시 무솔리니가 이탈리아를 지배하던 때였다. 그의 사진과 공개 연설을 접하면서 강하고 공격적인 모습을 보이는 등 다양한 자세와 표정으로 사람들에게 자신의 힘과 권력을 드러내는 그의 카리스마에 매료되었다. 그래서 거울 앞에 서서 무솔리니의 위엄 있는 표정을 따라하려고 했었다. 하지만 뜻대로 되지 않았고 결과는 실망스러웠다. 그저 얼굴만 아팠을 뿐이었다."

표정을 꾸미는 데는 실패했지만 1973년 비밀리에 시리아와 연합해 이스라엘을 기습 공격했던 것을 보면 그 역시 거짓말에 능한 사람이었다. 여기서 한 가지 확실한 점은 표정이나 몸짓, 목소리를 꾸미고 숨기는 데 능숙해야만 거짓말을 잘 할 수 있는 것은 아니라는 사실이다. 그 같은 연기력은 히틀러가 회담 중에 능숙하게 체임벌린을 속였듯 속이는 사람과 속는 피해자가 직접 만나는 자리에서 거짓말을 할 때에만 필요하다. 소문에 의하면 사다트는 적수와 직접 만날 때도 솔직한 감정을 전혀 숨기지 않았다고 한다. 1973년 이집트-시리아 연합군과의 전쟁 직후, 직접 협상에 참여한 당시 이스라엘 국방부 장관 에제르 바이츠만Ezer Weizmann은 사다트에 대해 이렇게 말했다.

"그는 감정을 억제하는 사람이 아니다. 그가 느끼는 감정은 목소리와 몸짓은 물론 표정에서도 그 즉시 드러난다."

제한적이긴 하지만 개인적인 차이가 신뢰 근육의 해석을 방해하는 또 다른 경우가 있다. 앞서 언급했던, 표정을 통한 대화 신호와 관련 있는 부분이다. 대화 신호 가운데에는 설명을 하는 손동작처럼 말하는 내용을 강조하는 것이 있다. 〈그림3-3〉과 〈그림3-4〉처럼 눈썹을 내리거나 올려서 강조하는 방법이다. 드물게는 〈그림3-1〉과 〈그림3-2〉의 눈썹 움직임으로 슬픔이나 두려움을 강조하는 사람도 있다. 그런 사람의 경우는 이를 신뢰 근육의 움직임이라 할 수 없다. 눈썹의 움직임을 신뢰 근육의 움직임으로 볼 수 없는 대표적인 유명인으로는 배우 겸 감독인 우디 앨런Woody Allen을 들 수가 있다. 그는 말을 강조할 때마다 슬픔을 나타내는 눈썹과 같은 움직임을 보인다. 일반 사람들은 단어를 강조할 때 눈썹을 올리거나 내리지만 우디 앨런은 대개 눈썹 안쪽 끝을 위로 올린다. 이런 모습으로 인해 그의 표정은 늘 생각에 잠겨 있거나 공감하는 듯한 인상을 보인다. 우디 앨런처럼 슬픔을 나타내는 눈썹 형태를 이용해 말을 강조하는 사람들이라면, 표정을 꾸미거나 숨길 때 이런 움직임을 이용할 수가 있을 것이다. 용의자가 말을 강조할 때 이런 움직임을 자주 사용한다면, 거짓말 탐지자는 이런 근육의 움직임을 믿을 수 없는 단서로 규정해야 한다.

신뢰 안면 근육을 비롯한 거짓말 단서들의 해석을 복잡하게 만드는 세 번째 문제는 이런 근육들을 움직여 표정을 꾸며내는 연기력이다. 메소드 연기Method acting라고도 불리는 스타니슬라브스키 연기술은 배우에게 감정을 기억하고 다시 경험하도록 하는 방법을 가르친다. 앞선 장에서 이런 연기술을 익힌 실험자들을 통해 자율신경계를 연구했다고 언급한 적이 있다. 배우가 이 기술을 이용하면 의도적인 감정의 재경험을 통해 자연스러운 표정을 짓게 된다. 연구를 통해 알아낸 것처럼 이는 감정의 생리현상까지 불러일으킬 수가 있다. 때때로 사람들이 〈그림3-1〉과 〈그림3-2〉 같은 움직임을 만들어낼 수 없을 때면, 나는 스타니슬라브스키 연기술을 이용해 슬픈 감정이나 두려움 감정을 다시 경험해보라고 지시했다. 그러면 의도적으로 지을 수 없었던 표정이 자연스럽게 나타나곤 했다. 거짓말하는 사람 역시 스타니슬라브스키 연기술을 이용할 수 있다. 그런 경우 그것이 거짓으로 꾸며낸 표정이라는 증거를 찾기 힘들다. 어떤 의미에서 이것은 거짓 표정이 아니다. 거짓말하는 사람이 거짓된 감정을 진심으로 느끼기에 신뢰 안면 근육의 움직임이 나타나는 것이다. 스타니슬라브스키 연기술을 이용해 감정을 느끼게 되면 가짜 감정과 진짜 감정의 구분이 모호해진다. 그보다 더 해석하기 어려운 상황은 '거짓말에 성공한 사람이 실제로 자신이 한 거짓말을 사실이라고 믿게 되는 경우'다. 그런 경우에는 거짓말을 감지할 수가 없다. 자신이 거짓말을 하고 있다는 사실을 인식하는 사람의 거짓말만 밝혀낼 수 있는 것이다.

지금까지 미세 표정, 표정이 차단되기 전에 보이는 표정, 신뢰 안면 근육의 움직임을 억제하지 못해서 사라지지 않고 남아있는 표정 등 숨겨진 감정이 누설되는 세 가지 경우를 설명했다.

그런데 대부분의 사람들은 숨겨진 감정이 드러나는 네 번째 근원지가 있다고 믿는다. 진실한 내면의 감정을 드러내는 것으로 알려진, 바로 영혼의 창이라는 눈이다. 인류학자 마가렛 미드Margaret Mead는 이런 생각에 반대하는 한 교수의 말을 인용했다.

"혁명이 일어나기 전에는 '눈이 영혼의 거울'이라고 말하곤 했다. 그렇지만 눈도 거짓말을 할 수 있다. 관심, 침착함, 놀라움 등 실제로 느끼지 않는 감정을 눈을 통해 표현할 수 있다는 것이다."

눈의 진실성에 대한 이런 이견은 '눈 속에 담긴 다섯 가지 정보'의 원천을 하나하나 살펴보면 해결할 수가 있다. 그 중에서 거짓말 단서를 제공하거나 거짓말을 드러내는 것은 세 가지뿐이다.

우선 안구를 둘러싼 근육의 움직임으로 인해 변하는 눈의 모양을 들 수 있다. 이런 근육은 눈꺼풀의 모양, 눈동자의 흰자위와 홍채가 보이는 정도, 눈 주변을 바라볼 때 받게 되는 전체적인 인상을 변화시킨다. 이런 근육의 움직임으로 인해 생기는 변화는 〈그림3-1〉, 〈그림

3-2〉, 〈그림3-3〉, 〈그림3-4〉에서 볼 수 있다. 이미 설명했던 것처럼 이런 근육의 움직임은 믿을 만한 거짓말 단서가 되지 않는다. 의도적으로 움직이기도 쉽고 움직임을 억제하기도 쉬운 근육이기 때문이다. 따라서 미세 표정이나 차단 표정의 일부로 쓰이는 경우가 아니라면 거짓말에 대해 많은 것을 드러내지 않을 것이다.

눈을 통해 알 수 있는 두 번째 정보의 원천은 시선이다. 시선은 감정에 따라 각기 다른 곳으로 향한다. 슬픔을 느끼면 아래로 향하고, 수치심이나 죄책감을 느끼면 아래를 보거나 다른 방향으로 돌리며, 역겨움을 느끼면 다른 곳을 바라보게 된다. 하지만 거짓말쟁이의 경우에는 죄책감을 느끼더라도 시선을 피하지 않을 수 있다. 미드가 인용했던 교수도 시선을 통제하기가 얼마나 쉬운지를 특별히 언급했다. 놀랍게도 사람들은 시선을 피하지 않을 정도로 노련한 거짓말쟁이들에게 끊임없이 속아 넘어간다.

"100명의 여성들과 결혼한 지오반니 비글리오토Giovanni Vigliotto에게 패트리샤 가드너Patricia Gardner가 끌렸던 이유 가운데 하나가 자신의 눈을 똑바로 바라보는 '솔직한 눈빛' 때문이었다고 어제 그의 중혼 재판에서 증언했다."

눈 속에 담긴 나머지 정보의 원천은 거짓말 단서나 거짓말에 대해 좀 더 믿을 만한 내용을 제공한다. 눈을 깜빡이는 행동은 의도적으로 할 수 있지만 이것은 또한 감정이 고조되었을 때 무의식적으로 행해지는 반응이기도 하다. 감정이 고조되면 동공이 커지는데 이런 변화를 의도적으로 만들 수 있는 방법은 없다. 동공이 커지는 것은 침 분비, 호흡, 발한의 정도처럼 자율신경계와 관계된 변화다. 눈을 깜박이는 횟수가 증가하고 동공이 커질 때, 감정적으로 고조되었다는 것은 알 수 있지만 그게 어떤 감정인지는 알 수가 없다. 이런 변화는 흥분이나 분노, 두려움을 느낄 때 모두 일어나기 때문이다. 따라서 어떤 감정인지는 몰라도 깜빡임과 동공 확장은 상대방이 거짓말을 하고 있으며 진실한 사람이 오해를 살까봐 두려워할 가능성은 전혀 없는 경우에만 믿을 만한 단서가 된다.

눈을 통해 알 수 있는 세 번째이자 마지막 정보의 원천은 눈물이다. 이 역시 자율신경계의 활동에 의해 만들어지지만, 눈물은 모든 감정이 아니라 일부 감정만을 나타낸다. 눈물은 괴로움, 슬픔, 안도감, 그리고 특정한 형태의 기쁨이나 웃음을 주체하지 못할 때 흐른다. 다른 감정을 숨겼더라도 눈물은 괴로움이나 슬픔을 드러낼 수 있는데 그런 경우 눈썹 역시 감정을 드러낼 것이다. 일단 눈물이 나기 시작하면 당사자는 숨겼던 감정을 인정할 것이다. 웃음 자체를 참는다면 기쁨으로 인한 눈물은 나지 않을 것이다.

자율신경계는 또한 얼굴을 붉히거나 창백해지거나 땀이 나는 등 눈에 띄는 변화를 일으키기도 한다. 자율신경계에 의해 일어나는 다른 표정과 몸짓의 변화와 마찬가지로 얼굴 붉힘, 창백함, 얼굴에 땀이 나는 것은 숨기기가 힘들다. 깜빡이는 횟수의 증가나 동공 확장처럼 얼굴에 나는 땀도 '일반적인 감정이 고조되었을 때 나는 것인지 아니면 특정한 한두 가지 감정이 고조되었을 때만 나는 것인지'는 확실하지 않다. 얼굴 붉힘이나 창백해지는 것에 대해서 역시 알려진 바가 거의 없다.

얼굴 붉힘은 당혹감을 나타내는 것이라고 추정된다. 수치심이나 죄책감을 느낄 때도 얼굴 붉힘이 일어난다. 이유는 알 수 없지만 남성보다는 여성들에게 더 흔한 것으로 알려져 있다. 거짓말하는 사람이 당황하거나 숨겨진 감정에 대해 부끄럽게 생각할 때도 얼굴 붉힘이 나타날 수 있다. 얼굴은 또한 화를 낼 때도 빨개지는데, 빨개지는 것과 얼굴 붉힘이 어떻게 다른지는 아직 알려진 바가 없다. 아마도 두 경우 모두 피부의 말초혈관이 팽창되는 것과 관련이 있을 것이다. 분노를 느낄 때 빨개지는 것과 당혹감이나 수치심으로 붉어지는 것이 얼굴의 부위와 정도, 시간 면에서 어떻게 다른 것인지도 모른다. 화를 참지 못하거나, 치밀어 오르는 화를 참으려고 할 때에만 얼굴이 빨개질 것이라고 여겨진다. 그렇다면 표정이나 목소리에서 화가 났다는 다른 증거가 나타날 것이기에 거짓말 탐지자는 안색이 아니라도 쉽게 이런 감정을 감지할 수 있을 것이다. 화를 더 많이 참으면 얼굴은 두려움을 느낄 때처럼 하얗게 되거나 창백해질 수 있다. 분노나 두려움을 숨길 때에도 얼굴이 창백해지는 바람에 감정이 드러날 수 있다. 특정한 감정의 표현·숨김과 관련된 눈물이나 얼굴 붉힘, 얼굴 빨개짐, 창백해짐에 관한 연구는 아직 이루어진 것이 없다.

이제는 얼굴의 변화를 통해 숨겨진 감정을 감지하는 게 아니라 실제로 느끼지 않는 감정을 나타내는 '거짓 표정의 단서'를 살펴보도록 하자. 한 가지 가능성은 이미 언급한 대로 우디 앨런과 같은 사람이나 스타니슬라브스키 연기술에 통달한 이의 신뢰 근육 움직임을 들 수 있다. 이 밖에 거짓 표정임을 나타내는 것으로는 표정의 비대칭, 타이밍, 대화의 흐름 중에 표정이 나타나는 시점이 있다.

비대칭적인 표정은 얼굴 양쪽에 똑같은 움직임이 일어나지만 한쪽이 다른 쪽에 비해 움직임이 강한 경우를 말한다. 이것을 얼굴 한쪽에서만 일어나는 단독 표정과 혼동해서는 안 된다. 그런 단독 표정은 윗입술이 올라가거나 입꼬리가 한쪽으로 당겨지는 경멸의 표현을 제외하고는 감정을 드러내지 않는다. 또 단독 표정은 윙크나 회의적인 반응을 나타낼 때 한쪽 눈썹을 올리는 것처럼 상징동작으로 이용된다. 비대칭적인 표정은 단독 표정보다 미묘하고 훨씬 더 흔하게 발생한다.

우뇌가 감정을 담당한다는 연구 결과를 믿는 과학자들은 한쪽 얼굴에 감정이 더 강하게 드러날 것이라고 믿었다. 우뇌가 왼쪽 얼굴의 근육을 통제하고 좌뇌가 오른쪽 얼굴을 통제하기 때문에 감정이 왼쪽 얼굴에 더 강하게 드러날 것이라고 말이다. 과학자들의 실험에서 모순을 찾아내려고 했던 나는 우연히 '표정의 비대칭이 거짓말을 나타내는 단서가 될 수 있다'는 점을 발견했다. 한쪽 얼굴이 다른 쪽에 비해 조금 강하게 움직이는 삐뚤어진 표정이 '실제로 느끼지 않는 가짜 감정'을 나타내는 단서가 되었던 것이다.

'왼쪽 얼굴에서 감정이 더 강하게 드러난다'고 주장했던 첫 번째 연구진이 스스로 자료를 찾는 대신 내게서 얼굴 사진을 빌려 사용하는 바람에 우연히 발견할 수 있었다. 그들이 내 자료를 사용했기 때문에, 나는 다른 때보다 그 연구 결과를 더 자세하게 살펴볼 수 있었다. 게다가 내가 직접 찍은 사진이었으므로, 그들이 놓친 부분을 쉽게 알아낼 수 있었다. 이 발견의 조연은 해럴드 사케임Harold Sackeim과 그의 동료들이었다. 그들은 우리로부터 받은 얼굴 사진을 각각 반으로 잘라, 마치 얼굴 반쪽이 거울에 비친 것처럼, 왼쪽 얼굴 두 장으로 이루어진 얼굴 사진과 오른쪽 얼굴 두 장으로 이루어진 얼굴 사진을 만들었다. 사람들은 오른쪽 얼굴로만 된 사진을 보았을 때보다 왼쪽 얼굴로만 된 사진을 보았을 때 감정이 더 강하게 나타났다고 점수를 매겼다. 그런데 나는 한 가지 예외적인 경우를 발견했다. 행복한 표정을 지은 사진에 대해서는 사람들의 점수가 차이나지 않았던 것이었다. 사케임은 이 점을 그다지 중요시하지 않았다. 하지만 나는 중요하게 생각했다. 직접 사진을 찍었던 나는 '행복한 표정만이 진실한 감정' 임을 알고 있었기 때문이었다. 행복한 표정은 모델들이 인식하지 못하는 사이에 내가 임의로 즐거워하는 모습을 찍은 것이었다. 그리고 나머지 표정들은 모델에게 특정한 안면근육을 의도적으로 움직이라고 요청해서 만든 장면이었다.

이번 장의 처음에서 설명했던 뇌 손상과 표정에 관한 연구 결과를 종합해본 결과, 표정의 비대칭에 대한 전혀 다른 해석이 가능했다. 뇌의 다친 부분에 따라 한쪽 신경경로만 손상된 환자들을 살펴본 결과, 의도적인 표정과 무의식적인 표정이 각기 다른 신경경로와 관련되어 있다는 점을 밝혀졌다. 이처럼 의도적인 표정과 무의식적인 표정이 서로 관련이 없기 때문에 그 중 하나가 비대칭이라면 나머지 하나는 비대칭이 아니어야 한다. 여기에 '대뇌반구가 무의식적인 얼굴의 움직임이 아니라 의도적인 얼굴의 움직임을 담당하는 것' 이라는 명확한 사실을 근거 삼아 이 논리를 완성할 수가 있었다. 대뇌반구는 보다 덜 발달한 기본적인 뇌의 영역이 담당한다. 그렇다면 좌뇌와 우뇌의 차이는 무의식적인 표정이 아니라 의도적인 표정에 영향을 주어야 한다.

내 이론에 따르면, 사케임이 발견한 것은 그가 입증했다고 생각하는 것과 정반대되는 것이었다. 감정적인 표정이 얼굴 양쪽에 나타나는 정도가 다른 것이 아니다. 의도적이고 계획적으로 표정을 지었을 때 비대칭이 일어나는 것이었다. 자연스럽게 즐거운 표정을 지었을 때처럼 표정이 무의식적으로 나타났을 때는 거의 비대칭이 일어나지 않았다. 따라서 비대칭은 실제로 감정을 느끼지 않았다는 단서가 된다. 우리는 자연스런 표정과 의도적인 표정을 비교하면서 이런 실험을 계속했다.

얼굴 표정의 대칭·비대칭 문제는 과학계의 뜨거운 논란거리가 되었다. 그리고 최근에 와서야 긍정적인 표정의 근육 움직임에 관해 부분적인 의견 일치가 이루어졌다. 이제 대부분의 과학자들이 '실제로 감정을 느끼지 않을 때 미소와 관련된 주요 근육이 한쪽 얼굴에서 더 강하게 움직인다'는 우리의 연구 결과에 동의한다. 끔찍한 장면을 보는 실험에서 피실험자들이 지시에 따라 미소를 지을 때, 그 표정이 비대칭으로 이루어지는 것을 볼 수가 있었다. 오른손잡이의 경우 근육의 움직임이 왼쪽 얼굴에 조금 더 강하게 나타났다. 실제로 즐거움을 느껴 자연스럽게 우러나는 미소의 경우 비대칭적인 표정이 훨씬 적게 발생했다. 비대칭을 보이더라도 왼쪽 얼굴에만 강한 움직임이 나타나는 것은 아니었다.

우리는 또한 부정적인 감정에 대해서도 대칭·비대칭을 연구했다. 그 결과 무의식적으로 표정을 지었을 때는 그렇지 않았지만 의도적으로 표정을 지어보였을 때는 비대칭이 발생한다는 것을 발견했다. 때로는 왼쪽 얼굴에 움직임이 더 강하게 나타났고 때로는 오른쪽에 더 강하게 나타났다. 비대칭을 보이지 않을 때도 있었다. 미소가 아니라 주로 화가 났을 때 눈썹이 내려가는 움직임의 경우, 의도적으로 짓는 표정은 왼쪽 얼굴에 더 강하게 나타났다. 역겨움을 느낄 때 코에 주름이 잡히거나 두려움을 느낄 때 입술이 귀 방향으로 팽팽해지는 움직임의 경우, 의도적인 표정일 때는 오른쪽 얼굴에서 더 강하게 나타났다. 이런 결과를 사케임이 어떻게 받아들일지 알 수 없는 일이다.

나는 이 문제가 거짓말 탐지자에게 그렇게 중요할 것이라고 생각하지 않았다. 비대칭은 너무나 미묘하기 때문에 정확한 측정 기준 없이는 아무도 알아차리지 못할 것이라고 생각했던 것이다. 그렇지만 나의 생각이 틀렸다. 어떤 표정이 대칭이고 비대칭인지 판단하는 실험에서, 느린 화면을 보거나 반복적으로 관찰하지 않았음에도 사람들은 대개 잘 맞추었다. 우연히 맞출 때보다 훨씬 높은 확률이었다. 상대방과 대화를 주고받는 상황 속에서도 이렇게 잘 알아차릴 수 있을지는 모르겠다. 그걸 확인하는 실험을 고안하기는 매우 어렵다.

많은 표정이 비대칭이라면 실제로 감정을 느끼지 않았을 가능성이 크긴 하지만 '비대칭이 감정을 느끼지 않는다는 확실한 증거'가 되지는 못한다. 대부분의 표정이 그렇지 않다는 것일 뿐 실제로 감정을 느끼는 경우에도 비대칭일 수 있기 때문이다. 마찬가지로 표정이 비대칭이 아니라고 해서 진심으로 감정을 느꼈다는 증거가 되는 것은 아니다. 의도적으로 만들어낸 '전부 아닌 대부분'의 표정이 비대칭이라는 문제 외에도, 거짓말 탐지자가 비대칭적인 표정을 알아차리지 못하는 문제가 있다. 거짓말 탐지자는 절대 한 가지 거짓말 단서에만 의존해서는 안 된다. 보다 많은 거짓말 단서를 잡아내고자 노력해야 한다. 표정을 통해 알아낸 단서는 목소리나 말, 몸짓에 의해 확인되어야 한다. 얼굴 표정에만 한할 경우에도, 한 가지 단서가 반복적으로 나타나거나 또 다른 표정 단서에 의해 확인되지 않는 한 거짓말로 해석해서는 안 된다. 앞서 신뢰 근육의 움직임, 눈, 안면 자율신경계의 변화 등 숨겨진 감정을 드러내는 얼굴의 세 가지 요소를 설명했다. 비대칭은 숨겨진 감정을 드러내는 것이 아니라 얼굴에 드러난 표정이 거짓임을 나타내는 또 다른 세 가지 단서 가운데 하나다.

표정이 거짓임을 나타내는 또 다른 거짓말 단서는 타이밍이다. 타이밍은 표정이 얼굴에 나타나는 총 시간은 물론 표정이 나타나기까지 데 걸리는 시간(온셋)과 사라지는 데 걸리는 시간(오프셋)까지를 포함하는 척도다. 대개 5초 이상, 길게는 10초 이상 오래 나타나는 표정은 거짓 표정일 경우가 많다. 대부분의 표정은 그렇게 오래도록 얼굴에 머물지 않는다. 무아지경의 절정에 달하거나 폭발적인 분노를 드러낼 때, 극심한 우울을 느끼지 않는 한 진짜 표정이 얼굴에 드러나는 시간은 몇 초 정도다. 그런 극단적인 상태에서도 표정이 오래가는 경우는 드물다. 오히려 짧은 표정이 많다. 오래 지속되는 표정은 주로 상징 표정이나 거짓 표정이다.

놀라는 경우를 제외하고는 온셋 타임과 오프셋 타임을 통해 거짓말 단서를 감지할 정확한 방법은 없다. 진심으로 놀랐다면 온셋, 오프셋, 남아 있는 시간이 모두 1초 이내여야 한다. 그보다 길면 그것은 놀란 연기를 하는 가짜 놀람, 놀랍다는 것을 나타내는 상징 표정, 놀라지 않았는데 놀란 척하는 거짓 놀람 가운데 하나다. 놀람은 놀라는 사람이 예기치 못한 사건을 파악할 때까지만 지속되는, 아주 짧은 감정이다. 대부분의 사람들이 놀라운 상황을 만나면 놀라는 표정을 짓곤 하지만, 정말 놀랄 때처럼 빠른 온셋과 오프셋 타임을 보이며 놀라는 표정을 억지로 지어보일 수 있는 사람은 거의 없다. 진심으로 놀라는 표정이 얼마나 중요한지, 다음 뉴스 기사를 보면 알 수가 있다.

"무장 강도 혐의를 받던 웨인 밀톤은 유죄 판결에 대한 그의 반응을 눈치챈 검사가 '그가 무죄라는 새로운 증거'를 파헤치는 바람에 풀려날 수 있었다. 부 지방 검사인 톰 스미스는 배심원단이 지난 달 레이크 아팝카 가스 회사의 200달러 강도 혐의에 대해 유죄 평결을 내렸을 때 밀톤이 크게 놀라는 것을 보고는 뭔가 잘못됐다는 사실을 알아차렸다고 말했다."

다른 표정들은 순식간에 나타났다 사라질 정도로 아주 짧을 수도 있고 몇 초 동안 계속될 수도 있다. 온셋과 오프셋 타이밍 역시 감정을 느끼는 상황에 따라 갑작스러울 수도 있고 서서히 일어날 수도 있다. 이를테면 유머감각이 없고 기억력도 좋지 못한 상사가 재미없는 농담을 네 번째로 반복할 때, 그 괴로운 자리에 있던 부하직원이 억지로 즐거운 표정을 지어 보인다고 가정하자. 웃는 표정이 얼마나 빨리 나타나는지는, 그나마 가장 우스운 대목을 상사가 천천히 말하는지 제법 우스꽝스럽게 표현하는지 갑자기 말하는지에 따라 달라진다. 미소가 얼마나 빨리 사라지는가는 어떤 농담인지, 얼마나 많이 반복된 농담인지 등에 따라 달라진다. 즐거운 표정을 나타내는 미소는 누구나 꾸밀 수 있다. 그러나 특정한 상황에 알맞게 정확한 온셋·오프셋 타이밍을 조절할 수 있는 가능성은 낮다.

표정이 거짓임을 나타내는 세 번째 거짓말 단서는 말의 흐름과 관련해서 표정이 나타나는 시점과 목소리의 변화, 몸짓이다.

"나는 네 행동에 지쳤어!"

어떤 사람이 화를 내며 이렇게 투덜댔다고 가정하자. 말을 하면서 동시에 화난 표정을 짓거나 말을 하기 직전에 화난 표정을 지을 때보다, 말을 하고 난 후 화가 난 표정을 지을 경우 거짓일 가능성이 크다. 몸짓과 관련한 시점의 허용 범위는 더 작을 것이다. 누군가 "이제 지쳤어!"라는 말과 함께 테이블을 손으로 내려친다고 가정하자. 테이블을 먼저 내리치고 화난 표정을 짓는다면 그것은 거짓일 가능성이 크다. 이처럼 몸짓과 조화를 이루지 않는 표정은 거짓말 단서가 될 가능성이 많다.

미소에 속지 마라

미소를 살펴보지 않고는 표정에 드러나는 거짓말 단서를 완전히 논했다고 할 수 없을 것이다. 미소는 매우 독특한 표정이다. 대부분의 다른 표정들은 3~5가지 근육이 필요한데 미소는 한 가지 근육만 가지고 표현된다. 그러나 이렇게 단순한 미소는 가장 잘 눈에 띄는 표정이다. 우리는 백 미터 밖에서 다른 표정보다 짧게 나타나는 경우에도 미소를 알아볼 수 있음을 발견했다. 미소 짓는 사람을 보고 같이 미소를 짓기는 어렵지 않다. 사람들은 미소 짓는 사진을 보면서도 미소를 짓는다. 또한 사람들은 대부분 미소를 바라보는 것을 즐긴다. 이 점은 광고주들에게는 이미 잘 알려진 사실이다.

미소는 아마도 가장 과소평가된 표정일 것이다. 미소는 사람들이 생각하는 것보다 훨씬 더 복잡하다. 그 종류만도 수십 가지로, 모습과 표현하는 메시지가 각기 다르다. 즐거움, 육체적 · 감각적 쾌락, 만족,

재미 등 긍정적인 감정을 많이 나타낸다. 그러나 사람들은 괴로울 때도 미소를 짓는다. 이런 미소들은 부정적인 표정을 숨기기 위해 실제로 느끼지 않는 긍정적인 감정을 꾸며내는 거짓 미소와 다르다. 사람들이 이런 거짓 미소에 속는다는 사실이 얼마 전에 밝혀졌다. 우리는 사람들에게 간호학과 학생들의 미소를 보여주며 진짜(즐거운 장면을 보고 자연스럽게 나타난 미소)인지 가짜(끔찍한 장면을 보면서 느끼는 부정적인 감정을 감추기 위해 꾸며낸 미소)인지 판단하라고 했다. 사람들이 제대로 맞춘 확률은 우연히 맞출 확률에 비해 크지 않았다. 이것은 꾸며낸 미소를 인식 못해서만이 아니라 다양한 미소의 종류에 대한 일반적인 이해의 부족 때문이라고 나는 믿는다. 미소 집단에 속하는 주요 표정들의 닮은 점과 다른 점을 알지 못하면 거짓 미소와 진짜 미소를 구별할 수 없다. 다음은 18가지 각기 다른 미소를 설명한 것이다. 꾸며낸 표정은 포함되지 않았다.

미소 집단에 속하는 대부분의 표정에서 공통적으로 찾아볼 수 있는 요소는 광대뼈 대근육에 의한 표정 변화다. 이 근육은 광대뼈에서 시작해서 얼굴을 가로질러 입꼬리까지 이어져 있다. 이 근육이 수축하면 입꼬리가 광대뼈 쪽으로 올라간다. 강한 움직임을 보일 경우에는 입술이 늘어나고 뺨이 위로 올라가며 눈 밑의 피부가 불룩해지고 눈가에 주름이 잡힌다. 사람에 따라서는 이 근육의 움직임으로 인해 코끝이 약간 아래로 당겨지는 사람도 있고 귀 근처의 피부가 약간 당겨지는 사람들도 있다. 광대뼈 대근육과 더불어 다른 근육들까지 움직이면 다른 미소가 나타난다. 광대뼈 대근육이 아니라 다른 근육의 움직임으로 생기는 미소들도 있다. 광대뼈 대근육의 단순한 움직임만으로는 억제되지 않은, '긍정적인 감정을 드러내는 진짜 미소'가 만들어진다. 이렇게 진정한 미소를 지을 때는 얼굴 아랫부분의 다른 근육이 움직이지 않는다. 얼굴 윗부분에 나타날 수 있는 유일한 움직임은 눈 주변의 근육이 수축하는 것이다. 이 근육이 수축하면 광대뼈 대근육이 강하게 움직일 때와 마찬가지로 뺨이 올라가고 눈 밑이 불룩해지며 눈가에 주름이 잡히는 등 얼굴 윗부분에 변화가 나타난다. 〈그림 5-1〉은 진정한 미소를 보여준다. 진정한 미소는 평균적인 미소보다 오래 지속되고 긍정적인 감정을 더 많이 느낄수록 더 뚜렷하게 나타난다. 즐거움, 안도감, 행복, 촉각·청각·시각적인 자극에 의한 기쁨, 만족감 등 모든 긍정적인 감정이 이런 진정한 미소로 나타나며 타이밍과 강도만 다를 뿐이라고 나는 믿는다.

〈그림5-2〉가 보여주는 두려운 미소는 긍정적인 미소와는 아무런 관련이 없건만 이따금 긍정의 미소로 해석된다. 이 미소는 입꼬리를 귀 쪽으로 평평하게 잡아당겨 입술을 직사각형 모양으로 늘리는 리소리우스 근육Risorious muscle의 움직임에 의해 생긴다. 리소리우스는 웃는다는 뜻의 라틴어에서 비롯된 말이지만 이 미소는 웃음이 아니라 두려움을 느낄 때 나타난다. 이 미소를 긍정적인 미소와 혼동하는 이유는, 아마도 리소리우스 근육이 입술을 평평하게 잡아당길 때 입꼬리가 약간 위로 올라가는 모습이 긍정적인 미소를 크게 지을 때와 비슷하기 때문일 것이다. 두려움을 느끼는 표정에서는 직사각형 모양의 입에 (입꼬리가 올라갈 수도 있고 올라가지 않을 수도 있다) 눈썹과 눈 모양은 〈그림3-2〉와 같은 형태가 된다.

긍정적인 미소로 오해 받는 또 다른 미소로는 경멸의 미소가 있다. 경멸의 미소 역시 긍정적인 감정과는 별 상관이 없지만 긍정의 미소로 해석될 때가 많다. 〈그림5-3〉에서 볼 수 있는 경멸의 미소는 입꼬

〈그림 5-1〉 진정한 미소

〈그림 5-2〉 두려운 미소

〈그림 5-3〉 경멸의 미소

리 근육이 수축하면서 입가의 근육이 불룩해져 종종 보조개가 나타나고, 입꼬리가 약간 비스듬히 올라가는 형태를 취한다. 이 경우에도 역시 입꼬리가 비스듬히 올라가는 것이 진심에서 우러난 긍정적인 미소의 특징과 같기 때문에 혼동을 일으키곤 한다. 경멸은 한쪽 입꼬리만 수축해 약간 올라가는 단독 표정으로 나타날 때도 있다. 긍정적인 미소에도 이따금 나타나는 보조개 또한 공통된 특징이라 할 수 있다. 경멸의 미소와 진정한 긍정적인 미소의 가장 큰 차이점은 입 끝이 조여지는 모습이다. 이는 경멸의 미소에는 나타나고 긍정적인 미소에는 나타나지 않는다.

자제하는 미소dampened smile는 긍정적인 감정을 느끼긴 하지만 실제로 느끼는 것보다 덜 강렬하게 보이려고 노력할 때 나타난다. 이 미소를 짓는 목적은 긍정적인 표정을 나타내긴 하면서도 억제하는 것이 아니라 자제하기 위해서다. 입술을 꼭 다물고 아랫입술이 위로 올라가면서 입꼬리가 아래로 내려가는데 이런 움직임은 단순한 미소를 나타내는 특징과 함께 나타나기도 한다. 〈그림5-4〉는 이런 세 가지 움직임과 단순한 미소의 특징이 합쳐진 자제하는 미소를 보여준다.

씁쓸한 미소는 부정적인 감정을 시인하는 표정이다. 감정을 숨기는 대신 적극적인 표정을 통해 씁쓸함 드러내는 것이다. 씁쓸한 미소는 또한 당사자가 '적어도 그 순간에는 비참한 기분을 부인할 뜻이 없다'는 것을 의미하기도 한다. 그저 미소를 지으면서 그런 기분을 감수하겠다는 의미다. 카메라가 몰래 촬영하고 있다는 사실을 인식하지 못한 사람이 혼자 연구실에서 끔찍한 장면을 볼 때 이런 미소를 만날 수 있었다. 영상의 첫 부분을 보기 시작하면서 앞으로 봐야 할 장면이 얼마나 끔찍한지 처음으로 깨달았을 때 이런 표정이 나타났다. 우리는

〈그림 5-4〉 자제하는 미소　　　　　　　〈그림 5-5〉 씁쓸한 미소

또한 건강 상태가 좋지 않다는 말을 듣고 절망한 환자들의 얼굴에서
도 이런 씁쓸한 미소가 떠오르는 것을 보았다. 씁쓸한 미소는 주로 비
대칭이다. 이런 미소는 뚜렷한 부정적인 표정을 감추는 것이 아니라
대개 그 위에 겹쳐서 나타난다. 또는 부정적인 표정이 나타난 직후에
나타난다. 두려움, 분노, 괴로움의 표정을 통제하기 위해 씁쓸한 표정
을 지을 때는 자제하는 미소와 비슷한 표정이 만들어진다. 다물어진
입과 턱 근육에 의해 올라간 아랫입술, 조여지거나 내려간 입 끝은 부
정적인 감정들 가운데 하나가 폭발하려는 것을 참을 때 생기는 모습
이다. 〈그림5-5〉의 이런 씁쓸한 미소와 자제하는 미소의 가장 큰 차
이점은 '눈가 근육이 수축하느냐 그렇지 않느냐'에 있다. 눈가의 피부
를 잡아당겨 주름이 잡히게 하는 이런 근육의 움직임은 즐거움을 느

끼는 자제하는 미소에는 나타나지만 씁쓸한 미소에는 나타나지 않는다. 씁쓸한 미소를 지을 때는 또한 눈썹과 이마에도 부정적인 감정을 나타내는 인상이 생길 수가 있다.

두 가지 이상의 감정을 동시에 느끼는 경우, 한 표정에 여러 가지 감정이 섞이듯 나타난다. 어떤 감정이든 다른 감정과 혼합될 수 있다. 여기에서는 주로 긍정적인 감정과 혼합되는 표정 위주로 살펴보겠다. 사람들이 화내는 것을 즐길 때 나타나는, 분노를 즐기는 표정은 진정한 미소와 더불어 입술이 가늘어지고 때로는 윗입술이 올라가기도 하는 등 〈그림3-3〉처럼 얼굴 윗부분의 특징으로 나타난다. 이것은 잔인한 미소나 사디스트적인 미소라고 불릴 수도 있다. 경멸을 즐기는 표정은 한쪽이나 양쪽 입꼬리가 조여지는 모습과 진정한 미소가 합쳐진 상태로 나타난다. 공포물이나 눈물을 자아내게 만드는 영화를 책을 통해 슬픔과 두려움을 즐기는 사람도 있다. 슬픔을 즐기는 표정은 진정한 미소를 지을 때 나타나는 얼굴 윗부분이 당겨지는 모습에 입꼬리가 내려가는 표정이 더해지거나 〈그림3-1〉처럼 얼굴 윗부분의 형태와 진정한 미소가 단순하게 합쳐진 모습을 한다. 두려움을 즐기는 표정은 〈그림3-2〉에 나타난 얼굴 윗부분 모습과 진정한 미소를 나타내는 표정에 입술이 평평하게 당겨지는 모습이 더해진다. 즐거운 경험 가운데는 차분하고 만족감을 느끼는 것도 있지만 때로는 즐거움이 흥분과 혼합되는 경우도 있다. 흥분을 즐기는 표정은 진정한 미소에 위쪽 눈꺼풀이 올라가는 모습이 더해진다. 영화배우 하포 마스Harpo Marx 가 주로 이런 미소를 짓는데, 장난을 칠 때는 분노를 즐기는 미소가 나타나기도 한다. 놀람을 즐기는 표정을 지을 때는 눈썹이 올라가고 입이 쩍 벌어지며 위쪽 눈꺼풀이 올라가는 진정한 미소가 나타난다.

진정한 미소와 특정한 시선이 더해지는 미소도 두 가지가 있다. 추파를 담은 미소를 지으며 엉큼한 시선을 가진 누군가를 상상하자. 진심어린 미소를 지으면서 얼굴은 관심 대상을 향하고 시선은 딴 곳을 바라보는, 그것도 어느 순간 상대방이 눈치 챌 수 있을 정도로 잠깐 흘 깃 바라보고는 다시 시선을 돌리는 누군가를. 모나리자가 독특하게 보 이는 이유는 레오나르도 다 빈치가 이런 추파를 담은 미소를 독특하게 포착해, '얼굴이 향하는 방향과 관심 대상을 바라보는 시선이 일치하 지 않기 때문' 이다. 실생활에서 이것은 표정이라기보다 시선이 순간적 으로 바뀌는 동작에 해당된다. 쑥스러운 미소는 상대방의 시선과 마주 치지 않기 위해 눈길을 내리깔거나 옆으로 향하는 모습을 나타낸다. 때로는 진정한 미소를 지으면서 아랫입술과 턱 끝 사이에 있는 피부와

〈그림 5-6〉 채플린 미소

근육이 순간적으로 위로 올라가기도 한다. 시선을 아래나 옆으로 향하면서 자제하는 미소를 짓는 것 또한 쑥스러움을 나타낸다.

채플린 미소는 흔치 않은 종류다. 이는 대부분의 사람들이 의도적으로 움직일 수 없는 근육의 움직임에 의해 만들어진다. 진정한 미소를 지을 때보다 입술의 각도가 훨씬 더 위로 올라가는 이런 미소는 찰리 채플린Charlie Chaplin의 트레이드 마크였다. 〈그림5-6〉은 미소 짓는 사람을 향해 미소를 짓는 거만한 미소다.

이제는 모두 똑같아 보이면서도 사회적인 기능은 각기 다른 네 가지 미소를 살펴보도록 하자. 이런 미소들은 모두 인위적이기 때문에 대개 표정이 비대칭이다.

권위적인 미소는 불쾌하거나 비판적인 메시지를 조금 무디게 만들어 비판받는 대상이 어쩔 수 없이 미소로 답하게 만드는 미소다. 갑작스럽고 빠르게 시작되는 의도적인 미소로, 입꼬리가 조여지거나 때로는 아랫입술이 순간적으로 조금 올라갈 수도 있다. 권위적인 미소를 지을 때 그는 대개 고개를 끄덕이면서 약간 대각선으로 머리를 기울여 상대방을 약간 내려다보는 것 같은 모습을 취한다.

순응의 미소는 어쩔 수 없이 쓴 약을 삼킬 수밖에 없다는 사실을 인정하는 미소다. 그 미소를 보이는 사람이 행복하다고는 아무도 생각할 수 없으며 당사자가 원치 않는 운명을 받아들인다는 사실을 보여주는 미소다. 머리 위치를 제외하고는 권위적인 미소와 같은 모습이다. 그 대신 눈썹이 순간적으로 올라가거나 한숨을 쉬거나 어깨를 으쓱하는 동작이 수반되기도 한다.

조정의 미소는 두 사람 이상의 사이를 중재할 때 짓는 미소다. 이 미소는 의견일치, 이해, 행동하려는 의지 또는 다른 사람의 적절한 행동을 인정하는 마음 등을 부드럽게 나타내는 정중하고 협조적인 미소다. 대개 비대칭적으로 나타내는데 눈 주변의 근육은 움직이지 않는다.

듣는 자의 반응을 나타내는 미소는 다른 사람의 말을 들을 때 보이는 특정한 조정의 미소로, 모든 것을 이해했으니 반복해서 말할 필요가 없다는 점을 말하는 상대에게 알려주는 역할을 한다. 이것은 "응", "좋아요"와 같은 뜻을 나타내는 것으로 대개 고개를 끄덕이는 동작이 수반된다. 말하는 사람은 이 미소를 계속 말하라는 신호로 받아들인다.

권위적인 미소, 순응의 미소, 조정의 미소, 듣는 자의 미소는 모두 진정한 미소로 대체될 수 있다. 권위적인 메시지를 전달하기 좋아하는 사람, 순응·경청·조정을 하면서 기뻐하는 사람이라면 내가 설명한 인위적인 미소보다는 진정한 미소를 보일 것이다.

이제 거짓 미소를 살펴보자. 거짓 미소는 긍정적인 감정을 느끼지 않지만 느끼는 것처럼 상대방을 속이고자 할 때 짓는 미소다. 거짓말하는 사람은 아무런 감정을 느끼지 않았거나 실제로 느끼는 부정적인 감정을 숨기기 위해 거짓 미소를 짓는다. 즐거움을 느끼지 않았다는 사실을 나타내는 쓸쓸한 미소와 달리, 거짓 미소는 자신이 긍정적인 감정을 느꼈다고 상대방이 믿도록 속이려는 의도를 가지고 있다. 이것은 유일하게 거짓말을 나타내는 미소다.

진정한 미소와 거짓 미소를 구별하는 단서는 여러 가지가 있다.

거짓 미소는 진정한 미소에 비해 비대칭적이다. 거짓 미소는 눈가 근육의 움직임을 수반하지 않는다. 따라서 약한 거짓 미소에서 중간 정도의 거짓 미소를 지을 때는 그에 상응하는 진정한 미소를 지을 때처럼 볼이 올라가거나 눈 밑이 불룩해지거나 눈가 주름이 생기거나 눈썹이 약간 내려가는 현상이 일어나지 않는다. 〈그림6〉이 거짓 미소

〈그림 6〉 거짓 미소　　　　　　〈그림 5-1〉 진정한 미소

의 예를 보여준다. 〈그림5-1〉의 표정과 비교해보라. 미소를 크게 짓는 경우에는 미소를 짓게 만드는 광대뼈 대근육의 움직임으로 인해 볼이 올라가고 눈 밑에 피부가 모이고 눈가 주름이 잡힌다. 그렇지만 이 근육의 움직임 때문에 눈썹이 내려가는 것은 아니다. 거울을 보면서 약한 미소부터 시작해 천천히 미소의 강도를 높여보자. 미소가 커짐에 따라 볼이 올라가고 눈가 주름이 생기는 것을 알아차릴 수 있을 것이다. 그렇지만 눈 근육이 같이 움직이지 않는 한 눈썹은 내려가지 않는다. 눈썹이 움직이지 않는다는 것은 미세한 단서긴 하지만 크게 미소를 지을 경우 '진정한 미소와 거짓 미소를 구분'하는 결정적인 단서가 된다.

거짓 미소의 오프셋 타임은 눈에 띌 정도로 어색하게 나타날 수 있다. 미소가 너무 갑작스럽게 사라진다거나, 서서히 약해지다가 사라지기 직전에 한동안 미소를 보이는 단계별 오프셋을 보일 수도 있고, 미소가 사라지면서 단계별 오프셋 현상이 나타나기 전에 또 다른 단계별 오프셋 현상이 나타나기도 한다.

거짓 미소가 위장으로 이용될 때에는 얼굴 아랫부분과 아래 눈꺼풀의 움직임만 꾸밀 수 있다. 따라서 두려움이나 괴로움을 표시하는 이마 신뢰 근육의 움직임은 그대로 남게 된다. 얼굴 아랫부분에서도 거짓 미소를 사용해 숨기려고 하는 감정의 증거를 완전하게 가리지 못할 수 있다. 오히려 감정이 혼합된 경우처럼 숨기려고 하는 표정의 일부와 거짓 미소가 합쳐져 실제로 느끼는 감정의 흔적이 남을 수 있다.

이를 증명하기 위한 최초의 실험은 간호학과 학생들의 미소를 판단하는 것이었다. 미소에 대한 나의 생각이 옳다면 학생들이 기분 좋은 장면을 보고 느끼는 감정을 솔직하게 말하는 단계에서는 진정어린 미소가 나타났을 것이다. 반대로 불쾌한 장면을 보면서도 기분 좋은 장면을 보는 척 거짓말을 했을 때에는 거짓 미소를 보여주었어야 했다.

우리는 미소가 거짓이라는 두 가지 단서만 관찰하기로 했다. 첫째 눈 주변 근육의 움직임이 없는지, 둘째 역겨운 표정(코의 주름)이나 경멸의 표정(입꼬리를 조이는 동작)이 있는지였다. 결과는 예상대로 나타났다. 솔직하게 말한 경우에는 거짓 미소보다 진정한 미소가 더 많았으며 역겨움이나 경멸의 표정이 드러나지 않았다. 거짓말을 하는 경우에는 경멸이나 역겨움을 나타내는 미소를 관찰할 수 있었을 뿐 아니라 진정한 미소보다 거짓 미소를 더 많이 발견할 수 있었다. 두 가지 속임수 단서가 이렇게 잘 나타났다는 것은 고무적인 일이었다. 특히 사람들이 다른 사람들을 판단할 때 이 거짓말 단서들을 그다지 활용하지 않는다는 점에서 주목할 성과였다. 그 전에 실시한 실험에서는 사람들에게 똑같은 표정이 담긴 비디오테이프를 보여주면서 간호학과 학생들이 거짓말을 하는지 판단해보라고 했다. 결과는 우연히 맞출 확률 정도였다. 육안으로 보기에 너무 미세한 것을 측정하기 때문이었을까? 아니면 사람들이 무엇을 봐야하는지 잘 모르는 것일까? 그 다음 연구에서는 새로운 방법을 도입하여 이 문제를 해결하기로 했다. 사람들에게 '눈 근육이 움직일 때'와 '누설의 미소가 나타날 때'를 인식하는 방법을 먼저 가르친 후에 거짓말을 얼마나 잘 감지하는지 측정하는 것이었다.

표정에는 거짓말을 나타내는 여러 가지 다양한 단서가 들어있을 수 있다. 미세 표정, 차단 표정, 신뢰 근육으로 인한 누설, 눈의 깜빡임, 동공 확장, 눈물, 얼굴 붉힘과 창백해지는 현상, 표정의 비대칭, 타이밍의 오류, 말의 흐름과 맞지 않는 표정, 그리고 거짓 미소 등이 있다. 이런 단서 가운데에는 거짓말을 누설하는 것도 있고 숨겨진 정보를 드러내는 것도 있다. 뭔가 숨긴다는 사실은 나타내지만 그것이 무엇인지는 알 수 없는 거짓말 단서도 있으며 다른 표정을 숨기기 위해 위장하는 것도 있다.

표정에서 드러나는 거짓말 단서들은 앞 장에서 살펴보았던 말과 목소리, 몸짓에서 드러나는 거짓말 단서들과 마찬가지로 '전달하는 정보의 정확도' 면에서 차이를 가지고 있다. 거짓말하는 사람이 아무리 숨기려고 노력해도 어떤 감정을 느끼는지 정확하게 드러내는 단서도 있다. 숨겨진 감정이 긍정적인 것인지 부정적인 것인지만 나타낼 뿐 거짓말하는 사람이 어떤 부정적인 감정이나 긍정적인 감정을 느끼는

〈표 1〉 행동 단서에 따라 드러나는 숨겨진 정보(은폐)

거짓말 단서	드러나는 정보
말실수	특정한 감정, 또는 감정과 무관한 정보
장황한 설명	특정한 감정, 또는 감정과 무관한 정보
간접적인 표현	준비하지 못한 말, 또는 부정적인 감정, 특히 두려움
말의 중단과 표현의 실수	준비하지 못한 말, 또는 부정적인 감정, 특히 두려움
목소리 톤이 올라감	부정적인 감정, 특히 분노나 두려움
목소리 톤이 내려감	부정적인 감정, 특히 슬픔
목소리가 커지고 말이 빨라짐	분노, 두려움, 흥분
목소리가 작아지고 말이 느려짐	슬픔, 따분함
상징동작	특정한 감정, 또는 감정과 무관한 정보
설명동작의 감소	따분함, 준비하지 못한 말, 단어의 신중한 선택
조작동작의 증가	부정적인 감정
호흡이 가빠지거나 얕아짐	불특정한 감정
발한	불특정한 감정
침을 자주 삼킴	불특정한 감정
미세 표정	특정한 감정
차단 표정	특정한 감정, 또는 구체적으로 알 수 없는 감정이 차단되었다는 사실
신뢰 표정 근육	두려움 또는 슬픔
눈 깜빡임의 증가	불특정한 감정
동공확대	불특정한 감정
눈물	슬픔, 괴로움, 주체할 수 없는 웃음
안면 홍조	당황, 수치심, 분노, 죄책감
창백한 얼굴	두려움, 분노

지 정확하게 드러내지 않는 단서도 있다. 심지어 숨겨진 감정이 긍정적인 것인지 부정적인 것인지조차 알 수 없고 그저 거짓말하는 사람이 어떤 감정을 느끼기만 했다는 사실을 드러내는 획일적인 단서도 있다. 하지만 그것만으로도 충분한 경우가 있다. 거짓말이 아닌 이상전혀 어떤 감정을 느끼지 않을 만한 상황이라면 때로 어떤 감정을 느꼈다는 사실을 알기만 해도 상대방이 거짓말을 하는지 알 수가 있기

정보의 유형	행동 단서
준비하지 못한 말	간접적인 표현, 말의 중단, 표현의 실수, 설명동작 감소
감정과 무관한 정보(사실, 계획, 환상 등)	말실수 장황한 설명, 상징동작
감정(행복, 놀라움, 괴로움)	말실수, 장황한 설명, 미세 표정, 차단 표정
두려움	간접적인 표현, 말의 중단, 표현의 실수, 목소리 톤의 고조, 목소리가 크거나 빨라짐, 신뢰 표정 근육, 창백한 얼굴
분노	목소리 톤의 고조, 목소리가 크거나 빨라짐, 얼굴 홍조, 창백한 얼굴
슬픔(죄책감과 수치심을 동시에 느낄 경우)	목소리 톤이 낮아짐, 말이 느려지고 말투가 부드러워짐, 신뢰 표정 근육, 눈물, 시선 내림, 얼굴 붉힘
당혹감	얼굴 붉힘, 시선을 내리거나 피함
흥분	설명동작의 증가, 목소리 톤의 고조, 목소리가 크거나 빨라짐
따분함	설명동작의 감소, 말이 느려지고 부드러워짐
부정적인 감정	간접적인 표현, 말의 중단, 표현의 실수, 목소리 톤의 고조, 목소리 톤이 낮아짐, 조작동작 증가
감정의 고조	호흡의 변화, 발한, 침을 삼킴, 차단 표정, 눈 깜빡임 증가, 동공확대

〈표 3〉 거짓 표정의 단서(왜곡)

거짓 감정	행동 단서
두려움	이마의 신뢰 근육이 움직이지 않음
슬픔	이마의 신뢰 근육이 움직이지 않음
행복	눈가 근육이 움직이지 않음
말에 열정을 느끼거나 몰두함	설명동작이 증가하지 않거나 타이밍이 맞지 않음
부정적인 감정	발한, 호흡의 변화, 조작동작의 증가가 나타나지 않음
감정	비대칭적인 표정, 지나치게 갑작스런 온셋, 지나치게 갑작스럽거나 들쭉날쭉한 오프셋, 타이밍이 맞지 않음

때문이다. 그 외의 경우에는 숨겨진 감정에 대한 좀 더 정확한 정보가 있지 않는 한 거짓말이 드러나지 않을 것이다. 이는 거짓말의 내용과 거짓말을 한다고 의심이 가는 사람이 하는 말, 상황, 거짓말 외에 실제로 느끼는 감정을 숨길 만한 다른 설명이 가능한지의 여부에 따라 달라진다.

거짓말 탐지자는 여러 종류의 단서들의 특징들을 충분히 이해하고 있어야 한다. 〈표1〉과 〈표2〉는 이 책에서 설명하는 모든 거짓말 단서의 정보가 요약되어 있다. 〈표3〉은 왜곡에 대한 속임수의 단서를 설명하고 있다.

미세하고, 미묘한 그리고 위험한 표정

2001년부터 7년간, 우리는 연구를 통해 가장 중요한 거짓말 단서를 발견했고 그런 단서 식별을 훈련하는 도구를 처음으로 개발했다.

40년간 나는 '비언어적인 행동과 감정' 에 관한 연구를 위해 정부로부터 보조금을 받았다. 그러나 '태도를 통해 거짓말을 파악할 수 있는 방법' 에 관한 연구는 지원을 받지 못했다. 이 분야는 늘 개인적인 기금에 의존해야 했다.

그러다 9 · 11참사가 터졌다. 모든 상황이 바뀌었다. 국방부의 한 부서가 나서서 우리의 '거짓말에 관한 우리 연구' 를 후원해주었다. 생전 처음이었다. 덕분에 연구의 규모가 커져, 수백 명의 행동을 측정할 수 있었다.

나는 학계에서 실시하는 응용 연구가 좀처럼 최종 수요자의 관심을 받지 못한다는 사실을 알고 있었다. 이번 경우에 최종 수요자가 정부였다. 나는 방위 공동체에서 '죽음의 골짜기(아무도 연구 결과를 활용하지 않아 연구 자료가 잠자고 있는 곳)'라고 부르는 곳에 우리의 연구가 처박히는 걸 원치 않았다. 그러기 위해서는 처음부터 고객을 초빙해 연구 전체를 함께 디자인하는 것이 열쇠라고 생각했다. 그래서 미국, 영국, 이스라엘의 경찰관과 정부 기관 요원들을 워싱턴 DC로 초청했다. 더불어 마크 프랭크와 나, 그리고 동료인 모린 오설리번은 이들과 함께 이틀 동안 속임수에 관한 새로운 연구를 고안했다.

우리가 함께 고안한 실험은 생리학적 측면이나 폴리그래프, 태도와 속임수에 관한 연구 역사상 유일한 것이었다. 우리는 실험 내용을 실험 대상의 '중요한 과거 경험이나 향후에 중요하게 작용할 점'과 결부시켰다. 앞장에서 살펴보았던 연구에서도 이런 연관성이 지어진 것을 알 수가 있다. 간호학과 학생들이 봐야 했던 끔찍한 수술 장면은 앞으로 간호사가 되었을 때 보지 않을 수 없는 것이었기 때문이다. 최근에 실시한 실험 중에서도 실험 대상의 과거와 미래의 삶과 연관된 상황을 만든 것이 있었다. 실험 대상들은 자신이 중요하게 생각하고 확고한 관점을 가진 주제에 관해 사실대로 의견을 밝히거나 거짓말을 해야 했다. 그러나 돈을 절도한 사실에 대해 거짓말을 하거나 사실대로 털어놓는 또 다른 실험에서 실험 대상들이 보였던 행동은 다른 과학자들이 실시했던 거의 모든 거짓말 연구와 마찬가지로 과거의 행적이나 앞으로의 삶과 전혀 무관했다.

또한 실험대상을 무작위로 선정하지도 않았다. 사실 대부분의 심리학 연구 대상은 무작위로 선정된 것이 아니라 학과 이수 조건을 충족하기 위해 연구 대상을 자청한 대학교 학생들로 이루어져 있다. 그러나 우리의 (거짓말-진실의 성공여부는 자신에 대한 스스로의 관점이나 다른 사람의 관점에 중요한 영향을 미치기 때문에) 실험 결과를 중시할 만한 사람들을 실험대상으로 삼았다. 거짓말을 하겠다고 선택하는 사람과 진실을 말하겠다고 선택하는 사람들의 부류가 다르다는 것을 이미 알고 있었기 때문에, 우리는 거짓말할 사람과 진실을 말할 사람을 무작위로 나누지도 않았다. 규정을 어기고 거짓말을 하겠다고 선택하는 사람들은 거짓말을 성공적으로 할 수 있다고 자신하는 사람들이었다. 그보다 자신감이 덜한 사람들은 거짓말로 잘못한 행동을 위장하려고 노력해봤자 발각될 것이라고 생각하기 때문에 규정을 어기지 않았다. 우리는 현실에서와 마찬가지로 실험 대상들이 거짓말을 할 것인지 사실대로 말할 것인지 스스로 선택하게 했다. 그럼으로써 선택에 수반되는 모든 심리적인 부담까지 고스란히 느끼게 했다.

거짓말에 따르는 대가, 특히 처벌은 인권 보호 의무를 가진 대학교 위원회가 허용하는 범위 안에서, 최대한 가혹하게 설정했다. 우리를 제외한 다른 사람들이 실시했던 모든 실험과 달리 '면담하는 이가 믿을 수 없다고 판단하면 처벌을 받게 된다는 사실'을 모든 실험 대상이 인지하게 만들었다. 현실에서와 마찬가지로 '거짓말을 한다고 판단된 진실한 사람'은 '거짓말이 발각된 사람'과 똑같은 처벌을 받게 되어 있었다.

우리는 적극적인 정치단체의 회원들을 모집했다. 실험대상에게 법을 어긴 경험이 있는지 묻지는 않았다. 하지만 자신이 속한 단체의 목적 달성을 위해서라면 극단적인 행동을 감수할 만큼 대의명분을 강하게 믿는지의 여부는 확인했다. 그런 다음 원래 반대파 정치단체에 전해야 할 봉인된 봉투를 열어볼 기회를 제공했다. 실험 대상은 자신이 싫어하는 반대파에게 가야 할 봉투 안의 돈을 가져갈 수가 있었다. 그 후 돈을 가져가지 않았다고 주장하면서 자신을 수사하는 경찰관을 성 공적으로 설득시키면 그 돈은 실험 대상이 속한 단체가 가지게 된다. 더불어 실험 대상은 상금으로 현금을 받게 된다. 실험 대상은 또한 돈 을 가져가지 않는 선택을 할 수도 있었다. 그런 다음 자신이 돈을 가 져갔다고 경찰관을 설득하면, 그가 속한 단체도 돈을 받고 반대 단체 도 돈을 받으며, 돈을 훔쳤을 때만큼은 아니지만 개인적으로도 상금 을 받았다. 그러나 실제로 어떤 선택을 했건, 수사관에게 거짓말임을 들키면 반대 단체만 돈을 받고 실험 대상은 신체적으로 매우 불편한 처벌을 받게 되어 있었다.

100여 명의 실험 대상에 대해 표정, 시선, 머리 움직임, 몸짓, 말과 음성 등 관찰할 수 있는 모든 행동이 측정되었다. 통계분석을 통해 우 리는 예전 실험에서 발견할 수 없었던 두 가지 중요한 결과를 얻을 수 있었다. 첫째는 약 90퍼센트 정도의 매우 높은 수준으로 거짓말한 사 람을 정확하게 파악할 수 있었다. 단 여러 가지 행동에 대한 측정이 함께 고려되었을 때만 가능했다. 표정, 몸짓, 목소리, 표현, 피부의 온 도 등 어느 한 가지만 고려했을 때는 정확도가 그렇게 높지 않았다. 두 번째 결과는 한 가지만 가지고 70퍼센트 이상 정확하게 맞출 수 있었다. 이때는 가장 중요한 행동 단서가 표정에서 나왔다. 이 결과는 또 다른 관련 연구를 통해서도 뒷받침되었다. 이전에 실시했던 연구 와 마찬가지로 이런 표정들은 모두 미세 표정이었다. 0.5초 이내에 나타났다 사라지는 미세 표정이 존재한다는 점과 사람들이 거짓말을 할 때 미세 표정이 나타난다는 결과는 독자 연구 그룹에 의해서도 확 인되었다. 흥미로운 점으로 이런 미세 표정을 보였던 거짓말쟁이 가운데 일부는 실험이 끝난 후에도 수사관을 속이기 위해 표정을 감추려 했었다고 진술했었다. 그런데도 그들의 미세 표정은 뚜렷하게 드러났다.

1/2초에서 1/25초 사이의 매우 짧은 순간에 나타났다가 사라지는 이 표정들은, 그야말로 눈 깜짝할 새에 놓치기가 쉽다. 연구 결과 대부분의 사람들은 미세 표정에 담긴 정보를 알아차리지 못하는 것으로 나타났다. 우리가 미세 표정을 처음으로 발견한 건 정신과 환자 메리와의 상담 장면을 느린 화면으로 살펴보았을 때였다. 그녀는 극도의 우울증을 숨기고 주말 외출 허가를 받아, 감시가 없을 때 자살을 하려고 계획했던 환자였다. 상담 장면을 정상 속도로 돌려보면 그녀에게 아무런 문제가 없는 것처럼 보인다. 화면을 느린 속도로 재생했을 때, 그제야 그녀의 거짓말을 드러내는 미세 표정이 분명하게 나타났다.

미세 표정은 '연관성이 있긴 하지만 전혀 다른' 두 가지 이유로 인해 나타날 수 있다. 메리의 경우처럼 의도적이고 의식적으로 감정을 은폐하기 때문에 나타나기도 하는 반면, 감정의 억압에 의해서도 나타날 수가 있다. 억압의 경우 미세 표정을 보이는 사람은 자신의 감정을 인식 못한다. 은폐로 인한 것이든 억압으로 인한 것이든 미세 표정은 차이가 없었다.

항상 그런 건 아니지만 미세 표정은 얼굴 전체에 걸쳐 제법 강렬하게 나타난다. 내가 발명한 미세 표정 훈련기구Micro Expression Training Tool, METT는 두 종류의 훈련을 제공한다. 먼저 느린 화면을 통해 분노와 혐오, 두려움과 놀라움, 두려움과 슬픔 등 가장 많이 혼동되는 감정들을 비교하면서 각 감정의 차이점을 설명한다. METT로는 미세 표정 인식법을 연습할 수도 있다. 연습 아이템마다 각기 다른 사람이 등장한다. 처음에는 아무런 표정도 보이지 않다가 갑자기 일곱 가지 감정 가운데 하나를 나타내는 표정이 아주 잠깐 나타난다. 그리고는 다시 무표정한 얼굴로 바뀐다. 학습하는 사람은 분노, 두려움, 혐오, 경멸, 슬픔, 놀라움, 행복 등 일곱 가지 감정 가운데 하나를 선택해야 한다. 맞는 답을 선택하면 화면에 정답이라고 표시된다. 그렇지 않으면 올바른 답을 선택할 때까지 다시 판단해야 한다. 다음 표정으로 넘어가기 전, 나타났다 없어지는 화면을 멈추어 표정을 연구할 수 있도록 했다. METT 표준 버전에는 이 같은 연습이 21가지가 제공되고 고급 버전에는 42가지 연습 아이템이 제공된다.

METT에는 또한 훈련 전과 후 미세 표정 인식 능력을 테스트할 수 있는 프로그램도 포함되었다. 보통은 한 시간 안에 30~40퍼센트의 정확성을 갖게 되는데 80퍼센트 이상 높은 정확성을 갖는 사람들도 많이 있다. 이렇게 높은 정확성은 미국 대학생, 일본 비즈니스맨, 미국 국토안보부, 호주 연방 경찰 등 다양한 그룹에서 찾아볼 수 있었다.

나와 마크 프랭크, 모린 오설리번이 실시했던 일련의 연구에서는 METT를 활용해 미세 표정을 보여주면서 매우 짧게 나타나는 감정을 판단하는 테스트만 실시했을 뿐 훈련은 제공하지 않았다. 실험 대상들은 또한 감정이나 의견 또는 절도 사실에 관해 거짓말을 하거나 진실을 말하는 사람들의 모습이 담긴 비디오테이프도 보았다. 우리는 여러 가지 인성 테스트를 실시했지만 거짓말 확인에 대한 정확성과 상관관계가 있는 유일한 테스트는 미세 표정 테스트밖에 없었다. 상관관계는 0.2에서 0.3 정도로 그다지 강하진 않았지만 일관적으로 나타났고 통계적으로도 의미가 있었다. 공동 연구를 통해, METT를 가지고 한 시간가량 훈련을 받은 대학생들과 미국 연안 경비대원들이 거짓말쟁이의 미세 표정을 잡아내는 능력이 월등히 향상되었던 결과가 밝혀졌다.

다른 연구에서 러셀Russell은 정신분열증 환자와 정상제어집단을 대상으로 METT 훈련을 실시했다. 예상대로 사전 테스트에서는 정상적인 사람들이 정신분열증 환자보다 뛰어난 성과를 보였다. 훈련을 받고 나자 두 집단 모두 정확도가 나아졌는데, 이번에도 역시 정상 집단이 정신분열증환자 집단을 능가했다. 놀라운 점은 훈련을 받은 정신분열증 환자들의 정확도가 정상인들의 사전 테스트 결과만큼이나 향상되었다는 점이다. 또한 카메라를 사용해 사람들이 얼굴의 어느 부분을 바라보는지 살펴보자 METT로 훈련받은 정신분열증 환자들이 '훈련 전에는 보지 않던 정보가 담긴 얼굴의 일부분' 을 바라본다는 사실을 알 수 있었다.

지난 몇 년 동안은 데이빗 마츠모토David Matsumoto가 합류해 연구를 함께 했다. 그는 오래전 표정의 인식에 대한 문화적인 유사점과 차이점을 다룬 논문을 나와 함께 저술한 사람이다. 학교에서 유도를 가르치는 유단자이자 전 미국 올림픽 유도 코치를 역임한 데이빗은 유도에 관한 책을 쓰기도 할 만큼 다방면으로 월등한 사람이다.

아직 발표되지 않은 연구에서 데이빗과 나는 이전의 METT에서 향상된 새 버전인 METT2를 이용해 훈련받은 영업 사원들이 훈련을 받지 못한 영업사원들에 비해 몇 주 후 뛰어난 실적을 올리는 데 더 성공적이었다는 사실을 발견했다.

분노, 두려움, 혐오, 경멸, 슬픔, 놀라움, 행복 등 보편적인 일곱 가지 표정 가운데 어느 한 가지라도 말의 내용과 상반되는 경우 거짓말을 탐지하는 데 중요한 단서가 될 수 있다. 표정과 말하는 내용이 서로 맞는다면 거짓말을 탐지하는 데 아무런 의미도 가지지 않는다.

쉽게 보고 해석할 수 있을 정도로 얼굴에 오래 남아있는 표정을 거시 표정이라고 부른다. 거시 표정은 0.5초에서 몇 초 동안 얼굴에 남는다. 자폐나 정신분열증처럼 정신적인 문제가 있지 않는 한 이런 거시 표정을 포착하고 해석하는 방법을 특별히 배울 필요는 없다. 그런데 연구 결과, 대부분의 사람들이 '말하는 내용과 상반되는 표정을 무시하는 경향'이 있다는 사실을 발견했다. 사람들이 말 그대로 이런 표정을 눈치채지 못하는 것인지 아니면 눈치채긴 하면서도 거짓말을 판단할 때 비중을 두지 않는 것인지는 알 수가 없다. 어쨌거나 사람들은 대개 말하는 내용에 우선적으로 영향을 받으며, 말과 상반되는 비언어적인 행동은 모두 무시한다.

미묘한 표정은 얼굴의 일부분이나 전체에 나타나는 매우 작은 표정을 뜻한다. 미묘한 표정이 발생하는 이유는 다양하다. 우선 느끼는 감정이 매우 가볍기 때문일 수 있다. 또한 감정을 느끼기 시작하는 초반에 나타나기도 하는데 이 경우 감정을 점점 강하게 느끼면 표정 또한 커지게 된다. 미묘한 표정은 강한 감정을 느끼면서도 적극적으로 억제하는 바람에 '감정의 일부만이 겉으로 드러나는 경우'에도 나타난다. 그러나 미묘한 표정 자체만 가지고 가벼운 감정 때문인지, 감정을 느끼기 시작하기 때문인지, 아니면 억눌러진 강한 감정이 드러나기 때문인지, 그 이유를 구별하기 힘들다.

나는 이런 작은 신호를 감지하는 능력을 향상시키기 위해 미묘한 표정 훈련 도구Subtle Expression Training Tool, SETT를 개발했다. 연구 결과 SETT 아이템에 대한 정확성은 간호학과 학생들의 감정 은폐 실험과 유사한 감정적 거짓말 탐지의 정확성과 상관관계가 있는 것으로 드러났다. 나는 METT의 장점에 더해 SETT가 그런 상관관계를 다지는 데 유용한 역할을 할 것이라고 믿는다. 마크 프랭크와 나는 얼마 전 SETT의 업데이트 버전을 완성했다.

몇 해 전, 미국 비밀 경호국으로부터 '전 세계에서 발생했던 암살 시도 장면을 모은 테이프'를 빌린 적이 있다. 정치 지도자가 나타나길 기다리던 아마추어나 기자 등에 의해 찍힌 장면들이었다. 경우에 따라서는 암살자가 총기를 꺼내 발사를 하기 전, 짧게는 5초 길게는 20초 동안 암살자의 표정을 볼 수 있는 장면도 있었다. 가장 명확한 표정은 1981년 레이건 대통령의 암살을 시도했던 존 힝클리John Hinckley의 표정이었다. 그밖에 암살자의 얼굴에 드러난 표정을 확인할 수 있는 다른 장면도 몇 개 있었다.

폭력(여기서는 신체적인 부상을 입히거나 죽일 목적으로 가하는 신체적인 공격을 뜻한다)은 정치인·유명인사가 아닌 일반 사람을 살해하려고 계획할 때 주로 발생한다. 가족 간에도 미리 계획된 폭력이 발생하는 경우가 있다. 또한 공격은 폭력에 가담하려는 계획이나 의도를 갖지 않을 때도 발생한다. 말다툼이 확대되어 한쪽이나 양쪽 사람 모두 감정을 통제하지 못하고 폭력적으로 변하는 수가 많은 것이다.

감정을 통제하지 못해 폭력이 발생하는 경우 그때 나타나는 표정 샘플이 없기에, 전문 배우들에게 '살아오면서 실제로 감정이 폭발하여 누군가에게 주먹을 날렸던 장면을 재연해보라'고 요청했다. 그리고 연기가 시작하기 전, 배우들에게 '감정이 폭발하려는 마지막 순간 행동을 멈추라'고 지시했다. 남녀 성비가 고르게 분포된 약 90명의 배우들은 여섯 인종으로 구성되었는데 그 가운데에는 이민자들도 있었다. 그들의 표정은 모두 하나같이 똑같았다.

한 배우에게 '사전에 폭력을 계획했을 때'의 표정과 '감정을 통제하지 못해서 폭력을 휘두를 때' 나타나는 표정을 지어 보이라고 지시했다. 또한 '분노', '경멸', '혐오'의 표정도 지어 보이라고 했다. 그러고는 이런 표정들을 12장의 사진으로 만들어 다섯 국가의 강력범죄 수사관들에게 보였다. 그 중에는 서방 국가가 아닌 두 나라의 수사관도 포함되어 있었다. 먼저 경찰관들에게 신체적인 폭행의 피해자가 되었거나 증인이 된 경험이 있는지 묻자 거의 모든 사람들이 그렇다고 대답했다. 상대방이 폭력적인 행동을 보이기 전에 공격한 사람의 표정을 보았으며 기억할 수 있는지 묻자 85퍼센트 이상이 그렇다고 대답했다. 표정을 기억한다고 대답한 사람들을 대상으로는, 12장의 사진 가운데 '사전에 계획된 공격'이 발생하기 전에 본 표정과 '감정의 폭발'로 발생한 폭력이 발생하기 전에 보았던 표정이 있는지 확인하게 했다. 그러자 출신 국가에 상관없이 비슷한 의견이 나왔다.

이런 연구 결과를 강력 범죄 경찰관들에게 보여주었다. 그들 역시 연구 결과가 자신이 본 것과 일치한다고 확인해주었다. 이를 바탕으로 데이빗 마츠모토와 나는 위험 태도 감지Dangerous Demeanor Detector 온라인 훈련 도구의 첫 버전 개발을 끝마쳤다.

미세 표정은 항상 숨겨진 감정을 드러낸다. 그러나 주의해야 할 점이 두 가지 있다. 첫째, 미세 표정을 보고 의도적으로 감정을 은폐하는 것인지 아니면 미세 표정을 나타내는 사람이 스스로 느끼는 감정을 인식하지 못하는 것인지 알 수 없다. 둘째, 숨겨진 감정 자체만으로는 당사자가 이미 잘못을 저질렀는지 아니면 저지를 생각을 갖고 있는 것인지 입증할 수 없다. 다른 감정 표현과 마찬가지로 감정을 자극한 근원에 대해서는 알 수가 없다는 것이다. 예를 들어 결백한 사람이 의심을 받아 수사 대상이 되는 경우 분노를 느끼면서도 숨길 수가 있다. 더 많은 질문을 통해 숨겨진 감정이 드러나는 이유를 조사하고 인식하면, 감정을 자극하는 근원은 수사관이 예상하는 것 하나밖에 없다고 억측하는 오델로의 실수를 피할 수 있다.

미세 표정 활용에 관한 매우 흥미로운 점 한 가지는 미세 표정에 대한 위험성이 미미하다는 것이다. 내가 학술적인 자문을 맡았던 TV드라마 시리즈 〈라이 투 미Lie to Me〉의 첫 회에는 아메리카 나치당 아리아인 죄수가 심문받는 장면이 나온다. 심문관은 죄수가 흑인들이 많이 다니는 교회에 폭탄을 설치했다는 사실은 알면서도 어떤 교회인지는 알지 못한다. 죄수 또한 대답을 회피한다. 그러나 FBI가 수색하려고 하는 교회의 이름을 들었을 때, 죄수가 보인 즐거움의 미세 표정으로 미루어보아 그 교회가 아니라는 것을 알 수가 있었다. 또 다른 교회의 이름을 듣고 죄수가 보인 분노의 미세 표정은 그 교회가 수색해야 할 교회라는 것을 암시했다. 나는 중동에서도 무기나 사제 폭탄이 숨겨진 곳을 수사할 때 똑같은 절차를 거친다는 이야기를 들었다.

미묘한 표정을 해석할 때 발생하는 첫 번째 문제는 그것이 가벼운 감정을 나타내는 것인지, 막 느껴지기 시작한 강한 감정을 나타내는 것인지, 아니면 당사자가 감추려고 하는 감정의 일부를 나타내는 것인지 파악하기 어렵다는 점이다. 숨겨진 두려움, 분노, 혐오감을 나타내는 미묘한 표정이 보일 경우, 표정을 판단하는 사람은 이런 감정이 '의심을 받는다는 사실 자체에 대한 반응'이며 따라서 거짓말을 나타내는 것이 아닐지도 모른다는 가능성을 배제하지 말아야 한다.

위험한 태도에 관한 표정을 이용할 때에는 다른 점을 주의해야 한다. 이런 표정은 해로운 의도를 나타내는 경고일 뿐 확실한 증거는 되지 않는다. 단, 그 순간에는 '위험한 표정을 보이는 사람이 폭력적인 행동을 삼가는지' 지켜볼 필요가 있다. 주의해야 할 또 다른 점은 우리가 아직 확인하지 않은 위험한 표정이 있을 수 있다는 점이다. 그런 표정을 찾아내는 방법은 알고 있지만 아직 연구가 이뤄지지 않고 있다. 그 위험한 표정을 지하드나 자살 폭탄 테러범들에게서도 찾아볼 수 있을지도 모른다. 이에 대한 연구 역시 아직 이루어지지 않고 있다.

미세 표정, 미묘한 표정, 위험한 표정이 쓰일 수 있는 가장 중요한 용도는 아마도 '신뢰감'과 '이기는 협력관계'를 구축하는 부분일 것이다. 듣는 사람이 마음을 열고 이해하길 원한다면 누구나 털어놓고 싶은 이야기가 있으리라. 그런 신뢰를 얻기 위해서는 적어도 상대방이 느끼는 감정, 특히 상대방 자신도 인식 못하거나 드러날까 우려하는 감정에 민감해야 한다.

제5장

거짓을 믿다 vs 진실을 의심하다

대부분의 거짓말쟁이들은 사람들을 잘 속인다.[1] 8살이나 9살 정도된 아이들은 부모를 성공적으로 속일 수 있다. 거짓말을 감지하는 것과 관련된 실수는 '거짓말하는 사람을 믿을 때' 뿐 아니라 '진실한 사람을 믿지 않을 때' 벌어지기도 한다. 후자의 경우가 더욱 심각하다. 아이와 부모 사이에 이런 일이 벌어졌다면, 신뢰를 받지 못한 진실한 아이는 큰 상처를 받을 수 있다. 성인들의 경우에도 진실한 사람을 믿지 않는 경우 끔찍한 결과를 초래할 수 있다. 친구나 일자리를 잃을 수 있다. 심지어 목숨을 잃을 수도 있다. 거짓말을 했다는 누명을 쓰고 수년 동안 부당한 감옥 생활을 한 후 풀려나곤 하는 일들은 신문 1면을 장식할 정도로 드문 사건이 아니다. 거짓말을 감지할 때 저지르는 실수를 완전히 피하는 것은 불가능하다. 하지만 그런 실수를 줄이기 위한 예방은 할 수 있다.

첫 번째 예방책은 행동단서를 해석하는 절차를 보다 명확하게 만드는 것이다. 표정, 몸짓, 목소리, 말을 통해 거짓말을 감지하는 법에 관해서는 앞에서 이미 설명한 바 있다. 그 정보만으로 거짓말에 대한 잘못된 판단을 완벽히 예방하지는 못하겠지만 그런 실수를 좀 더 분명하게 드러내어 바로잡을 수 있도록 도움은 될 것이다. 거짓말 탐지자는 더 이상 육감이나 직관에 의존하지 않아도 된다. 거짓말 탐지자는 판단 근거에 대한 지식을 더 많이 쌓아야 한다. 그러다 보면 특정 거짓말 단서를 버리거나 바로잡거나 비중을 두는 법을 더 잘 터득할 수 있다. 그런 판단 기준이 명확해지면 누명을 쓴 사람 또한 판단에 이의를 제기할 수 있게 된다.

두 번째 예방책은 거짓말을 탐지할 때 발생하는 실수의 본질을 좀 더 확실하게 이해하는 것이다. 원인과 결과가 완전히 대조적인 두 종류의 실수가 있다. 진실한 사람이 거짓말을 한다고 오판하는 실수와 거짓말하는 사람이 진실하다고 오판하는 실수. [2] 폴리그래프 테스트에 의존하든 행동 단서의 해석에 의존하든 상관없다. 거짓말 탐지자가 이 두 가지 실수를 저지를 가능성은 늘 존재한다. 업다이크의 소설 〈결혼해주오〉를 다시 떠올려보자. 이 장면에서 제리는 아내 루스가 애인과 통화하는 내용을 엿듣는다. 통화하는 아내의 목소리가 평소보다 다소 여성스럽다는 점을 눈치챈 제리가 누구와 통화했냐고 묻는다. 그러자 루스가 둘러대기 시작한다.

"주일학교 담당 선생님이야. 조애나랑 찰리를 등록시킬 건지 묻더라고."

제리가 루스의 말을 믿는다면 그는 거짓말을 믿는 실수를 저지르는 것이다. 이와는 다른 식의 줄거리를 상상해보자. 정숙한 아내 루스가 실제로 주일학교 담당 선생과 통화를 하고 있었는데 제리가 의처증 남편이라고 말이다. 아내가 거짓말을 한다고 생각했다면 제리는 진실을 불신하는 실수를 저지르는 것이다.

제2차 세계대전 당시 히틀러는 거짓말을 믿는 실수를 저질렀고 스탈린은 진실을 불신하는 실수를 저질렀다. 군대 집결 모의와 소문, 독일 첩자에게 거짓 군사 정보를 흘리는 등 다양한 방법을 통해 연합군은 독일군이 잘못된 정보를 믿도록 만들었다. 연합군의 유럽 상륙 작전인 '제2전선'이 노르망디 해변이 아니라 칼레에서 펼쳐질 것이라고 말이다. 연합군이 노르망디 상륙 작전을 성공한 지 6주가 지나도록, 독일군은 계속해서 '노르망디 상륙작전이 칼레 진격을 위한 교란작전에 불과하다'고 믿는 실수를 저질렀다. 그리고 노르망디에 전투 진용을 갖춘 군대를 강화하는 대신 칼레에 군대를 주둔시켰다. 거짓말을 믿는 실수. 독일군은 '연합군이 칼레를 공격할 계획'이라는 치밀하게 짜인 속임수를 사실로 믿었다. 다시 말해 독일군은 '연합군이 칼레를 침공할 계획'이라는 거짓말을 사실로 판단했다.

이와는 정반대로 스탈린은 사실을 거짓이라고 판단하는 실수는 저질렀다. 독일군 내부에 침입한 자국 스파이들이 '히틀러가 러시아를 공격할 것'이라고 경고했지만 스탈린은 그 사실을 믿으려 하지 않았다. 진실을 불신하는 실수를 저지른 것이다. 스탈린은 독일군의 계획에 대한 정확한 정보를 거짓으로 여겼다.

거짓말을 믿는 실수와 진실을 불신하는 실수. 거짓말 탐지자는 이 두 가지 위험성을 늘 유의해야 한다. 그러나 사실 이 두 가지 실수를 완전하게 피할 수 있는 방법은 없다. 거짓말 탐지자는 '거짓말에 속을 수 있는 위험이 더 큰 경우'와 '무고한 사람을 의심하는 위험이 더 큰 경우'를 판단해야 한다. 무고한 사람을 의심하거나 거짓말쟁이를 믿음으로써 잃거나 얻을 수 있는 대가는 상황에 따라 크게 달라진다. 한 가지 실수를 저지르는 결과가 다른 실수를 저지르는 것보다 훨씬 더 클 수도 있고 두 실수를 저지르는 결과가 똑같이 치명적일 수도 있다.

어떤 종류의 실수를 더 쉽게 피할 수 있는지에 관한 일반적인 규칙은 없다. 두 가지 실수를 피할 확률이 똑같을 때도 있고 한 가지 실수를 피할 확률이 더 클 때도 있다. 이 점 역시 상황에 따라 다르다. 거짓말 탐지자가 '어떤 실수를 저지를 각오를 할 것인지' 결정할 때 고려해야 할 문제에 대해서는 다음 장에서 살펴볼 것이다.

거짓말 단서를 이용할 때, 이 두 종류의 실수를 피할 수 있는 방법은 무엇일까?

앞서 설명한 브로커 위험은 사람들의 표현 방법이 얼마나 다른지 개인차를 생각하지 않을 때 발생한다. 이것이 거짓말을 탐지할 때 저지를 수 있는 두 실수의 원인이다. 표정, 몸짓, 목소리, 말은 물론 폴리그래프로 측정된 자율신경계 활동에 이르기까지 실수를 저지를 위험과 완전히 무관한 거짓말 단서는 없다. 거짓말을 믿는 실수는 거짓말하는 사람이 아무런 실수도 저지르기 않기 때문에 발생한다. 세상에는 사이코패스뿐만 아니라 타고난 거짓말쟁이도 있고 스타니슬라브스키 연기술을 활용하는 사람도 있으며 어떤 계기로 인해 자기가 한 거짓말을 믿어버리는 사람도 있다. 거짓말 단서가 없다고 해서 그것이 진실은 아니라는 점을 거짓말 탐지자는 명심해야 한다.

거짓말 단서가 존재하는 경우에는 진실한 사람의 말이 거짓말이라고 믿는, 진실을 불신하는 정반대의 실수를 저지를 수가 있다. 이 실수를 역이용해서 의도적으로 거짓말 단서를 흘려 상대방이 거짓말을 감지했다고 믿게 만드는 사기꾼도 있다. 포커 게이머들이 주로 사용하는 속임수인데, 포커 용어로 '폴스 텔False tell'라 불린다.

"예를 들어 A가 좋은 패를 쥔 것처럼 허세를 부릴 때마다 기침을 한다고 하자. 눈치 빠른 상대방은 A가 허세를 부릴 때마다 기침을 한다는 사실을 알아차린다. 그러다가 판돈이 커져 중요한 판이 되었을 때 A는 다시 기침을 한다. 그런데 이번에는 정말로 엄청난 패를 가지고 있었으며, 속임수에 속은 상대방은 영문도 모른 채 빈털터리가 되고 만다."

게이머 A는 상대방으로 하여금 '진실을 불신하는 실수'를 저지르게 함정을 파 놓고 이를 역이용해 이익을 얻었다. 그러나 거짓말 탐지자가 진실을 불신하는 실수를 저지를 때 피해를 보는 쪽은 대개 누명을 쓴 사람이다. 사실대로 말하는 사람이 누명을 쓰는 이유는 솔직하지 못해서가 아니라 표현 방법의 특이한 부분, 별난 행동 때문이다. 다시 말해서 일반 사람들에게는 거짓말 단서가 되는 행동이 그런 사람에게는 해당되지 않는 것이다. 예를 들면 다음과 같이 독특한 행동을 하는 사람의 경우다.

- 간접적이고 우회적으로 표현하는 사람
- 단어와 단어를 말하는 도중에 짧거나 길게 여러 번 말을 멈추는 사람

- 말실수를 많이 하는 사람
- 설명동작을 거의 사용하지 않는 사람
- 조작동작을 많이 하는 사람
- 실제로 느끼는 감정과 무관하게 두려움, 괴로움, 분노의 표정을 자주 보이는 사람
- 비대칭적인 표정을 보이는 사람

사람마다 이런 행동에 대한 차이가 상당히 크다. 그래서 이런 개인 차는 진실을 불신하는 실수뿐 아니라 거짓말을 믿는 실수까지 저지르게 되는 원인이 된다. 평소 위와 같은 특징을 보이는 솔직한 사람을 거짓말쟁이라고 하는 것은 진실을 불신하는 실수이며 말만 번지르르한 거짓말쟁이를 솔직하다고 판단하는 것은 거짓말을 믿는 실수다. 말만 번지르르한 사람이라도 거짓말을 할 때는 평소보다 간접적인 표현을 더 많이 사용하고 실수를 더 많이 저지를 수 있다. 그런 경우에도 거짓말이 탄로 나지 않는 것은 일반 사람들이 하는 평범한 말보다 훨씬 더 그럴듯하게 거짓말을 하기 때문이다.

브로커 위험으로 인한 실수를 줄이는 유일한 방법은 '용의자의 행동 변화'를 근거로 판단하는 것이다. 거짓말 탐지자라면 용의자의 '평소 행동'과 '의심받을 때의 행동'을 비교할 줄 알아야 한다. 첫 만남에서는 비교할 만한 기준이 없으므로 행동의 변화를 눈치챌 수 없고 따라서 실수를 저지를 가능성이 커진다. '저렇게 많은 조작동작을 보이는 것으로 봐서 뭔가 상당한 불편을 느끼는 게 분명하다'는 식의 절대적인 판단은 위험성이 높다. '평소보다 조작동작을 훨씬 더 많이 사용하는 것으로 보아 뭔가 불편한 구석이 있는 게 분명하다'는 상대적인

판단만이 실수를 줄일 수 있는 유일한 방법이다. 노련한 포커 게이머들은 게임 판에서 자주 만나는 게이머의 특이한 '텔tell(거짓말 단서)'을 기억한 후 이런 식으로 판단한다. 단 한 번 만난 상태에서 판단을 내려야 하는 상황이라면, 거짓말 탐지자는 용의자의 평소 행동을 넘겨짚을 수 있을 만큼 만남을 길게 가져야 한다. 예를 들어 거짓말 탐지자는 평범한 주제에 대해 오랜 시간 이야기하면서 용의자에게 스트레스를 주지 않으려고 노력해야 한다. 때로는 이것조차 가능하지 않을 때가 있다. 의심을 받는다는 사실에 분노나 두려움을 느끼는 용의자라면 만남 자체가 스트레스이기 때문이다. 그런 경우라면 거짓말 탐지자는 이 점을 머릿속에 잘 새겨두어야 한다. 용의자가 평상시 행동, 특이점을 알지 못하므로 브로커 위험으로 인한 판단의 오류를 저지를 가능성이 있다는 점을 말이다.

첫 만남에서 실수를 저지를 가능성이 더 큰 이유는 첫 만남 때 보이는 행동이 사람에 따라 다르기 때문이기도 하다. 누군가를 처음 만날 때 특별히 모범적이고 조신하게 행동하는 사람들이 있는가 하면, 반대로 첫 번째 만남이라는 점에 긴장한 나머지 평소보다 못한 행동을 보이는 사람도 있다. 거짓말 탐지자는 상대를 '오래 자주' 파악할수록 더 나은 기준을 세울 수 있음을 명심해야 한다. 그리고 되도록 여러 번에 걸친 만남을 기준으로 판단을 내려야 한다. 그렇다면 서로 알기만 하는 것이 아니라 '정신적인 친분'을 쌓는다면 거짓말을 탐지하기가 더 쉬울까? 항상 그런 것은 아니다. 연인이나 가족, 친구, 친한 동료일수록 오히려 객관적으로 판단하지 못하는 사각지대가 생길 수도 있다. 거짓말에 대한 행동단서를 정확하게 판단하는 데 방해가 되는 선입견 같은 것 말이다.

말실수, 감정이 쌓인 장황한 말, 상징동작의 실수, 미세 표정의 네 가지 거짓말 단서를 해석할 때는 브로커 위험에 빠질 가능성이 그다지 크지 않다. 이런 단서들은 그 자체로 절대적인 의미를 갖기 때문에 굳이 비교해서 판단할 필요가 없다. 다른 사람의 이혼 이야기라며 말을 꺼냈던 알의 일화를 다시 생각해보자.

> "내가 아는 간호사 중에 간통죄로 고소당한 사람이 있어. 아내가 남편을 간통죄로 고소하면서 그녀까지 같이 고소한 거지. 그래서 결국 그 남자는 원하는 대로 이혼을 했고 말이야."

말실수를 통해 '이혼소송을 제기하는 당사자가 자신이기를 바랐던' 이야기 속의 남편이 알이었다는 사실. 이 일화를 이해하기 위해서는 당시의 이혼법을 알아야 한다. 그 시절에는 간통이 이혼을 할 수 있는 몇 안 되는 이유 가운데 하나였다. 단, 배신당한 배우자만 소송을 제기할 수 있었고 이 경우 상당한 액수의 위자료를 평생 받을 수가 있었다. 이혼법을 모른다고 해도 '여자' 대신 '남자'라고 한 말실수는 그 자체만으로도 상당히 구체적인 의미를 지닌다. 즉, 알은 아내가 아니라 남편이 원하는 대로 이혼을 하길 바랐다는 것이다. 말실수는 그것은 일어나는 횟수가 변할 때에만 인식할 수 있는 말의 중단과는 달리, 단 한 차례만으로 파악이 가능하다.

이처럼 말실수, 미세 표정, 장황한 말은 '일어나는 횟수에 상관없이' 그 자체로 숨겨진 정보를 드러낸다. 스트레스 실험 도중 교수를 향해 가운데 손가락을 쳐들었던 학생의 사례를 떠올려보자. 상징동작은 '평소에 비해 지금 얼마나 많이 늘어났는지' 비교해야 판단할 수 있는 설명동작과 다르다. 특히 '손가락 상징동작'은 그 자체로 평범하지 않은 행동이다. 게다가 그 '손가락'은 일반적인 위치에서 벗어나 부분적인 상징동작으로 이루어졌기에, 피실험자 학생이 감추려는 감정을 드러내는 것으로 해석할 수 있었다. 자살 계획을 숨겼던 메리가 미세 표정을 보였을 때도 마찬가지다. 극히 짧은 시간 나타나는 미세 표정을 통해 그녀가 슬픔을 느끼고 있다고 쉽게 해석할 수 있었다.

이런 점에서 말실수, 장황한 말, 상징동작의 실수, 미세 표정 등 거짓말을 나타내는 이 네 가지 요소는 다른 거짓말 단서들과는 다르다. 거짓말 탐지자가 진실을 불신하는 실수를 저지르지 않기 위해 비교할 근거를 찾지 않아도 된다. 요컨대 첫 만남에서 말실수나 미세 표정, 장황한 말 등을 발견했다면 거짓말 탐지자는 '원래 이런 행동을 보이는 사람일지도 모른다'는 우려를 하지 않아도 된다. 오히려 그 반대다. 용의자가 말실수나 장황한 말, 미세 표정을 보이기 쉬운 사람이라면 거짓말 탐지자는 운이 좋은 셈이다. 진실을 불신하는 실수를 줄이기 위해 사전 만남이 필요한 예방책이 이 네 가지 거짓말 단서에는 해당되지 않기 때문이다. 반면에 앞서 언급한 거짓말을 믿는 실수를 줄이기 위한 예방책은 여전히 필요하다. 이런 단서들을 비롯한 다른 모든 단서들이 없다고 해서 상대방이 진실한 사람이라고 믿어 넘겨서는 곤란하다. 거짓말을 하는 사람이 모두 말실수를 하거나 미세 표정을 보이거나 장황하게 설명하는 것은 아니기 때문이다.

지금까지 거짓말을 탐지할 때 저지를 수 있는 실수 가운데 개인적인 차이를 고려하지 않는 브로커 위험을 살펴보았다. 더불어 주목해야 할 것은 진실을 불신하는 실수를 저지르는 오델로의 실수다. 이것은 솔직한 사람이라도 긴장하면 거짓말을 하는 것처럼 보일 수 있다는 점을 고려하지 않을 때 발생하는 실수다. 앞서 설명했던 '누설과 거짓말 단서를 제공할 수 있는 거짓말에 대한 감정'은 진실한 사람이 의심을 받을 때, 거짓말하는 사람과는 또 다른 이유로 느낄 수 있는 것들이다. 진실한 사람이 자신의 말을 믿어주지 않을까 두려워할 경우, 그런 두려움은 거짓말쟁이가 느끼는 발각의 두려움과 혼동될 수 있다. 다른 문제에 대해 강한 죄책감을 떨쳐버리지 못하는 사람들도 있는데, 그런 감정은 뭔가 잘못했다는 의심을 받을 때마다 고조될 수 있다. 그런 죄책감은 거짓말하는 사람이 느끼는 속임의 죄책감과 혼동되기 쉽다. 진실한 사람은 또한 자신을 부당하게 의심하는 사람을 경멸할 수도 있고, 그 사람의 생각이 틀렸다는 것을 입증하겠다는 생각에 흥분할 수도 있으며, 자신을 변호할 생각에 기쁨을 느낄 수도 있다. 이런 감정들은 모두 거짓말하는 사람이 느끼는 '속이는 기쁨'과 비슷하다. 다른 감정들 또한 거짓말하는 사람이나 의심을 받고 있다는 사실을 아는 진실한 사람 모두 느낄 수 있는 것이다. 이유는 달라도 거짓말하는 사람이나 진실한 사람 모두 거짓말 탐지자의 의심이나 질문으로 인해 놀람, 분노, 실망, 괴로움, 역겨움을 느낄 수 있다.

여기에 오델로의 실수에 대해 설명하자면, 다들 눈치챘겠지만 이는 셰익스피어의 비극 〈오델로〉에 나오는 죽음의 장면이다. 이는 실수의 훌륭한 사례다. 오델로는 데스데모나가 카시오를 사랑한다고 의심한 나머지, 자신을 배신한 혐의로 죽이겠다고 협박하며 그녀에게 자백을 강요한다. 데스데모나는 자신의 결백함을 입증할 수 있게 카시오를 불러달라고 한다. 오델로는 이미 카시오를 죽였다고 말한다. 데스데모나는 자신의 결백을 입증할 방법이 없기 때문에 오델로에게 죽임을 당할 것이라는 사실을 깨닫는다.

데스데모나 : 아, 그가 죽다니. 나는 이제 끝이야!

오델로 : 닥쳐라, 이 매춘부 같은 것! 내 면전에서 그를 위해 운단 말이냐?

데스데모나 : 나를 쫓아내세요 주인님. 그렇지만 죽이지는 말아주세요!

오델로 : 죽어라, 이 매춘부야!

　사랑하는 연인이 죽었다는 이야기에 데스데모나가 괴로워한다고 해석한 오델로는 그녀의 배신에 대한 자신의 믿음을 확고하게 다진다. 오델로는 데스데모나가 결백할 경우에도 이와 똑같은 감정을 보일 수 있다는 사실을 깨닫지 못한 것이다. 데스데모나는 오델로가 더 이상 자신의 결백을 믿어주지 않으리라는 절망에 빠져 있었다. 오델로는 이 사실을 눈치조차 채지 못했던 것이다.

　오델로의 실수는 또한 '선입견'이 거짓말 탐지자의 판단에 미치는 영향을 보여주는 사례이기도 하다. 이 장면이 있기 전부터 오델로는 이미 데스데모나가 부정하다고 확신했다. 오델로는 데스데모나가 느끼는 감정을 잘 알지도 못했고, 데스데모나의 행동에 다른 설명이 가능하다는 사실조차도 무시했다. 오델로는 데스데모나가 부정하다는 자신의 믿음이 틀리지 않다고 무조건 확신하려고 들었다. 이처럼 선입견은 대개 판단을 흐리게 만든다. 거짓말 탐지자의 생각에 맞지 않는 사실이나 가능성, 아이디어들을 무시하게 만든다. 이런 일은 거짓말 탐지자가 선입견으로 인해 고통을 받을 때도 발생한다. 데스데모나가 거짓말을 한다고 믿었던 오델로는 큰 괴로움을 느꼈지만, 그녀에게는 자신의 입장을 해명할 기회조차 주지 않았다. 그는 데스데모나의 행동을 자신에게 가장 큰 고통을 안겨주는, 가장 원하지 않는 사실을 확인하는 근거로 해석했다.

거짓말 탐지자의 판단을 흐리는 이런 선입견은 진실을 불신하는 실수들을 낳는다. 데스데모나가 부정하다고 오델로가 믿게 된 것은 오델로의 몰락으로 이득을 볼 수 있었던 사악한 부관 이아고가 데스데모나를 의심하도록 오델로를 부추겼기 때문이었다. 오델로가 본래 질투심이 없는 사람이었다면 이아고의 계략은 성공하지 못했을 것이다. 질투심이 많은 사람이라면 이아고 같은 사람이 없더라도 혼자서 질투를 느낄 수가 있다. 그런 사람들은 끊임없이 의심하며 '모든 사람이 자신에게 거짓말을 한다'는 증거를 찾아다닌다. 거짓말 탐지자가 의심이 많은 사람이라면, 진실을 불신하는 오류를 저지르기 쉬운 형편없는 거짓말 탐지자가 될 것이다. 이와는 정반대로 자신을 속이는 사람을 절대 의심하지 않아 거짓말에 속곤 하는 사람들도 있다.

용의자의 거짓말이 거짓말 탐지자에게 미치는 영향이 클 경우, 질투심이 없는 사람이라도 성급하게 잘못된 판단을 내릴 수 있다. 거짓말 탐지자가 화가 나고 배신을 두려워하면서 가장 두려워하는 일이 실제로 벌어질 때의 굴욕감을 이미 느꼈다면 의심에서 벗어날 수 있는 증거는 모두 무시된다. 오히려 스스로를 더 괴롭힐 만한 단서만 찾게 된다. 시간이 지나 더 많이 속는 바람에 훨씬 더 큰 굴욕감을 느끼느니, 배신이 입증되기 전에 굴욕을 인정하는 것이다. 두려워하는 것이 사실로 드러날지도 모른다는 불확실성을 참고 견디기보다 차라리 지금 괴롭고 만다는 식이다. 이를테면 진실을 불신하는 실수를 저질러 터무니없이 의심하는 남편이 되는 것보다 거짓말을 믿는 실수를 저질러 바람난 아내를 둔 남자가 되는 것을 더 두려워한다. 이는 이성적인 선택이 아니다. 이런 경우 거짓말 탐지자는 '감정의 불길'이라고 부르는 것의 희생양이 된다. 보통의 경우처럼 시간이 지나면서 감정이 잦아드는 것이 아니라 오히려 탄력이 붙어서 걷잡을 수 없이 커지는 게 감정의 불길이다. 끔찍한 느낌을 부채질해서 파괴력을 강화시키는 것은 무엇이든 강구한다. 이런 감정의 지옥에 빠지면 누구든 의심에서 벗어날 수 없다. 당사자는 벗어날 방법조차 모색할 새가 없다. 어떤 감정을 느끼든 그 감정을 부채질해서 두려움이 공포가 되고, 분노가 격노가 되며, 역겨움이 혐오감이 되고, 괴로움이 고뇌가 되도록 행동한다. 감정의 불길은 그것이 사그라질 때까지 물건이든, 낯선 사람이든, 사랑하는 사람이든, 자기 자신이든, 대하는 것은 모조리 파괴해버린다. 분명 다른 사람에 비해 감정의 불길에 더 잘 사로잡히는 사람들이 있다. 감정의 불길에 사로잡힌 사람은 스스로의 기분을 나쁘게 만드는 것만을 믿는다. 따라서 다른 사람들을 제대로 판단할 수가 없다.

자신을 속이지 않는데도 속인다고 생각하는 '진실을 불신하는 실수'는 감정의 불길이나 질투심이 강한 성격, 또는 주변의 이아고 같은 존재가 없이도 생길 수 있다. 이해할 수 없는 세상을 속임수라고 생각하는 것은 어찌 보면 대단히 끌리는 믿음이다. 그리고 이로 인해 무조건 거짓말이라고 의심을 하는 것이다. 28년간 CIA에 근무한 한 직원은 이런 말을 했다.

"거짓말은 너무나 규칙적이고 이성적이어서 원인을 설명할 때 그 자체만으로도 충분한 근거가 된다. 다른 설득력 있는 설명이 가능하지 않을 때는 (어쩌면 우리가 설명하고자 하는 현상이 실제로는 실수거나 지시를 따르지 않았거나 알 수 없는 요인으로 벌어진 것인지도 모르지만) 거짓말이 편리하고 쉬운 설명이 된다. 일반적으로 정보 요원들은 거짓말의 가능성을 민감하게 생각하는 데다 거짓말을 탐지하는 것을 정교하고 예리한 분석으로 인식한다. 거짓말이 쉬운 설명이 되는 이유는, 거의 모든 증거가 거짓말이라는 가정에 논리적으로 들어맞을 수 있기 때문이다. 실제로 일단 거짓말일 가능성이 심각하게 제기되면, 그렇지 않을 가능성은 거의 검토되지 않는다."

단순히 정보국이나 경찰들의 업무만 이런 식으로 이루어지는 것이 아니다. 거짓말이 사실로 드러나는 경우, 아이나 부모, 친구, 연인이 믿음을 저버렸다는 사실을 인정해야 할 때에도 '이해할 수 없는 상황을 설명해준다'는 이유만으로 사실을 거짓말이라고 잘못 의심하는, 진실을 불신하는 실수를 저지를 수 있다. 일단 의심을 하기 시작하면 사랑하는 사람이 거짓말을 한다는 선입견이 작용해 그 반대의 사실을 입증해주는 정보를 무시하게 된다.

거짓말 탐지자는 용의자에 대해 '자신이 어떤 선입견을 가지고 있는지' 인식하고자 노력해야 한다. 거짓말 탐지자의 인성에 의한 것이든 감정의 불길, 다른 사람의 말, 과거 경험, 업무 스트레스, 또는 불확실성을 줄일 필요성 때문에 생긴 선입견이든 용의자에 대한 선입견을 확실하게 인식하는 것은 중요한 문제다. 그럴 수만 있다면 거짓말 탐지자는 그런 선입견에 맞춰 문제를 해석하는 가능성을 방지할 수가 있다. 적어도 용의자가 거짓말을 하는지 안 하는지에 대한 자신의 판단을 믿기에, 자신이 지나치게 많은 선입견을 가지고 있다는 사실을 깨달을 수 있을 것이다.

거짓말 탐지자는 '감정의 징후'가 거짓말 단서가 아니라 진실이 거짓으로 의심을 받을 때 느끼는 감정에 대한 증거일 가능성을 고려해야 한다. 이 감정의 징후는 거짓말에 관한 느낌인가? 아니면 누명을 쓰거나 의심받는 것에 대한 느낌인가? 거짓말 탐지자는 용의자가 거짓말을 할 때 느끼는 감정만 판단해서는 안 된다. 용의자가 솔직하게 말할 때 느끼는 감정을 판단해야 한다. 거짓말하는 사람이 거짓말과 관련된 모든 감정을 느끼지는 않는 것처럼, 진실한 사람이 의심을 받는 것과 관련된 감정을 전부 다 느끼는 것은 아니다. 거짓말하는 사람이 발각에 대한 두려움, 속임의 죄책감, 속이는 기쁨을 느끼는지 판단하는 법은 앞에서 설명했다. 지금부터는 '진실한 사람이 거짓말에 대한 의심을 받을 때 느낄 수 있는 감정'을 판단하는 방법에 대해 살펴보자.

거짓말 탐지자는 용의자의 인성에 대한 지식을 근거로 그런 판단을 내릴 수 있다. 거짓말 탐지자가 용의자의 첫 인상을 보고 저지르는 판단 오류를 줄이기 위해서는 되도록 그를 여러 차례 만날 필요가 있다고 앞에서 설명했었다. 한 번만 만나서는 거짓말 단서가 될 만한 행동이 용의자의 평소 행동과 어떻게 다른지 비교할 수 없기 때문이다. 이제 용의자에 관해 또 다른 종류의 지식을 설명할 필요가 있다. 특정한 감정의 징후를 거짓말 단서로 고려하지 않기 위해서는 용의자의 감정적인 특성을 알아야만 한다. 거짓말이나 나쁜 짓에 대한 의심을 받는다는 사실을 안다고 해서 모든 사람들이 두려움, 죄책감, 분노 등을 느끼는 것은 아니다. 그것은 용의자의 인성에 따라서도 달라질 수가 있다.

무척 독선적인 사람이 거짓말에 대한 의심을 받는다는 사실을 알았을 경우, 화를 낼 수는 있겠지만 불신에 대한 두려움은 느끼지 않을 것이며 막연한 죄책감은 더욱 느끼지 않을 것이다. 자신감이 결여된

소심한 사람이라면 불신에 대한 두려움은 생기겠지만 화를 내거나 죄책감을 느낄 가능성은 별로 없다. 평소에 죄책감을 많이 느끼는 사람은 부당한 의심을 받을 경우에도 죄책감을 느낄 것이라고 앞에서 이미 설명했다. 하지만 그런 사람은 두려움, 분노, 놀람, 괴로움, 흥분은 별로 느끼지 않을 것이다. 용의자가 진실할 경우에도 성격상 어떤 감정을 느낄 수 있다면, 그런 감정의 징후를 거짓말 단서로 고려해서는 안 된다. 어떤 감정을 무시할 것인지는 용의자의 인성에 따라 다르다.

의심을 받을 때 결백한 사람이 느끼는 감정은 그와 거짓말 탐지자와의 관계, 과거에 두 사람 사이에서 벌어졌던 사건들에 따라 달라진다. 〈윈슬로우 보이〉의 아들 로니는 아버지를 공정한 사람으로 생각하고 있었다. 아버지는 로니가 결백할 때 의심한 적도 벌을 준 적도 없었다. 이런 과거의 전적 때문에, 아버지는 로니가 결백할 때나 거짓말을 할 때 두려움의 징후를 똑같이 무시해서는 안 되었다. 불신에 대해 두려움을 느낄 이유가 없는 로니가 두려움을 느낀다면 그것은 거짓말이 발각될까봐 두려운 것이기 때문이다. 진실을 믿어주지 않고 툭하면 의심을 하는 사람이라면, 용의자가 결백하든 아니든 두려움의 징후를 애매하게 만드는 관계를 맺어왔을 것이다. 사실이 그렇지 않음에도 외도를 했다고 여러 차례 의심을 받고 폭력을 당해왔던 아내라면, 거짓말을 하건 사실대로 말하건 큰 두려움을 느끼게 될 것이다. 그 집안 남편은 '두려움'을 거짓말 판단의 근거로 삼을 수 없게 된다. 이처럼 거짓말 탐지자는 '자신과 용의자와의 관계'로 인해 용의자가 결백함에도 어떤 감정을 느끼게 된다면, 그것을 거짓말 단서로 여겨서는 안 된다.

과거에 만난 적이 없는 첫 대면에서도 상대방이 거짓말을 한다고 의심할 수 있다. 첫 데이트에서 상대방이 결혼한 사실을 숨긴다고 의심할 수도 있고, 다른 사람들을 면접해 보고 나서 결정을 내리겠다는 면접관의 말을 취업지원자가 의심할 수도 있다. 소유주가 그렇게 낮은 가격은 고려하지 않을 것이라는 부동산 중개인의 말에 구매자는 중개인이 수수료를 더 받기 위해 가격을 올리려 한다고 의심할 수도 있다. 사전에 용의자를 만난 적이 없다면 거짓말 탐지자는 이중으로 힘들어진다. 특정한 감정이 포착되었을 때, 이를 결백한 사람의 인성에 의한 자연스러운 감정이라고 무시해도 되는지 판단할 만한 정보도 없기 때문이다. 그런 경우라도 거짓말 탐지자에 대한 용의자의 기대치를 파악하면 결백한 사람이 의심을 받을 때 느낄 만한 감정을 판단하는 기준으로 삼을 수 있다.

의심을 받는 모든 사람이 거짓말 탐지자에 대해 정확한 기대치를 가지고 있는 것은 아니다. 또 정확한 기대치를 가지고 있다고 해도 모든 사람들의 기대치가 똑같은 것은 아니다. FBI에 의해 구 소련 첩보원이라는 의심을 받는 사람들과 친하게 지내는 용의자가 '기밀문건을 확보할 수 있는 사람'이라고 가정하자. FBI 요원과 사전에 접촉한 전례가 있어야만 FBI가 어떤지 판단을 내릴 수 있는 것은 아니다. FBI가 절대 실수를 하지 않고 전적으로 믿을 수 있는 기관이라고 용의자가 생각하는 경우, 두려움의 징후가 무시되어서는 안 된다. 이는 오히려 발각에 대한 두려움으로 해석될 수 있다. 반면에 FBI가 사람들에게 터무니없이 죄를 덮어씌우기만 한다고 생각하는 용의자에 대해서는 두려움의 징후가 무시되어야 한다. 발각에 대한 두려움보다는 불신에 대한 두려움의 가능성이 크기 때문이다. 용의자의 기대치로 인해 결백한 경우에도 어떤 감정을 느낄 수 있다면, 거짓말 탐지자는 그런 감정을 거짓말 단서로 여겨서는 안 된다.

　지금까지 진실한 사람이 거짓말을 한다고 의심받을 때 느끼는 감정으로 인한 혼란에 대해서 살펴보았다. 그러나 진실한 사람의 감정적인 반응이 혼란만 초래하는 것은 아니다. 그것은 또한 거짓말하는 사람과 진실한 사람을 명확하게 구별해주는 역할을 하기도 한다. 의심을 받는 사람 중에는, 거짓말할 때와 진실을 말할 때 전혀 다른 감정을 느끼는 이가 있다. 〈윈슬로우 보이〉를 예로 들어보자. 아버지는 아들의 성격과 아들과의 과거 관계 등 상당한 정보를 가지고 있다. 따라서 진실을 말할 때와 거짓말을 할 때 아들의 감정이 어떠할지를 매우 구체적으로 추측할 수가 있다. 그는 아들이 타고난 거짓말쟁이도 아니고 사이코패스도 아니며 그렇다고 죄책감을 많이 느끼는 아이도 아니며 일반적인 가치관을 가지고 있음을 알고 있었다. 따라서 로니가 거짓말을 한다면 속임의 죄책감을 많이 느낄 터였다. 여기서 거짓말이란 '실제로 우편환을 훔치고도 훔치지 않았다고 부인하는 것'을 뜻한다. 아버지는 아들의 성격상 거짓말의 여부와는 별도로 범죄 자체에 대해 죄책감을 느낄 것이라는 사실을 알고 있었다. 따라서 만약 로니가 실제로 우편환을 훔치고는 훔친 사실을 숨기려 한다면 거짓말에 대한 죄책감과 숨기고 있는 범죄에 대한 죄책감, 이렇게 두 가지 죄책감을 강하게 느낄 것이다. 그렇지만 로니가 사실대로 말하는 것이라면, 훔친 사실을 부인할 때 전혀 죄책감을 느끼지 않을 것이다.

　아버지는 또한 아들이 자신을 믿는다는 것을 알고 있었다. 그들의 과거 관계로 미루어, '아들이 사실대로 말하면 믿어줄 것'이라는 아버지의 말을 로니는 굳게 믿었을 것이다. 따라서 로니는 불신에 대한 두려움을 느끼지 않았을 것이다. 발각에 대한 두려움을 고조시키기 위해, 아버지는 자신이 폴리그래프 거짓말 탐지기처럼 절대 틀리는 법이 없다고 주장했다.

"네가 거짓말을 하면, 이 아버지는 다 알 수 있다. 너하고 나 사이에는 거짓말을 숨길 수가 없거든. 거짓말은 다 탄로 날 거다, 로니. 말하기 전에 이 점부터 명심해라."

로니는 과거의 경험을 근거로 아버지의 말을 믿었을 것이다. 따라서 로니가 거짓말을 한다면 발각될까봐 두려워하는 것이 마땅하다. 마지막으로 아버지는 고백을 하면 혼내지 않겠다고 제안한다.

"네가 정말 훔쳤다면 사실대로 말해라. 그렇다고 너한테 화를 내려는 것은 아니야, 로니. 네가 진실만 말한다면 말이야."

이렇게 말함으로써 아버지는 거짓말로 인해 감수해야 할 대가를 크게 만들었다. 로니가 거짓말을 할 경우 아버지의 분노를 사게 될 것이었다. 하지만 만약 로니가 실제로 우편환을 훔쳤더라도, 수치심 때문에 쉽게 인정하지 못할 수가 있다. 이런 경우에 대비해 아버지는 '아들이 유혹에 빠질 수 있다는 사실을 이해한다'면서 중요한 것은 잘못을 숨기는 것이 아니라 인정하는 것이라고 말했어야 한다.

로니가 자신이 거짓말을 할 경우 느낄만한 감정이 어떤 것인지 알고 있었다. 그리고 그것이 사실대로 말할 때 느끼는 감정과 다르다는 근거를 가지고 있다 해도, 아버지가 거짓말 단서를 해석할 때 저지를 수 있는 실수를 줄이기 위해서는 확인 단계를 한 번 더 거쳐야 한다. 로니가 사실대로 말할 경우에는 거짓말에 대한 판단을 흐리게 만드는 두려움이나 죄책감과 같은 감정을 느끼지 않을 것이라고 확신할 수 있어야 한다. 로니는 자신을 도둑으로 몰은 교장에게 화를 낼지도 모른다. 따라서 분노의 표시가 특히 학교 당국에 관한 이야기를 할 때 나타난다면 이는 무시되어야 한다. 아마도 로니는 자신이 처한 상황에 대해 괴로움을 느낄지도 모르는데, 이런 불편한 심기를 특정한 한 요소가 아니라 전반적인 상황에 대해 느낄 수 있다. 그렇다면 두려움과 죄책감은 거짓말의 근거로 해석될 수 있겠지만, 분노나 괴로움은 로니가 사실대로 말할 경우에도 느낄 수 있는 것이라고 봐야 한다.

용의자가 거짓말을 할 때 느끼는 감정과 사실대로 말할 때 느끼는 감정을 구분할 수 있는 근거가 있고, 두 상황에서 느끼는 감정이 같지 않아 명확할 때도 거짓말 행동단서의 해석이 여전히 위험할 수 있다. 많은 행동이 한 가지 이상의 감정을 나타내는데 그런 감정 가운데 하나는 사실대로 말할 때 느끼고 또 다른 감정은 거짓말을 할 때 느낀다면, 그런 행동은 고려대상이 되어서는 안 된다. 4장의 〈표1〉과 〈표2〉는 어떤 감정이 어떤 행동단서를 유발하는지 확인할 수 있게 정리해 놓은 것이다.

로니가 진땀을 흘리고 자주 침을 삼키는 모습을 아버지가 눈치챘다고 가정하자. 그런 행동은 긍정적인 감정이나 부정적인 감정을 모두 나타낼 수 있는 것이기 때문에 아무런 근거도 될 수 없다. 만일 로니가 거짓말을 하고 있다면 그건 두려움이나 죄책감 때문일 것이고 사실을 말하는 것이라면 괴로움과 분노를 느끼기 때문일 가능성이 크다. 로니가 조작동작을 많이 보인다고 해도 그것 역시 고려대상이 되지 않을 수 있다. 어떤 것이든 부정적인 감정을 느낀다면 조작동작이 늘어날 것이기 때문이다. 목소리 톤을 낮추는 등의 부정적인 감정도 확실한 징후가 아니다. 죄책감 때문에 목소리 톤이 낮아진다면 그건 거짓말의 징후가 되겠지만 슬픔이나 괴로움 때문에도 목소리 톤을 낮출 수 있는데, 로니의 경우 거짓말을 하든 사실대로 말하든 괴로움을 느낄 수 있기 때문이다. 분노나 슬픔, 괴로움이 아니라 오로지 두려움이나 죄책감을 나타내는 행동만이 거짓말 단서로 해석될 수가 있다. 〈표1〉과 〈표2〉를 살펴보면 로니가 거짓말을 하는지 안 하는지 알 수 있는 행동으로 말실수, 상징 행동의 실수, 미세 표정, 신뢰 근육의 움직임과 같은 것이 있음을 알 수 있다. 이런 행동만이 두려움, 죄책감과 분노, 괴로움을 구분할 수 있는 정확한 정보를 제공해준다. 그런데 로니는 폴리그래프 테스트를 받았더라도 아무 효과 없었을지 모른다. 폴리그래프는 어떤 감정을 느꼈는지 감지하는 것이 아니라 감정이 고조된 정도만 측정하기 때문이다. 거짓말을 했든 안 했든 로니가 감정적으로 고조되었을 가능성이 있다. 연구를 통해 폴리그래프가 우연히 맞출 확률보다는 정확한 편이라는 사실이 입증되긴 했지만, 진실을 불신하는 실수를 범한 경우도 제법 많았다. 이런 연구의 의미에 대해서는 다음 장에서 살펴볼 것이다.

용의자가 사실대로 말할 경우 어떤 감정을 느낄 것이며, 그런 감정이 거짓말을 할 때 느끼는 감정과 같은지 다른지 판단하는 것은 〈윈슬로우 보이〉의 분석에서 보았던 것처럼 무척 복잡한 문제다. 제대로 판단하려면 용의자에 대해 상당히 많이 알고 있어야 하는데, 대개는 이런 판단을 내릴 수 있을 만큼 충분한 지식을 갖추지 못한 경우가 많다. 충분한 지식을 가졌다고 해도 거짓말을 잡아내는 데 도움이 되지 않을 수 있다. 데스데모나의 경우처럼 용의자가 거짓말을 하건 사실대로 말하건 '똑같은 감정을 느낄 가능성이 많다는 것'을 알 수 있다면 아무 소용없다. 용의자가 사실대로 말할 때와 거짓말을 할 때 느끼는 감정이 다르다는 사실을 안다고 해도 행동단서가 애매할 때가 있다. 거짓말하는 사람과 진실한 사람을 구별해주는, 그런 감정을 느낄 때만 나타나는 행동은 없기 때문이다. 용의자가 느끼는 감정을 판단할 만큼 충분한 지식이 없고, 거짓말을 하든 진실을 말하든 똑같은 감정을 느낄 것이라는 판단이 서거나, 거짓말하는 사람과 진실한 사람이 느끼는 감정이 틀리긴 하지만 행동단서가 애매한 경우, 거짓말 탐지자는 감정과 관련된 거짓말 단서를 활용할 수가 없다(말실수, 상징행동의 실수, 장황한 말 등 감정과 관련이 없는 거짓말 단서도 있다는 점을 명심하라).

이런 곤란한 상황에 처해 있다는 사실을 깨달은 거짓말 탐지자는 진실을 불신하는 실수를 피할 수 있으며, 더불어 거짓말쟁이에게 속아 거짓말을 믿는 실수를 저지르지 않도록 조심할 수 있다. 물론 때로는 거짓말쟁이가 탐지자 앞에서 어떤 감정을 느끼고 진실한 사람이 의심을 받을 때 어떤 감정을 느끼는지 분석하는 것이 거짓말을 잡아내는 데 도움이 되기도 한다. 〈윈슬로우 보이〉에서처럼 그런 분석은 정직하거나 속인다는 확실한 징후를 나타내는 단서들을 구분하게 해준다. 그리하여 거짓말 탐지자가 찾아내야 하는 행동만을 일깨워주어 일을 쉽게 만들기도 한다.

지금까지 다룬 '거짓말을 탐지할 때 발생할 수 있는 위험과 예방책'은 용의자가 의심을 받는다는 사실을 알고 있는 상황에만 국한된 것이었다. 그런데 진실한 사람이라면 상대방이 자신을 의심하며 자신이 하는 모든 말과 제스처, 표정의 변화를 감시하고 있다는 사실을 전혀 눈치채지 못할 수 있다. 반대로 상대방이 의심을 하지 않는 상황에서도 의심을 받는다고 생각할 수도 있다.

거짓말하는 사람 역시 상대방이 자신의 거짓말을 의심하는지 항상 아는 건 아니다. 의심의 여지를 없애기 위해 교묘하게 둘러댄 변명이 그때까지 믿고 있던 상대방의 마음에 오히려 의혹을 불러일으킬 수 있다. 속고 있는지도 모른다고 생각하는 피해자 역시 의혹을 숨겨서 거짓말쟁이가 경솔하게 행동하도록 만들 수 있다. 이와는 다른 이유로 피해자가 거짓말쟁이를 안심시킬 때도 있다. 첩보 활동에서는 누군가 첩보원이라는 사실을 눈치챘지만 (적에게 거짓 정보가 흘러들어가도록) 그 사실을 숨기고 있는 때가 있다. 상대방의 거짓말을 모두 눈치챘음에도 계속해서 거짓말을 꾸며대도록 놓아두며 (나중의 반전을 기대하며) 은근히 즐기는 경우도 있다.

용의자가 의심을 사고 있다는 사실을 알지 못하는 것이 거짓말 탐지자에게는 좋을 수도 있고 나쁠 수도 있다. 상대방이 자신의 행동을 유심히 관찰하고 있음을 모른다면, 거짓말쟁이는 증거를 감추거나 질문에 대비하거나 변명거리를 준비하거나 거짓말을 연습하는 등 세심한 주의를 기울이지 않을 것이다. 시간이 지나면서 거짓말이 거의 성공한 상황이 되면, 거짓말쟁이는 지나친 자신감 때문에 긴장을 풀고 실수를 하게 될 수도 있다. 이 점은 거짓말 탐지자에게 장점으로 작용하기도 한다. 그러나 실수를 할 정도로 지나치게 자신하는 거짓말쟁이라면 발각에 대한 두려움을 느끼지 않을 가능성이 크기 때문에 단점이 되기도 한다. 부주의한 실수가 벌어지는 대신 발각에 대한 두려움으로 인한 실수가 줄어들기 때문이다. 그렇게 되면 발각에 대한 두려움으로 인한 행동단서뿐 아니라 지나친 자신감과 같이 허술한 계획을 이끌어내는 두려움의 효과까지 사라지는 것이다. 가장 큰 단점은 발각에 대한 두려움으로 인한 괴로움이 사라지는 것일지도 모른다. 아무도 의심하지 않는다고 생각되면, 거짓말하는 사람은 자백할 만한 동기를 충분히 갖지 않을 것이기 때문이다.

수사관 훈련 전문가인 로스 멀래니Ross Mullaney는 '트로이 목마 전략'을 옹호하는 사람이다. 트로이 목마 전략이란 경찰관이 용의자를 믿는 척 행동하고 말을 많이 하도록 해서 결국에는 용의자가 자신의 꾀에 스스로 넘어가게 만드는 것이다. 발각에 대한 두려움은 줄어들 수 있지만 거짓말을 드러내는 실수를 저지를 가능성이 커진다고 멀래니는 말한다.

> "경찰관은 용의자가 꾸며낸 거짓말에 대한 자세한 사항을 더 많이 파악할 수 있도록 용의자를 유도하고 부추겨야 한다. 이 경우 사실상 경찰관 또한 용의자를 믿는 척하면서 속이는 것이다. 그러나 이 방법은 결백한 용의자에게는 해를 끼치지 않는다. 용의자가 거짓말을 한다고 애초에 경찰관이 잘못 판단한 경우에도 이런 심문 기법으로 인해 무고한 사람이 누명을 쓰는 일은 없다. 오로지 거짓말을 한 사람만 이 기법을 두려워해야 한다."

이 전략은 철학자 쇼펜하우어의 조언과 닮은 구석이 있다.

> "상대방이 거짓말을 한다고 믿을 만한 이유가 있다면 그가 하는 말을 모두 믿는 것처럼 행동하라. 그러면 상대방이 거짓말을 계속하게 될

것이다. 상대방은 점점 더 대담하게 거짓말을 할 것이고 결국에는 스스로 거짓말을 드러내게 될 것이다."

　표적이 자신을 믿는다고 생각하면 거짓말하는 사람이 느끼는 발각의 두려움은 줄어든다. 그러나 그런 생각이 거짓말과 관련된 다른 감정에 어떤 영향을 끼치는지는 정확하게 말하기 어렵다. 거짓말하는 사람에 따라서는 의심하는 표적보다 자신을 믿어주는 표적을 속일 때 발각에 대한 두려움을 더 많이 느끼는 사람이 있다. 반면에 표적이 알지 않는 한 의심으로 괴로워하지 않을 것이기 때문에 아무런 해를 끼치지 않을 거라면서 죄책감을 덜 느끼는 사람도 있다. 그런 거짓말쟁이라면 상대방의 감정에 상처를 안 주려는 배려심 때문에 거짓말을 하게 되었다고 믿을 수가 있다. 표적이 자신을 믿는다고 생각하는 경우 속이는 기쁨은 강해질 수도 있고 약해질 수도 있다. 자신을 전적으로 믿는 표적을 속이는 것에 경멸 어린 즐거움을 만끽할 수도 있고 의심하는 표적을 속이는 쪽이 어렵기에 더욱 흥미진진할 수도 있다.

　표적이 의심한다는 사실을 알리는 경우 거짓말하는 사람의 실수가 늘어날지 줄어들지 예상할 수 있는 방법은 없다. 용의자가 진실하지만 터무니없이 의심할 수도 있다. 용의자가 의심받는다는 사실을 인식 못한다면 진실성을 가려내기가 더 쉬울까? 의심받는다는 사실을 모른다면 용의자는 불신에 대한 두려움을 느끼지 않을 것이다. 의심을 받을 때의 분노나 괴로움도 느끼지 않을 것이다. 게다가 아무리 죄책감을 많이 느끼는 용의자라도 뭔가 잘못한 것처럼 행동할 일이 없을 것이다. 따라서 이런 감정의 징후가 보인다면 '진실한 사람이 의심을 받기 때문에 느끼는 감정일지도 모른다'고 우려할 필요 없이 단순하게 거짓말 단서라고 해석하면 된다. 그렇지만 앞서 언급한 대로 용의자가 실제로 거짓말을 하는 것이라면, 특히 발각에 대한 두려움처럼 거짓말 단서를 드러내는 감정이 나타나지 않을 것이라는 단점을 수반한다. 의심받는다는 사실을 용의자가 알지 못할 경우, 거짓말 탐지자가 진실을 불신하는 실수를 저지를 가능성은 낮아진다. 감정의 징후가 발생한다면 거짓말 단서일 가능성이 크기 때문이다. 그렇지만 거짓말이 드러날 정도로 용의자가 거짓말과 관련된 감정을 강하게 느끼지 않기 때문에 '거짓말을 믿는 실수를 저지를 가능성'은 더욱 커진다. 의심받는다는 사실을 용의자가 안다면 정반대 현상이 벌어질 것이다. 진실을 불신하는 실수를 저지를 확률은 늘어나고, 거짓말을 믿는 실수는 줄어들 것이다.

용의자가 의심받는다는 사실을 알지 못하는 게 거짓말 탐지자에게 도움이 되는지 안 되는지 가늠하기 어렵게 만드는 두 가지 문제가 더 있다. 우선 거짓말 탐지자에게는 선택의 여지가 없을 수 있다. 상황에 따라서는 의혹을 숨길 수 없을 때도 있다. 숨기는 것이 가능할 때라 해도, 자신이 거짓말의 표적일지도 모른다고 생각하는 사람 모두가 거짓말을 잡아내기 위해 의도적으로 의혹을 숨기지는 않는다. 더군다나 거짓말쟁이만큼 상대방을 잘 속이는 재능을 가지지 않은 거짓말 탐지자도 있기 마련이다.

두 번째 문제는 첫 번째 문제보다 더 심각하다. 거짓말 탐지자가 의혹을 숨기려고 노력하다가 자신도 모르는 사이에 의혹을 드러내는 경우다. 더구나 이 사실을 눈치챈 거짓말쟁이가 눈치챈 사실을 솔직하게 말할 것이라고 믿을 수 없다. 어떤 거짓말쟁이는 표적이 의심하고 있다는 사실을 눈치챘고 또한 표적이 의혹을 숨기려 했다는 사실까지 밝힐 수 있다면 대담하게 표적과 맞서기도 한다. 이 경우 거짓말쟁이는 상대방이 의혹을 솔직하게 털어놓지 않는 바람에 자기 자신을 변호할 기회가 없었다며 '분개하고 기분 상한 척' 하면서, 독선적인 태도를 취할 수도 있다. 이런 계략이 성공하지는 않더라도 적어도 한 동안 표적을 위협할 수는 있다. 거짓말하는 사람이 모두 다 그렇게 뻔뻔한 것은 아니다. 표적이 의심하고 있다는 사실을 알고도 증거를 은폐하거나 빠져나갈 구멍을 만들기 위한 시간을 버는 사람도 있다. 안타까운 사실은 거짓말하는 사람만 상대방이 의심한다는 사실을 알고도 숨기는 것이 아니라는 점이다. 진실한 사람 또한 의심받는다는 사실을 알고도 모른 체 할 수가 있다. 그 이유는 다양하다. 소란을 일으키지 않기 위해, 자신에게 유리한 증거를 모을 수 있는 시간을 벌기 위해, 의혹을 풀만한 조치를 몰래 취하기 위해, 의심받는다는 사실을 알고도 모른 체 할 수가 있다.

의혹을 드러냄으로써 얻을 수 있는 이득은 이런 불확실한 상태를 피할 수 있다는 것이다. 적어도 용의자는 자신이 의심받는다는 사실을 알고 있고, 표적 또한 그 점을 알고 있다. 그렇더라도 거짓말쟁이든 진실한 사람이든 의심받는 것과 관련된 감정을 숨기려 할 수 있다. 의심받는다는 사실을 알게 되면 거짓말쟁이는 발각에 대한 두려움을 숨기려 들 것이고 진실한 사람은 불신에 대한 두려움과 의혹을 받는다는 분노를 숨기려 들 것이다. 오로지 거짓말쟁이만 감정을 숨긴다면 세상 거짓말들을 감지하기가 한층 더 쉬웠을 것이다. 하지만 그렇다고 해도, 결백한 척하기 위해 오히려 감정을 드러내는 영악한 거짓말쟁이가 나타날지 모르겠다.

피해자가 의혹을 솔직하게 밝힐 때 얻을 수 있는 또 다른 이점은 유죄 지식 기법Guilty Knowledge Technique을 활용할 수 있다는 것이다. 폴리그래프 거짓말 탐지기의 사용을 비판한 생리심리학자 데이빗 릭켄David Lykken은 유죄 지식 기법이 폴리그래프의 정확도를 향상시킬 수 있다고 믿었다. 유죄 지식 기법은 수사관이 용의자에게 범죄를 저질렀느냐고 묻는 것이 아니라 '죄를 저지른 사람만 알 수 있는 지식'을 묻는 방식이다. 예를 들어 살인 혐의를 받고 있는 사람이 있다고 하자. 이 용의자는 그럴 만한 동기도 가지고 있고 범죄 현장 근처에서 목격되기도 했다. 유죄 지식 기법을 사용하면 용의자는 일련의 객관식 질문을 받게 된다. 각각의 질문은 실제로 벌어진 일을 묘사하는 지문 하나와 실제로 벌어지진 않았지만 그만큼 그럴듯한 내용을 담고 있는 지문들로 구성되어 있다. 어떤 것이 정답인지는 결백한 사람이 아니라 오직 죄를 저지른 사람만이 알 수가 있다.

"피해자가 엎드린 채 죽었는가, 똑바로 누워서 죽었는가, 옆으로 누워서 죽었는가 아니면 앉아서 죽었는가?"

요컨대 이런 질문을 받을 때마다 용의자는 "예", "아니오", "몰라요" 등으로 대답을 해야 한다. 살해된 사람이 똑바로 누운 채 죽었다는 사실은 범죄를 저지른 사람만 알 수가 있다. 실험 결과, 사실을 묘사한 지문을 들었을 때 범죄 지식을 가진 사람은 자율신경계의 활동이 변해서 폴리그래프에 감지되고, 결백한 사람은 모든 지문에 대해서 엇비슷한 폴리그래프 반응을 보인다는 사실을 발견했다. 범인이 '죄를 진 사람만이 알 수 있는' 지식을 아무리 숨기려고 애써도, 이 기법을 사용하면 폴리그래프가 거짓말을 탐지할 수 있다.

유죄 지식 기법의 장점은 결백한 사람이 의심받을 때 느끼는 감정에 관한 위험 요소가 없다는 점이다. 의심받는 결백한 사람이 불신에 대한 두려움을 느끼거나 의심 때문에 화가 나 있는 등 감정이 고조되어 있다 해도, 우연한 경우가 아니고서 '똑바로 누운 채 죽었다'는 지문에 감정적인 반응을 더 많이 보일 가능성은 없을 테니 말이다.

거짓말 탐지에 관한 이 기법의 정확성을 판단하는 연구는 안타깝게도 아직 활발히 이루어지지 않고 있다. 몇몇 연구가 있긴 했지만, 릭켄의 최초 연구만큼 정확한 결과를 나타내지 않았다. 폴리그래프에 대한 기술평가국Office of Technology Assessment의 보고서에 따르면 유죄 지식 테스트는, "일반적인 폴리그래프 테스트보다 범인을 밝혀낼 평균 확률이 약간 낮은 것으로 나타났다". 더불어 이 테스트를 활용하면 진실을 불신하는 실수를 저지를 확률은 낮지만 거짓말을 믿을 확률은 비교적 높은 것으로 밝혀졌다.

어쨌거나 유죄 지식 기법은 범죄 수사 이외의 범위에서는 활용이 제한적이다. 거짓말에 속고 있는 피해자더라도 거짓말을 한 사람이 알고 있는 정보를 가지고 있지 않는 경우가 많기 때문이다. 그래서 유죄 지식 기법을 이용한다고 해도 변별력이 떨어지는 것이다. 업다이크의 소설 〈결혼해주오〉를 예로 들면, 루스는 자신이 외도를 하고 있으며 그 상대가 누구인지를 잘 알고 있다. 이에 반해 의심만 할 뿐 사실 여부를 알지 못하는 남편 제리는 외도를 한 아내가 알고 있는 만큼의 정보를 가지고 있지 않다. 따라서 유죄 지식 기법을 이용할 수 없다. 이 기법은 거짓말 탐지자가 '벌어진 일'은 알고 있으나 '저지른 사람이 누구인지 확신하지 못할 때'만 사용할 수가 있다.

거짓말 탐지자가 모든 지문의 내용을 알고 있는 경우라 해도 이 기법을 활용해 정확하게 어떤 일이 벌어졌는지 알아낼 수는 없다. 유죄 지식 기법은 거짓말 탐지자가 벌어진 일이나 사건에 대해서 확실하게 알고 있으며 '그 일을 저지른 사람이 용의자가 맞는지' 의 여부를 확인하려고 할 때만 사용할 수 있는 것이다.

거짓말 행동단서를 해석할 때 주의사항

거짓말 행동단서를 판단하는 일에는 여러 가지 위험이 따른다. 그 위험성을 줄이는 예방법들을 아래에 요약했다. 거짓말 탐지자는 어떤 제스처나 표정이 거짓말-진실을 나타낼 가능성이 얼마나 되는지를 늘 판단해야 한다. 완전하게 확실한 경우는 물론 거의 없다. 완연하게 드러나는 감정, 뚜렷한 표정, 장황한 설명을 통해 숨겨진 거짓말이 확실하게 나타날 때는 거짓말한 사람 역시 그 사실을 깨닫고 고백을 하게 될 것이다.

1. 상대방의 거짓말 여부에 대한 육감과 직관의 근거를 명확하게 세우려고 노력하라. 자신이 거짓말 행동단서를 어떻게 해석하는지 인식하게 되면 자신의 실수를 깨닫게 될 것이며, 더불어 올바른 판단을 내릴 수 없는 경우를 알아차리게 될 것이다.
2. 거짓말을 탐지할 때는 두 가지 위험이 도사리고 있다는 점을 명심하라. 하나는 진실한 사람이 거짓말을 한다고 생각하는 진실을 불신하는 실수이고, 다른 하나는 거짓말하는 사람이 진실하다고 생각하는 거짓말을 믿는 실수다. 이 두 가지 실수를 완전하게 피할 수 있는 방법은 없다. 이 실수들을 저지를 때 벌어질 수 있는 결과를 늘 생각하라.

3. 거짓말의 단서가 없다고 해서 이것이 진실이라는 증거가 되는 것은 아니다. 사람에 따라서는 거짓말을 드러내지 않는 사람도 있다. 거짓말 단서가 있다고 해서 그것 역시 항상 거짓말임을 뜻하는 것도 아니다. 진실한 경우에도 불안해 보이거나 죄책감을 느끼는 듯 보이는 사람도 있다. 표현과 행동에 대한 개인차로 인해 발생하는 브로커 위험은 용의자의 행동 변화를 고려해서 줄일 수 있다.

4. 용의자에 대해 선입견을 가지고 있는지 돌아보라. 자신의 선입견이 올바른 판단을 내릴 수 있는 기회를 방해하지 않는지 생각하라. 질투에 눈이 멀었거나 감정의 불길에 사로잡혀 있다면 상대방이 거짓말을 하는지 판단하려 들지 마라. 달리 파악할 수 없는 상황을 '거짓말이라고 생각하면 편하다는 이유'로 거짓말이라 의심하고 싶은 생각을 떨쳐 버려라.

5. 감정의 징후가 (거짓말 단서가 아니라) 진실한 사람이 의심받을 때 느끼는 감정일 가능성을 항상 유념하라. 진실한 사람이 성격이나 당신과의 관계, 기대치 때문에 어떤 감정을 느낄 수 있다면 그런 감정은 거짓말 단서로 여겨서는 안 된다.

6. 많은 거짓말 단서가 한 가지 이상의 감정을 나타낸다는 점을 유념하라. 한 가지 단서가 나타낼 수 있는 여러 가지 감정 중에 '용의자가 진실할 때 느낄 수 있는 감정도 있고 거짓말을 할 때 느낄 수 있는 감정도 있다'면 그런 감정은 거짓말 단서로 여겨서는 안 된다.

7. 용의자가 의심받는다는 사실을 인식하고 있는지, 인식할 때와 인식하지 않을 때의 장단점은 무엇인지 살펴보라.

8. 용의자가 거짓말을 하는 경우에만 알 수 있는 정보를 당신도 알고 있다면 유죄 지식 기법을 활용해 용의자를 심문할 수도 있다.

9. 거짓말 단서에 대한 해석만을 근거로 거짓말인지 아닌지 최종 판단하지 마라. 거짓말 행동단서는 '더 많은 정보와 조사가 필요하다'는 사실을 일깨워주기 위한 용도로만 활용되어야 한다. 폴리그래프와 마찬가지로 거짓말 행동단서 역시 절대적인 근거를 제공하지는 않는다.

10. 〈표4〉에 수록된 체크리스트를 이용해 거짓말의 내용, 거짓말쟁이, 거짓말 탐지자인 당신을 평가하고 '실수를 저지를 확률과 진실을 올바르게 판단할 확률'이 어느 정도 되는지 판단하라.

〈표 4〉 거짓말 체크리스트

거짓말에 관한 질문	거짓말 탐지가 어렵다	탐지하기 쉽다
1. 거짓말하는 사람이 거짓말을 해야 할 때를 정확하게 예상할 수 있는가?	예 거짓말을 준비해서 연습하는 경우	아니오 거짓말을 준비하지 못하는 경우
2. 거짓말이 왜곡 없이 은폐만 하는 것인가?	예	아니오
3. 거짓말하는 순간 느끼는 감정과 관련된 거짓말인가?	아니오	예 특히 다음의 경우 어려움 A. 분노, 두려움, 괴로움과 같은 부정적인 감정을 은폐하거나 왜곡해야 할 경우 B. 거짓말하는 사람이 아무런 감정도 느끼지 않는 척해야 하기 때문에 다른 감정을 위장해 실제로 느끼는 감정을 숨기지 못하는 경우
4. 거짓말하는 사람이 실토를 하면 용서할 수 있는가?	아니오 거짓말에 성공해야 하는 동기가 커짐	예 자백을 이끌어낼 가능성
5. 보상이나 처벌과 관련된 대가가 매우 큰가?	대가가 높을 경우 발각의 두려움이 증가할 수는 있지만 거짓말하는 사람이 거짓말을 성공시키기 위해 최선을 다할 수도 있기 때문에 예측하기 힘들다	
6. 거짓말이 발각될 경우 심한 처벌을 받게 되는가?	아니오 발각의 두려움이 적지만 부주의해질 수 있음	예 발각의 두려움이 커지지만 불신에 대한 두려움도 커져 긍정오류가 나올 수 있음
7. 거짓말이 실패할 경우 따르는 손실 외에 거짓말 자체에 대한 엄한 처벌이 주어지는가?	아니오	예 발각의 두려움이 커짐. 거짓말 자체에 대한 처벌이 거짓말을 하지 않았을 때 발생하는 손실보다 심할 경우 거짓말을 시도조차 하지 않을 수가 있음
8. 표적이 거짓말로 인해 잃거나 얻는 것이 없는가? 거짓말한 사람이 얻을 게 없는 선의의 거짓말인가?	예 거짓말하는 사람이 그렇게 믿는 경우 속임의 죄책감이 줄어듦	아니오 속임의 죄책감 증가
9. 표적이 거짓말하는 사람을 신뢰하기 때문에 자신이 속을 것이라고 의심하지 않는 상황인가?	예	아니오

	거짓말 탐지가 어렵다	탐지하기 쉽다
10. 거짓말하는 사람이 전에도 표적을 성공적으로 속인 적이 있는가?	예 발각의 두려움 감소. 표적이 속았다는 사실을 알고 난 후 수치심을 느끼거나 괴로움을 느끼는 경우 자발적인 피해자가 될 수도 있음	아니오
11. 거짓말하는 사람과 표적의 가치관이 같은가?	아니오 속임의 죄책감 감소	예 속임의 죄책감 증가
12. 거짓말이 용인되는가?	예 속임의 죄책감 감소	아니오 속임의 죄책감 증가
13. 표적이 불특정다수인가?	예 속임의 죄책감 감소	아니오
14. 표적과 거짓말하는 사람이 개인적으로 아는 사이인가?	아니오	예 거짓말 탐지자가 개인차로 인한 실수를 피할 가능성이 높아짐
15. 거짓말 탐지자가 거짓말을 의심한다는 사실을 숨겨야 하는가?	예 거짓말 탐지자가 의심을 숨겨야 한다는 부담감에 거짓말하는 사람의 행동을 주의하지 못할 수가 있음	아니오
16. 거짓말 탐지자가 죄를 지은 사람만 아는 정보를 가지고 있는가?	아니오	예 용의자를 심문할 수 있다면 유죄 지식 테스트를 이용할 수 있음
17. 표적이 속고 있다는 사실을 알거나 거짓말을 의심하는 제삼자가 있는가?	아니오	예 속이는 기쁨, 발각의 두려움, 속임의 죄책감이 늘어날 수 있음
18. 거짓말하는 사람과 거짓말 탐지자가 비슷한 언어적, 국가적, 문화적 배경을 가지고 있는가?	아니오 거짓말 단서를 판단하는데 더 많은 실수를 저지를 수 있음	예 거짓말 단서를 해석하는데 유리

	거짓말 탐지가 어렵다	탐지하기 쉽다
거짓말하는 사람에 관한 질문		
19. 거짓말하는 사람이 거짓말에 익숙한가?	예 특히 이런 종류의 거짓말에 익숙한 경우	아니오
20. 거짓말하는 사람이 기발한 거짓말을 잘 꾸며내는가?	예	아니오
21. 거짓말하는 사람이 기억력이 좋은가?	예	아니오
22. 거짓말하는 사람이 감언이설에 능해 설득력이 뛰어난가?	예	아니오

질문	거짓말 탐지가 어렵다	탐지하기 쉽다
23. 거짓말하는 사람이 신뢰 근육의 움직임을 대화의 강조 수단으로 이용하는가?	예 표정을 숨기거나 왜곡하기 쉬움	아니오
24. 거짓말하는 사람이 스타니슬라브스키 연기술을 이용할 수 있는 뛰어난 연기자인가?	예	아니오
25. 거짓말하는 사람이 자신이 한 거짓말을 사실이라고 믿을 가능성이 있는가?	예	아니오
26. 타고난 거짓말쟁이거나 사이코패스인가?	예	아니오
27. 거짓말하는 사람의 성격상 두려움, 죄책감, 속이는 기쁨을 느낄 가능성이 큰가?	아니오	예
28. 거짓말하는 사람이 숨기는 사실에 대해 수치심을 느끼는가?	수치심은 자백하지 못하게 방해를 하지만 수치심에 대한 단서 때문에 거짓말이 발각될 수도 있기 때문에 예측하기 어려움	
29. 의심받을 경우 결백하거나 다른 것에 대해 거짓말을 하는 경우에도 두려움, 죄책감, 수치심, 또는 속이는 기쁨을 느낄만한 사람인가?	예 감정 단서 해석 불가	아니오 이런 감정의 징후가 거짓말 단서임

거짓말 탐지자에 대한 질문	거짓말 탐지가 어렵다	탐지하기 쉽다
30. 거짓말 탐지자가 속이기 힘든 사람이라는 평판을 가지고 있는가?	아니오 특히 거짓말하는 사람이 과거에 거짓말 탐지자를 성공적으로 속인 적이 있는 경우	예 발각의 두려움, 속이는 기쁨 증가
31. 거짓말 탐지자가 잘 믿지 않는 사람이라는 평판을 가지고 있는가?	이런 평판은 속임의 죄책감을 줄일 수는 있지만 발각의 두려움을 늘릴 수도 있기 때문에 예측하기 어려움	
32. 거짓말 탐지자가 공정한 사람이라는 평판을 가지고 있는가?	아니오 거짓말 탐지자를 속이는 죄책감을 느낄 가능성이 적음	예 속임의 죄책감 증가
33. 거짓말 탐지자가 문제를 피하기만 하고 사람들을 좋게만 생각하려는 사람인가?	예 거짓말 단서를 간과할 가능성이 높기 때문에 부정 오류가 발생할 수 있음	아니오

34. 거짓말 탐지자가 표정 단서를 해석하는 데 뛰어난 능력을 가지고 있는가?	아니오	예
35. 거짓말 탐지자가 거짓말하는 사람에 대한 편견을 가지고 있는가?	아니오	예 거짓말 탐지자가 거짓말 단서를 주시하긴 하겠지만 긍정 오류를 저지를 가능성이 큼
36. 거짓말 탐지자가 거짓말을 알아차리지 못할 경우 이득이 되는가?	예 거짓말 탐지자는 의도적이든 무의식적이든 거짓말 단서를 무시하게 됨	아니오
37. 거짓말 탐지자가 거짓말의 사실 여부에 대한 불확실성을 견디지 못하는가?	예측하기 어려움: 긍정 오류나 부정 오류를 저지를 수 있음	
38. 거짓말 탐지자가 감정에 휩싸여 있는가?	아니오	예 거짓말은 발각되겠지만 결백한 사람까지 거짓말을 하는 것으로 잘못 판단할 수 있음(긍정 오류)

텔링 라이즈

Telling Lies

| 제3부 |

어떻게 진실을 간파하는가

제6장

당신은 지금도 속고 있다

대부분의 거짓말이 성공하는 이유는 '아무도 거짓말을 잡아내는 방법을 찾으려고 하지 않기 때문' 이다. 웬만한 거짓말은 그다지 큰 문제가 되지 않으니까. 그러나 거짓말에 속은 피해자가 심각한 피해를 입는다거나, 발각되면 큰 처벌을 받지만 진실한 것으로 속이면 큰 이득을 보는 거짓말은 잡아내야 할 충분한 이유가 있다.

거짓말을 파악하는 것은 간단한 일도 단시간에 할 수 있는 일도 아니다. 실수를 저지를 가능성은 없는지, 있다면 어떤 종류의 실수를 저지르게 되는지, 특정한 행동단서에서 그런 실수를 감지하는 방법은 무엇인지 많은 문제를 고려해야 한다. 거짓말의 성격과 특정한 거짓말쟁이, 그리고 거짓말 탐지자의 성격도 파악해야 한다. 거짓말이 발각될 것인지 진실한 사람이 거짓말을 하지 않았다고 판명될 것인지 아무도 장담할 수가 없다. 거짓말 확인은 주어진 정보를 근거로 추측하는 것일 뿐이다. 그러나 그렇게 추정하는 것만으로도 거짓말을 믿는 실수와 진실을 불신하는 실수를 줄일 수 있다. 적어도 거짓말하는 사람과 거짓말 탐지자가 '거짓말이 발각될 가능성을 예측하는 것'이 얼마나 복잡한지 인식할 수는 있을 것이다.

의심하는 사람은 거짓말 확인을 통해 의심이 사실일 가능성과 그렇지 않을 가능성을 추정해볼 수가 있다. 때로는 확인할 길이 없다는 사실만 알게 될지도 모른다. 오델로가 이 점을 알았다면 얼마나 좋았을까. 그랬다면 자신이 어떤 실수를 저지를 수 있는지, 무엇을 찾고 누구의 말을 들어야 하는지 깨달았을 것이다. 거짓말 확인은 또한 거짓말하는 당사자에게도 유용할 수 있다. 성공할 가능성이 낮다는 생각에 아예 거짓말을 시작하지 않거나 도중에 그만둘 수 있기 때문이다. 때에 따라서는 속이기가 쉽다는 생각에 용기를 내거나 '실수를 저지르지 않기 위해 무엇에 집중해야 하는지' 깨닫게 되기도 한다.

당신이 거짓말을 확인하려면 여기 38가지 질문에 답해야 한다. 그중 대부분은 지금까지 살펴보았던 다른 문제를 설명하는 과정에 이미 언급되었던 것들이다. 이를 활용해 여러 가지 다양한 거짓말을 분석, 하기 쉬운 거짓말과 하기 어려운 거짓말이 있는 이유를 살펴볼 것이다(38가지 질문은 5장의 〈표4〉에 수록되어 있다).

거짓말을 알아채는 법

쉬운 거짓말은 실수를 저지를 일이 적어 거짓말 탐지자가 잡아내기 어려운 반면, 어려운 거짓말은 발각되기가 쉽다. 감정을 숨기거나 꾸며낼 필요가 없고, 연습할 기회가 많으며, 남을 속인 경험이 많고, 남들로부터 의심을 적게 받는 경우에는 거짓말하기가 쉽다. 〈기업의 정글에서 헤드헌터가 간부를 스토킹 하는 방법〉이라는 제목의 신문 기사에 여러 가지 쉬운 거짓말들이 실려 있다.

헤드헌터는 경쟁 기업으로 이직을 유혹할 만한 대상을 찾는다. 그러나 인재를 잃고 싶어 하는 기업은 없기에, 그 대상을 파악하기 위해 직접 해당 기업에 접근할 수는 없다. 뉴욕의 한 회사에 소속된 헤드헌터인 새라 헌터는 산업 조사관으로 가장해 '목표물'로부터 정보를 얻는다고 말했다.

"저희는 교육과 직업과의 상관관계를 연구하고 있는데요, 몇 가지 질문을 좀 해도 될까요? 이름은 말씀하지 않으셔도 됩니다. 직업과 교육에 관한 통계자료만 있으면 되거든요.' 그러고는 그 사람에 관한 모든 것을 묻습니다. 연봉이 얼마인지 결혼은 했는지, 나이가 몇인지, 아이들은 몇 명인지……. 헤드헌팅은 다른 사람 스스로 정보를 털어놓게 하는 사람입니다. 새빨간 거짓말쟁이지요."

또 다른 헤드헌터는 이런 말을 했다.

"파티에서 '무슨 일을 하냐'는 질문을 받으면, 나는 '거짓말을 하고 속이고 훔쳐서 돈을 번다'고 말합니다."

헤드헌터와 달리 매우 어려운 거짓말을 나타내는 사례로, 정신과 환자 메리와의 상담을 들 수가 있다.

의사 : 자, 메리, 오늘은 기분이 어때요?

메리 : 좋아요, 선생님. 빨리 주말이 되어서, 음, 가족들과 함께 지냈으면 좋겠어요. 벌써 병원에 입원한 지도, 어, 5주나 되었거든요.

의사 : 이제는 우울한 기분이 들지 않나요, 메리? 자살하고 싶은 생각, 정말 안 하는 거지요?

메리 : 저도 정말 놀라워요. 이제는 그런 생각이 전혀 들지 않아요. 그냥 집에 가서 남편과 함께 지내고 싶다는 생각뿐이에요.

메리와 새라는 모두 거짓말에 성공했다. 두 사람 모두 거짓말하는 순간에는 그 사실이 들통 나진 않았다. 메리의 경우에는 들통 날 수도 있었다. 모든 면을 따져볼 때 메리는 불리했고 새라는 유리했다. 메리의 거짓말이 더 성공하기 어려운 것이었다. 메리는 또한 노련한 거짓말쟁이가 아니었고, 반면에 거짓말 탐지자인 정신과 의사는 직업상 거짓말을 탐지하기에 여러 가지 유리한 점을 가지고 있다. 거짓말하는 사람과 거짓말 탐지자가 사뭇 다른 경우인 셈이다. 메리의 경우는 감정에 대해 거짓말을 해야 하는 것이었다. 새라의 경우는 그렇지 않았다.

새라와는 달리 메리는 자살충동을 일으키는 괴로움을 숨겨야 할 뿐만 아니라 거짓말 자체에 대해 느끼는 강한 감정까지 숨겨야 했다. 새라의 거짓말은 업무의 일부로 허용된 것이었다. 따라서 별다른 죄책감을 느끼지 않아도 되는 것이었다. 반면에 허용되지 않은 메리의 거짓말은 죄책감을 불러일으켰다. 메리는 자신을 도와주려고 노력하는 의사에게 솔직해야 한다고 생각했었고, 더불어 담당의를 좋아하기까지 했다. 메리는 또 자신이 거짓말을 한다는 사실과 자살 계획을 숨긴다는 사실에 수치심마저 느꼈다. 가장 어려운 거짓말은 거짓말을 하는 순간 느끼는 감정을 속여야 하는 거짓말이다. 감정을 강하게 느낄수록, 숨겨야 하는 감정의 종류가 다양할수록 거짓말을 하기는 더 어려워진다. 지금까지 나는 메리가 괴로움과 더불어 죄책감과 수치심을 느끼는 이유를 설명했다. 이제 거짓말이 아니라 거짓말하는 사람을 분석하면 당사자로서 숨길 수밖에 없는 또 다른 감정이 생기는 이유를 알게 될 것이다.

새라와 비교하면 메리는 거짓말을 연습한 적도 없고 노련하지도 않다. 괴로움과 자살 계획을 숨기려고 해본 적이 없으며 정신과 의사를 속여 본 경험도 없었다. 따라서 연습의 부족으로 발각의 두려움을 느끼게 되는데, 이 두려움은 당연히 감정을 숨겨야 하는 부담감을 가중시켰다. 그녀가 우울증으로 인해 두려움, 죄책감, 수치심을 특히 더 많이 느낄 수 있었으며 이런 감정을 제대로 숨기지 못할 가능성이 컸다.

메리는 의사가 물어볼 만한 질문을 모두 예상해보지 못했다. 그래서 그때그때 거짓말을 꾸며내야 했다. 새라는 이와 정반대였다. 새라는 이런 식의 거짓말을 많이 해보았고 많은 연습이 되어 있었다. 또 그녀는 거짓말에 성공한 경험도 많았다. 할 말을 미리 정해놓고 예행연습까지 했기에 더욱 큰 자신감이 있었다. 새라는 또한 연기 경력이 있다는 장점을 살려 이따금 스스로도 깜빡 속을 정도의 배역을 소화했다.

기업 간부에 비해 정신과 의사는 거짓말을 탐지하는 데 있어 몇 가지 유리한 점을 가지고 있다. 첫째, 이 상담이 첫 만남이 아닌 데다 상담 대상인 메리에 관한 사전 지식을 가지고 있었다. 개인적인 차이를 고려하지 않았을 때 저지르는 브로커 위험을 피할 가능성이 큰 셈이다. 모든 정신과 의사가 숨겨진 감정을 나타내는 징후를 발견하는 법에 대해 훈련받는 것은 아니지만, 이 의사는 그런 기술을 가지고 있었다. 또한 기업 간부와는 달리 의사는 항상 주의해서 환자를 대했다. 한 번 자살 시도를 했던 환자는 병원에 입원한 지 몇 주가 지나면 그곳을 빠져나가 다시 자살하기 위해 감정을 숨길 수 있다는 점을, 의사는 이미 배웠다. 그래서 속임수의 가능성을 항상 예의 주시했다.

메리의 실수는 그녀의 말과 목소리, 몸짓, 표정을 통해 드러났다. 그녀는 거짓말을 연습하지도 않은 데다 그럴듯하게 꾸며대지 못하는 사람이었다. 그래서 단어 선택, 목소리, 표현 실수, 둘러말하는 방식, 일관적이지 않은 내용, 그리고 말의 중단에서 거짓말 단서를 드러냈다. 또한 강한 부정적인 감정으로 인해 말과 높은 목소리 톤에서 실수를 드러냈다. 괴로움, 두려움, 죄책감, 수치심 등 숨겨진 감정을 나타내는 단서 역시 어깨를 으쓱하는 행동이나 자제하는 듯한 움직임, 설명동작의 감소, 이런 네 가지 감정을 나타내는 미세 표정에서 엿볼 수 있었다. 그럼에도 그녀의 담당의는 거짓말 단서를 하나도 감지하지 못했다. 만일 지금 설명한 점을 주시했더라면 그를 비롯한 대부분의 정신과 의사들이 그녀의 거짓말을 감지할 수 있었을 것이다.

새라의 경우 거짓말하기에 이상적인 상황이라 할 수 있다. 감정을 숨길 필요도 없고, 이와 똑같은 거짓말을 여러 번 연습했으며, 예행연습을 할 시간도 있었고, 성공한 경험으로 인해 자신감도 가지고 있었다. 또한 본래부터 타고난 연기 능력을 한층 더 향상시킨 데다 거짓말이 허용되었다는 점도 유리했다. 상대방 역시 첫 만남이라 잘못된 판단을 내릴 가능성이 컸고 의심을 하지도 않았을 뿐 아니라 사람을 판단하는 데 그렇게 뛰어난 능력도 가지고 있지 않았다. 또한 새라의 거짓말은 하기 쉬운 거짓말이었기 때문에 실수를 저지를 이유가 없다.

존 업다이크의 소설 〈결혼해주오〉에서 외도에 빠진 아내 루스의 상황을 보자. 사실 그녀의 거짓말은 실수로 가득 찬, 성공하기 어려운 거짓말이었다. 그러나 거짓말에 속아주려는 남편 때문에 그런 실수가 발각되지 않았다. 루스의 남편인 제리는 그녀가 애인과 통화하는 내용을 엿들었다. 그녀의 목소리가 어딘지 다르다고 느낀 제리는 지금 누구와 통화했느냐고 루스에게 묻는다. 갑자기 거짓말을 들켜 당황한 루스는 주일학교 교사가 전화를 했다고 둘러대지만 제리는 자신이 엿들은 통화 내용과 다르다며 의문을 제기한다. 그러나 제리는 더 이상 캐묻지 않는다. 업다이크는 제리가 '루스의 부정에 대해 맞서지 않을 만한 이유가 있기 때문에 거짓말을 알아차리지 못했다'는 사실을 넌지시 나타낸다. 제리 역시 외도 사실을 숨기고 있었던 것이다. 알고 보니 그 상대는 루스가 만나는 애인의 아내였다!

발각되진 않았지만 하기 어려운 루스의 거짓말과, 전혀 다른 이유로 발각되지는 않지만 매우 쉬운 거짓말을 비교해보자. 이 '쉬운 거짓말'은 사기꾼이 사용하는 거짓말 기법을 최근 분석 자료에서 인용한 것이다.

'미러 플레이Mirror play'란 피해자가 의문을 제기할 만한 점을 사기꾼이 먼저 선수를 쳐서 '의심하지 않게' 만든 후 숨겨진 의도를 가지고 피해자를 대하는 방법이다. 금세기 초반 헝가리의 가장 영리한 사기꾼 존 햄락John Hamrak은 기술자로 가장한 공범과 함께 시청의 한 시의원 사무실에 들어선 그는 '고장 난 시계를 가지러 왔다'고 말했다. 그러나 값비싼 물건이었으므로, 시의원은 시계를 선뜻 넘겨주려 하지 않았다. 햄락은 자신이 사기꾼이 아니라고 입증해 보이려 하지 않았다.

그 대신 시의원의 관심이 시계의 고가에 집중되도록 환기시키면서 '그렇게 귀한 것이기 때문에 자신이 직접 가지러 왔다'고 설명한다. 사기꾼은 피해자의 관심을 가장 민감한 문제로 돌려 원래의 의도를 깎아내림으로써 자신이 연기하는 역할이 진짜인 것처럼 믿게 했다.

거짓말 단서가 있는지 판단하기 위해 고려해야 할 첫 번째 사안은 거짓말을 하는 순간 느껴지는 감정과 거짓말의 관련 여부다. 메리의 거짓말을 분석하면서 설명했듯 가장 어려운 거짓말은 거짓말하는 순간에 느끼는 감정을 속이는 거짓말이다. 물론 감정이 전부는 아니다. 감정을 성공적으로 숨길 수 있을지 판단하기 위해서라도 다른 질문을 해야 한다. 그렇지만 감정을 묻는 것부터 시작하는 것이 좋다.

감정을 숨기는 것이 거짓말의 주된 목적일 때가 있다. 루스의 경우는 아니지만 메리의 경우가 그랬다. 감정을 속이는 거짓말이 아니더라도 거짓말에 대한 감정이 개입될 수 있다. 루스가 발각의 두려움과 속임의 죄책감을 느낄 만한 이유는 많다. 그녀는 외도를 숨기려 했다는 사실이 발각될까봐 두려웠다. 외도를 통해 얻을 수 있었던 즐거움을 계속 누리지 못해서가 아니라 거짓말이 탄로 날 경우 처벌을 받을 수 있기 때문이었다. 그녀가 외도한 사실을 남편인 제리가 알아내면 이혼을 요구당할 수 있었다. 이 경우 외도 사실 때문에 경제적으로 불이익을 받게 될 것이다. (업다이크의 소설은 배우자 한 쪽이 잘못을 저지르지 않아도 쉽게 이혼할 수 있게 만든 무과실 이혼법이 생기기 전에 쓰여졌다.) 무과실 이혼법이 적용되더라도 외도 사실은 아이의 양육권에 불리한 영향을 미친다. 결혼 생활을 계속한다 해도 적어도 한 동안은 두 사람의 관계가 나빠질 것이다.

거짓말이 발각되더라도 모든 거짓말쟁이가 처벌을 받는 것은 아니다. 헤드헌터 새라나 정신과 환자 메리의 경우 거짓말이 탄로 나더라도 처벌받지 않는다. 사기꾼 햄락의 경우 루스처럼 처벌을 받긴 하겠지만 다른 사항들 때문에 발각의 두려움을 덜 느낄 수 있다. 햄락은 이런 식의 거짓말을 해본 경험이 풍부한 데다 거짓말쟁이로서 타고난 능력이 있는 인물이었다. 루스는 비록 남편을 속이는 데는 성공했지만 통화내용을 들킨 이런 상황에서 어떻게 해야 하는지 풍부한 경험이 없었다. 뿐만 아니라 그녀는 자신이 거짓말쟁이로서 타고난 재능을 갖추었다고 생각하지도 않았다.

거짓말이 탄로 날 경우 처벌될 것이라는 사실은 루스로 하여금 발각의 두려움을 크게 하는 한 가지 요인이 되었다. 그녀는 또한 거짓말이라는 행동 자체에 대한 처벌도 두려워했다. 속았다는 사실을 제리가 알게 되면, 외도와는 별도로 '그녀에 대한 불신'이 또 다른 문제를 야기할 것이기 때문이다. 바람난 배우자를 둔 사람 가운데에는 '외도가 아니라 신뢰를 잃었다는 사실' 때문에 용서하기 힘들다고 주장하는 사람들도 있다. 다시 한 번 말하지만 모든 거짓말쟁이가 속였다는 사실 자체로 인해 처벌받는 것은 아니다. 그것은 거짓말하는 사람과 거짓말에 속은 피해자가 '불신으로 인해 위태로워질 수 있는 미래'를 가지고 있을 때만 해당되는 상황이다. 헤드헌터인 새라의 경우 거짓말이 발각된다고 해도, 그저 이 특정한 '목표물'로부터 정보를 얻지 못하게 될 뿐이다. 햄락의 경우에는 기술자로 사칭한 잘못이 아니라 절도나 절도 미수 혐의로 처벌을 받게 된다. 메리 역시 거짓말 자체에 대해서는 처벌을 받지 않는다. 다만 그녀가 거짓말을 했다는 사실이 발각되면 이후 담당의사로부터 더 큰 제재를 받을 것이다.

제리가 의심한다는 사실을 깨달은 루스는 '발각에 대한 두려움'을 한층 더 많이 느낄 것이다. 햄락의 피해자인 시의원 역시 값비싼 시계를 누가 훔쳐갈까봐 의심을 품었다. '미러 플레이'의 전략은 겉으로 드러내지 않은 의심을 직접적으로 제기해 공공연하게 밝힘으로써 피해자의 의심을 없애는 것이다. 피해자는 자신이 두려워하는 점을 구체적으로 밝힐 만큼 절도범이 대담하지 않을 것이라고 생각한다. 이런 논리는 또한 거짓말 탐지자가 중요한 거짓말 단서를 무시하는 요인이기도 하다. 거짓말쟁이가 그런 실수를 저지르지는 않을 것이라고 믿는 것이다. 군사관련 속임수를 분석한 도널드 대니엘Donald Daniel과 케서린 허빅Katherine Herbig은 이렇게 말했다.

"단서가 클수록 너무 분명해서 사실일 리가 없다고 여기며 표적이 의심하지 않을 가능성이 커진다. 군사 작전을 세우는 사람들이 단서를 무시했던 많은 경우, 너무 노골적이어서 절대 속임수일 리 없다고 생각했던 적이 많았다."

메리가 그랬듯 루스 역시 거짓말에 대해 죄책감을 느낄지 모른다. 그렇지만 루스가 외도 사실을 숨기는 것이 마땅하다고 느끼는지는 정확하게 알 수 없다. 외도를 비난하는 사람들도 외도 사실을 배우자에게 고백해야 한다는 데는 동의하지 않는 경우가 있는 것이다. 햄락의 경우는 명확하다. 헤드헌터인 새라와 마찬가지로 그 역시 조금의 죄책감도 느끼지 않는다. 그들이 하는 일에 거짓말도 포함되기 때문이다. 햄락이 범죄자임을 감안한다면 거짓말에 대해 죄책감을 느낄 가능성이 더욱 줄어들 것이다.

루스와 햄락의 거짓말에서 두 가지 요점을 더 발견할 수 있다. 루스는 언제 거짓말을 해야 하는지 예상 못했다. 다시 말해 거짓말을 준비하고 연습할 시간을 갖지 못했다. 이로 인해 일단 거짓말이 시작되었을 때 발각에 대한 두려움이 증폭되었을 것이다. 반면 햄락의 경우, 전문 사기꾼이라면 드문 경우지만 그런 곤란한 처지에 처했다 해도, 루스에게는 없는 임기응변을 발휘할 것이다. 그렇지만 루스에게는 햄락보다 유리한 점이 있었다. 위에서 잠깐 언급한 바 있지만, '나름의 이유 때문에 그녀의 거짓말을 잡아내길 원치 않는', 다시 말해 '자발적으로 속아주려고' 하는 남편이 있다는 점이다. 때때로 이런 피해자는 '상대방이 거짓말을 계속하도록 자신이 공모하고 있다'는 사실조차 깨닫지 못할 때가 있다. 업다이크는 제리와 루스가 이런 공모 사실을 인식했는지 여부를 독자가 알아서 판단하도록 맡기고 있다.

자발적으로 속아주는 피해자는 두 가지 이유로 거짓말을 쉽게 만든다. 실수를 해도 피해자가 눈치채지 못한다는 사실을 눈치채면, 거짓말쟁이는 발각의 두려움을 덜 느끼게 된다. 뿐만 아니라 '피해자가 원하는 대로 해주는 것일 뿐'이라고 믿게 되어 거짓말을 하는 데 대한 죄책감도 줄어들게 된다.

진심을 오해하는 이유

우리는 네 가지 거짓말 사례를 분석해, 메리와 루스의 경우 거짓말 단서가 존재하고 새라와 햄락의 경우 거짓말 단서가 없는 이유를 살펴보았다. 이제는 '진실한 사람이 거짓말을 한 것으로 잘못 판단된 사례'를 통해 거짓말 확인이 그런 잘못된 판단을 방지하는 데 어떤 도움이 되는지 살펴보도록 하자.

제럴드 앤더슨은 이웃집 주부 낸시 존슨을 강간 살해한 혐의로 붙잡혔다. 그녀의 시신을 발견한 이는 한밤중에 일을 마치고 돌아온 낸시의 남편이었다. 앤더슨의 집으로 달려간 그는 아내가 죽었고 아들이 없어졌다고 말하며 앤더슨에게 경찰을 불러달라고 요청했다.

여러 가지 정황상 앤더슨이 용의자로 떠올랐다. 살인사건이 발생한 다음 날 그는 결근을 했고, 동네 술집에서 술을 잔뜩 마시면서 살인사건을 이야기했으며, 집으로 돌아와서는 아내에게 "그러려고 했던 게 아니야. 어쩔 수가 없었어"라는 말을 했는데 누군가 그 소식을 엿들었다고 진술했기 때문이다. 나중에 그는 살인이 아니라 과음한 사실에 대해 말한 것이라고 해명했지만 아무도 그 말을 믿지 않았다.

경찰이 자동차 안에 묻은 얼룩에 대해서 물었다. 앤더슨은 차를 사기 전부터 묻어 있었다고 말했다. 나중에 수사가 진행되는 동안, 그는 아내와 말다툼을 하다가 따귀를 때리는 바람에 아내가 코피를 흘렸다는 것을 밝히기 부끄러워서 거짓말을 했다고 시인했다. 수사관들은 이 점만 봐도 그가 강간살해를 하고도 남을 만큼 난폭한 거짓말쟁이임을 알 수 있다고 여러 차례 앤더슨을 위협했다.

수사가 진행되는 동안, 앤더슨은 열두 살 때 경미한 성범죄에 가담한 적이 있지만 소녀에게 해를 입히지 않았으며 그 후로 다시는 그런 일이 없었다고 털어놓았다. 그러나 그 일을 저질렀던 때가 열두 살이 아니라 열다섯 살이었다는 사실이 나중에 밝혀졌다. 수사관들은 이야말로 그가 상습적인 거짓말쟁이일 뿐 아니라 성적으로 문제가 있다는 증거가 되며, 그래서 그가 이웃 여인 낸시를 강간 살해한 인물이 틀림없다고 주장했다.

결국 거짓말을 탐지하는 데 한 번도 실수를 저지른 적이 없었다는 전문 폴리그래프 검사관, 조 타운센드가 투입되었다. 앤더슨에게 두 번에 걸쳐 긴 검사를 실시했던 타운센드는 이해할 수 없는 상반된 결과를 얻었다. 살인 사건 자체에 대한 질문을 했을 때는 죄책감을 부인한데 대해 거짓말이라는 '삐' 소리가 울렸다. 그러나 살해 도구를 어디에 어떤 식으로 없앴는지에 대한 질문에서는 거짓이 없는 것으로 나타났다. 간단히 말해서 앤더슨은 낸시를 살해한 데 대해서는 '유죄'로, 그녀를 난도질하고 살해한 도구에 대해서는 '결백한' 것으로 나타났던 것이다. 칼이 어디서 났는지, 어떤 종류의 칼이었는지, 어디에다 버렸는지 물었을 때 앤더슨이 '모릅니다'라고 말하자 삐 소리가 나지 않았다. 타운센드는 앤더슨에게 세 차례나 더 검사를 실시했지만 살해 도구에 대해서는 똑같은 결과가 나왔다. 결국 조 타운센드는 앤더슨이 거짓말 탐지기 검사를 통과 못했다고 말했다.

폴리그래프 검사관의 판단 역시 범인을 잡았다는 수사관들의 믿음과 일치했다. 그들은 6일 동안 앤더슨을 심문했다. 수사과정이 녹음된 테이프를 들어보면 지칠 대로 지친 앤더슨이 '결국 저지르지도 않은 범죄를 자백한 것'을 알 수 있다. 거의 심문이 끝날 때까지, 앤더슨은 낸시를 살해하거나 강간한 기억이 없고 자신이 그랬을 리가 없다면서 결백을 주장했다. 그 말에 수사관들은 '살해범이 기억을 상실하는 경우도 있다'고 반박했다. 기억 못한다고 해서 살해하지 않았다는 사실이 입증되는 것은 아니라고 그들은 말했다. 이후 수사관들은

"당신 아내가 남편이 살인범이라는 사실을 진술했다"는 거짓말을 했다. 이 말을 전해들은 앤더슨은 결국 자술서에 서명을 했다. 그러나 나중에 그의 아내는 그런 진술을 한 적이 없다고 부인했다. 며칠 후 앤더슨은 자백한 사실을 번복했다. 그로부터 7개월 후, 또 다른 강간 살해를 저지르는 바람에 붙잡히게 된 진범이 낸시 존슨을 죽였다고 자백했다.

앤더슨이 폴리그래프 검사를 받을 때 '살인에 관한 질문'에 감정적인 반응을 보인 이유는 '살해하지 않았다'는 거짓말에 대한 죄책감 때문이 아니었을 것이다. 폴리그래프 검사는 감정의 고조만 감지할 뿐, 거짓말을 탐지하는 것이 아니라는 점을 명심하자. 그렇다면 문제는 '앤더슨이 낸시를 살해한 경우에만 범죄와 관련된 질문에 감정적으로 고조될 수 있는가' 하는 점이다. 앤더슨이 범죄를 저지르지 않았어도 범죄에 대해 감정적으로 고조될 만한 다른 이유가 있을까? 있다면 폴리그래프 검사로는 그의 유죄 여부를 정확하게 밝힐 수 없다.

범죄를 저지른 대부분의 용의자들이라면 '거짓말이 발각될 경우 가혹한 처벌이라는 대가를 받기 때문에' 두려움을 느낄 것이다. 그렇지만 결백한 사람 중에도 두려움을 느끼는 경우가 있다. 따라서 폴리그래프 검사관은 '기계가 절대 틀리는 법이 없다'고 주지시켜 결백한 사람이 느끼는 불신의 두려움을 줄이고, 죄를 저지른 사람이 느끼는 발각의 두려움을 증폭시켜야 한다. 앤더슨이 불신에 대한 두려움을 느낄 수 있었던 이유는 폴리그래프 검사 전에 벌어진 수사의 특성 때문이었다. 경찰 전문가들은 면담과 심문을 구분한다. 면담은 정보를 얻기 위한 것이지만 심문은 용의자가 유죄라는 가정 하에 죄인 취급을 하며 자백을 강요하는 것이다. 앤더슨을 수사할 때, 수사관들은

'용의자가 유죄라고 확신하는 근거가 있다'면서 강압수사를 벌여 용의자가 결백하다는 주장을 포기하게 만들었다. 진짜 범인을 심문하는 경우 이 방법은 죄책감을 느껴 자백하도록 범인을 위협할 수 있겠지만, 결백한 용의자의 경우 수사관들이 자신을 범인이라고 확신한다는 사실에 두려움을 느끼게 되는 부작용이 있다. 앤더슨은 24시간 동안 끊임없이 이런 식의 수사를 받은 후 폴리그래프 검사를 받았던 것이었다.

살인 질문에 대한 폴리그래프 조사에서 앤더슨이 감정적인 반응을 보인 이유는 '불신에 대한 두려움'뿐 아니라 '수치심과 죄책감'에서 비롯된 것일 수도 있다. 비록 살인을 저지르지는 않았지만 앤더슨은 다른 두 가지 범죄에 대해 수치심을 느꼈다. 수사관들은 그가 아내를 구타한 일과 10대 시절에 성범죄를 저지른 일을 알고 있었다. 그들은 이런 사건들을 반복적으로 들먹이며 앤더슨이 충분히 강간살해를 저지를 수 있는 사람이라고 압박했다. 이것 역시 앤더슨이 느끼는 수치심과 죄책감을 증폭시켜 살인사건과 연관된 감정이 나타났는지도 모른다.

앤더슨의 거짓말 확인은 사람의 표정, 몸짓, 목소리, 말, 자율신경계 활동을 통해 드러나는 두려움, 수치심, 죄책감 같은 징후가 뚜렷한 거짓말 단서가 되지 못하는 이유를 설명해준다. 이런 감정들은 앤더슨이 결백하더라도 진짜 범인과 마찬가지로 표면에 드러날 가능성이 크다. 수사관들이 몰랐던 아래의 사건을 살펴보면 앤더슨의 반응이 거짓말인지 아닌지 확인하기 불가능하다는 사실을 알 수 있다. 앤더슨이 풀려난 후 그의 석방을 도운 제임스 펠란 기자는 폴리그래프 검사를 '통과 못한' 이유가 무엇이었는지 물었다. 그러자 앤더슨은 자신이 저지르지 않은 범죄에 감정적인 반응을 보였던 또 다른 요인을 밝혔다. 낸시의 살인사건이 있었던 그날 밤, 앤더슨은 경찰관과 함께 낸시의 집으로 들어갔고 벌거벗은 낸시의 시신을 두세 차례 보았다. 그러고는 자신이 철모르던 과거에 저질렀던 일이 얼마나 끔찍했는지 깨달았다. 살인은 아니지만 그는 마음속으로 '과거 잘못에 대한 죄책감과 수치심'을 느끼고 있었던 것이다. 더불어 앤더슨은 수사관과 폴리그래프 검사관에게 그런 사실을 털어놓지 않았을뿐더러 거짓말까지 했는데, 그로 인한 죄책감을 느껴야 했다.

앤더슨의 수사관들은 오델로의 실수를 저질렀다. 오델로처럼 그들도 용의자가 감정적으로 고조된 사실을 알아차렸다. 그리고 그들의 실수는 오델로가 그러했듯 용의자의 감정이 고조된 원인을 잘못 파악했다는 데 있다. 데스데모나의 괴로움이 연인을 잃은 사실에서 비롯된 것이 아니었듯이 앤더슨이 느끼는 수치심, 죄책감, 두려움 역시 살인사건이 아니라 그가 저질렀던 다른 범죄와 연관되어 있었다. 오델로처럼 수사관들도 용의자에 대해 가지고 있던 선입견에 스스로 속아 넘어간 것이다. 그들 역시 용의자가 거짓말을 하는지 안하는지 알 수 없다는 불확실성을 견딜 수가 없었다. 그런데 수사관들은 '결백한 사람은 알 수 없고 오직 범죄를 저지른 사람만이 알고 있는 정보', 다시 말해 살해도구 등에 관한 구체적인 사항을 알고 있었다. 폴리그래프 검사를 받으면서 칼에 관한 질문에 앤더슨이 아무런 반응을 보이지 않았다는 것은 그래서였다. 폴리그래프 검사관은 똑같은 검사를 세 차례나 반복할 것이 아니라 범인만이 알 수 있는 범죄 관련 정보를 이용해 유죄 지식 테스트를 구성했어야 했다.

사기꾼인 햄락과 살인 누명을 쓴 앤더슨의 사례는 '범인의 거짓말을 잡아내는 일'을 어렵게 만드는 두 가지 실수를 보여준다. 햄락이라면 수사를 받을 때나 폴리그래프 검사를 받을 때 감정적인 반응을 보이지 않을 것이다. 따라서 어떤 잘못도 저지르지 않은 결백한 사람처럼 보일 것이다. 거짓말 확인은 이처럼 경험 많고 전문적인 타고난 거짓말쟁이나 사이코패스가 거짓말을 할 때 거의 실수를 저지르지 않는 이유를 확실하게 설명해준다. 햄락의 사례는 거짓말을 믿는 실수를, 앤더슨의 사례는 정반대로 진실을 불신하는 실수의 피해자가 된 경우다.

범죄 용의자를 수사하는 데 폴리그래프 거짓말 탐지기나 표현 단서를 이용하는 것이 금지되어야 한다고 주장하려는 것은 아니다. 거짓말을 탐지하는 작업에서 행동단서를 이용하는 것을 막을 수는 없다. 타인에 대해 갖게 되는 인상은 일정 부분 '상대방의 의미심장한 행동'에서 비롯되기 때문이다. 그런 행동은 진실성 외에도 많은 것에 관한 느낌을 전달한다. 인상적인 행동이란 그 사람이 친절한지, 외향적인지, 권위적인지, 매력적인지, 똑똑한지, 남이 하는 말을 흥미로워하거나 이해하는지 등의 인상을 주는 요소들이다. 대개 그런 인상은 어떤 행동 단서를 고려하는지 깨닫지 못하는 상태에서 자신도 모르게 형성된다. 앞서 나는 그런 판단을 의식적으로 내릴 수 있다면 '실수를 저지를 가능성이 줄어들 것'이라고 믿는 근거를 설명했다. 무엇을 보고 타인에 대한 인상을 갖게 되는지 특정한 행동을 해석하는 규칙을 깨닫는다면, 실수를 바로잡을 가능성이 커진다. 한 사람의 판단에 대해 동료 등이 이의를 제기할 수도 있으며 경험을 통해 옳은 판단과 실수를 구별하는 법을 배울 수도 있다. 대부분의 경찰 훈련 과정에서는 속임수의 행동단서를 강조하지 않는다. 수사관들 대부분 '누가 유죄이고 누가 결백한지 직감적으로 느끼는 명확한 근거'를 알지 못할 것이라고 나는 생각한다. 폴리그래프 거짓말 탐지기 훈련 등 일부가 비언어적인 거짓말 단서를 강조하긴 하지만 거짓말 행동단서에 관해 그들이 가지고 있는 정보는 너무 오래된 것이거나 입증되지 않은 것들이다. 그런 단서가 오해될 수 있는 경우가 언제인지 그들은 거의 관심을 두지 않고 있다.

범죄 수사에 거짓말을 나타내는 행동단서를 이용하지 못하게 금지하는 것은 불가능한 일이다. 만약 그것이 가능하다면 과연 정의가 실현될 수 있을지 확신할 수 없다. 진실한 사람이 누명을 쓰고 감옥에 갇히거나 사형을 당하거나 살인범이 기소를 모면할 수도 있는 거짓말들은 모든 법적인 조치를 취해 밝혀내야 한다. 다만 그런 단서를 해석하는 절차를 좀 더 명확하게 신중하게 체계적으로 만들어야 한다고 생각한다.

실수를 할 수 있는 가능성에 대해 나는 여러 차례 강조했다. 거짓말 탐지자가 〈표4〉의 거짓말 체크리스트에 담겨 있는 질문을 일일이 고려한다면 거짓말을 탐지하거나 진실을 인식할 가능성을 늘릴 수 있을 것이다. 수사관이 거짓말 단서를 포착하는 방법을 훈련하고, 위험성과 예방책을 배우며, 거짓말 확인 절차를 밟는다면 진실을 불신하는 실수와 거짓말을 믿는 실수를 줄일 수 있을 것이다. 그래서 보다 정확한 판단을 내릴 수가 있을 것이다. 하지만 나의 생각이 맞는지 확인하기 위해서는 수사관과 범죄 용의자들을 연구하는 현장조사가 더욱 다양하게 실시되어야 한다.

전쟁도 불사한 속임수

국제적인 위기 상황에서 적대 관계에 있는 국가 원수들이 만날 때는 범죄 수사보다 더 치명적인 속임수가 이루어질 수 있다. 그것을 감지하는 것은 한층 더 위험하고 어려운 일이다. 이때 진실을 불신하거나 거짓말을 믿는 잘못된 판단에 따른 대가는 가장 악랄한 범죄 속임수의 대가보다도 크다. 그럼에도 국가 원수나 고위급 관료들이 만나는 자리에서 이루어지는 거짓말과 거짓말 탐지에 관한 중요성을 인식하는 정치학자는 그다지 많지 않다. 알렉산더 그로스Alexander Groth는 이렇게 말했다.

> "상대방의 태도, 의도, 진실성을 파악하는 일은 정책 평가에 중대한 역할을 한다."

국가 원수라면 뻔뻔한 거짓말쟁이라는 평판을 얻고 싶지 않을 것이다. 그러나 "성공적인 거짓말로 국제 사회 속에서 기본적인 세력 구도를 바꿀 수 있다면 그 정도 부작용은 문제가 되지 않는다. 거짓말로 인해 한 나라가 세계 속에서 지배적인 입지를 갖게 된다면 거짓말쟁이라는 평판쯤은 그다지 문제가 되지 않을 것이다."

로버트 저비스Robert Jervis의 말이다.

이 의견에 헨리 키신저Henry Kissinger 전 미 국방장관은 동의하지 않는 것 같다. 그는 거짓말과 속임수가 현명하지 못한 관행이라고 꼬집으면서 다음과 같이 말했다.

> "속임수로 협상의 우위를 차지할 수 있다고 생각하는 사람은 몽상가

밖에 없다. 외교관에게 속임수는 현명한 선택이 아니라 재앙에 이르는 지름길이다. 같은 사람과 반복적으로 협상해야 하기에 기껏해야 단 한 번만 속일 수 있을 뿐, 그러다가 관계가 '영원히' 경색될 수도 있다."

외교관이란 외교관직을 그만두고 난 후에야 거짓말의 중요성을 인식할 수 있는 사람들인지도 모른다. 키신저가 아직도 같은 생각을 가지고 있는지 확인할 길은 없다. 어쨌거나 그의 외교적인 노력에는 은폐와 반 은폐라고 일컫는 거짓말에 가담했던 사례들은 물론, 상대방이 은폐나 왜곡을 하는 것은 아닌지 의심했던 사례들 또한 많다.

이 점에 관해 스탈린은 좀 더 직설적으로 표현했다.

"외교관의 말과 행동은 서로 전혀 관련이 없어야 한다. 그렇지 않다면 그걸 외교라고 할 수 있겠는가? 좋은 말이란 나쁜 행동을 숨기는 것이다. 진실한 외교는 메마른 물이나 철로 된 나무만큼이나 불가능한 일이다."

확실히 지나치게 극단적인 표현이긴 하다. 외교관들도 때때로 진실을 말할 때는 있으니까. 물론 언제나 그러는 것은 분명 아니며, 솔직하게 대하는 것이 자국에 상당한 불이익을 초래하는 경우에는 그런 일이 더 드물다. '오직 한 가지 정책만이 국가의 이익을 증진시킬 수 있는데 다른 국가들이 그걸 예상하고 있다' 면, 거짓말은 문제가 되지 않을 것이다. 거짓이라는 것이 너무나 극명하게 드러나기 때문에 속이려고 들지도 않을 것이다. 그렇지만 대개는 이보다 문제가 애매하다. 나중에 거짓 행동이 발각되는 한이 있더라도 상대 국가가 비밀 행동, 속임수, 거짓 선언을 통해 이익을 볼 수 있다고 믿는다면 자국의 이익에 대한 평가나 상대 국가의 말·행동을 판단하는 것만으로는 충분하지 않다. 거짓말에 대해 의심 받는 국가는 실제로 진실한 국가와 마찬가지로 자국이 진실하다고 주장할 것이다. 저비스는 이렇게 말한다.

> "핵 실험 금지 조약에 관해 러시아가 거짓말을 하던 안 하던, 그들은 정직하다는 인상을 주려고 노력할 것이다. 정직한 사람과 거짓말쟁이 모두 사실대로 말할 것이냐는 질문을 받으면, 그들은 그렇다고 대답할 것이다."

각국 정부가 적대 국가들의 거짓말을 감지할 수 있는 방법을 찾는 것은 어쩌면 당연한 일이겠다. 국제적인 속임수는 여러 가지 정황 속에서 다양한 국가적인 목적을 위해 이루어질 수 있다. 그 중 한 가지는 이미 언급한 것처럼 국가 원수나 국가 원수를 대신하는 고위 관료가 국제적인 위기를 해결하기 위해 회담을 하는 경우다. 양국은 진정한 의도를 들키지 않으려고 허세를 부리면서 최종안이 아닌 것을 최종안인 것처럼 제시할 수 있다. 양국은 또한 때때로 '그런 위협이 허세가 아니고 그런 제안이 최종안이며 그런 의도가 실현될 것이라고 적국이 인식하는지' 확인하기도 한다.

거짓말 기술이나 거짓말 탐지 기술은 또한 기습 공격을 은폐하거나 파악하는 데 중요한 역할을 한다. 정치학자 마이클 핸델Michael Handel 은 제3차 중동전쟁의 막전막후에 대해 다음과 같이 설명했다.

"1967년 6월 2일 이스라엘 정부는 전쟁이 불가피하다는 사실을 명확하게 깨달았다. 문제는 양국이 모두 전시 경계태세를 유지하고 있는 상황에서 어떻게 기습공격을 성공할 수 있는가였다. 전쟁에 돌입하겠다는 의도를 은폐하기 위한 속임수 작전으로 이스라엘 국방장관 다얀Dayan은 6월 2일 영국 기자에게 '이스라엘이 전쟁에 돌입하기에는 한편으로 너무 이르고 다른 한편으로 너무 늦었다'고 말했다. 그리고 6월 3일 기자회견에서도 이 말을 반복했다."

이스라엘이 적국을 속이기 위해 이 방법만 동원한 것은 아니지만, 6월 5일 기습공격을 성공하기까지 다얀의 거짓말 능력은 큰 몫을 했다.

국가적인 거짓말의 또 다른 목적은 자국의 군사력을 속이는 것이다. 1919년부터 1939년까지 독일의 비밀 무장에 대해 분석한 바톤 웨일리Barton Whaley는 독일이 얼마나 능란한 거짓말을 했는지 여러 사례를 보여준다.

1938년 8월 히틀러의 압력으로 체코슬로바키아의 위기가 고조되고 있을 때, 독일 공군 준장 헤르만 괴링Hermann Goring은 루프트바페Luftwaffe를 사찰하라며 프랑스 공군 참모총장을 초청했다. 공군 참모총장 조세프 뷔유맹Joseph Vuilemin은 즉각 초청에 응했다. 독일 장군인 에른스트 우데트Ernst Udet가 뷔유맹을 개인 전용기에 태웠다. 우데트는 그 느린 비행기를 거의 멈추다시피 천천히 몰면서 방문객을 위해 치밀하게 계획한 순간이 다가오기를 기다렸다. 잠시 후, 하인켈 He-100 전투기가 흐릿한 형체와 '쉬익' 하는 소리만 남긴 채 전속력으로 날아갔다. 두 비행기가 모두 착륙했고 독일군은 놀라움을 금치 못하는 프랑스 방문객에게 사찰을 허용했다.

"우데트 장군, 대량 생산까지 얼마나 남아 있습니까?"

독일군 장군 밀크Milch가 지나가는 말처럼 물었다. 그러자 우데트가 대답했다.

"아, 두 번째 생산 라인은 준비를 마쳤고 세 번째는 2주 안에 준비될 겁니다."

기가 죽은 뷔유맹은 무심결에 밀크를 향해 '충격적이군요'라고까지 말했다. 프랑스 공군 시찰단은 루프르바페가 천하무적이라는 패배주의적인 결론을 가지고 파리로 돌아가야 했다.

속임수로 속력이 부풀려진 He-100 전투기는 겨우 세 대만 제작되었던 시제기 중 하나에 불과했다. 무적의 공군력을 과시하는 이런 식의 속임수는 히틀러 외교 협상 수단의 중요한 요소였으며, 이는 그에게 연거푸 놀라운 승리를 가져다주었다. 유화정책은 루프트바페에 대한 두려움을 기반으로 이루어진 것이기도 했다.

국제적인 속임수를 쓰기 위해 거짓말쟁이와 표적이 항상 직접 만날 필요는 없지만 이 사례는 직접 대면해 속임수를 쓰는 대표적인 경우에 해당할 것이다. 이런 경우, 상대방의 진실성을 판단하기 위해 폴리그래프 등을 사용할 수는 없다. 이 때문일까, 지난 십 년간 '거짓말을 나타내는 행동단서의 과학적인 연구를 활용하는 것이 가능한가'의 문제에 대한 관심이 모아졌다.

'프롤로그'에서 나는 미국 정부 관료들과 다른 나라 정부 관료들을 만났을 때, 그런 사람들이 위험성에 대한 나의 경고에 별다른 관심을 보이지 않았다고 설명했다. 이 책을 쓰게 된 동기 중 하나는, 내가 만났던 몇 안 되는 관료들뿐 아니라 좀 더 많은 사람들에게 다시 한 번 주의 깊은 경고를 하기 위해서였다. 범죄 속임수와 마찬가지로 선택은 간단하지 않다. 거짓말의 행동단서는 국가 원수나 대변인의 거짓말을 확인하는 데에도 도움이 될 수 있을 것이다. 문제는 그게 언제 가능하고 언제 가능하지 않은지, 국가 원수가 거짓말 단서에 대한 자기 자신이나 전문가의 평가에 속을 때가 언제인지 판단하는 것이다.

이 책의 처음에서 인용되었던 사례로 되돌아가 보자. 1938년 9월 15일 뮌헨 회담이 있기 15일 전의 베르히테스가덴에서 체임벌린은 처음으로 히틀러를 만났다. 히틀러는 유럽을 상대로 전쟁을 할 계획이 없다는 점과 체코슬로바키아 주데텐에 거주하는 독일인들의 문제만 해결하길 바랄 뿐이라고 체임벌린을 설득했다. 대부분 독일인이 거주하고 있는 체코슬로바키아 주데텐 지방에서 국민투표를 실시, 주민들이 찬성할 경우 그 지방을 독일 영토에 합병시키겠다는 계획에 영국이 따라주기만 한다면 전쟁을 일으키지 않을 것이라고 히틀러는 말했다. 그렇지만 전쟁은 비밀리에 준비되고 있었다. 일찌감치 군대를 동원한 히틀러는 10월 1일 체코슬로바키아를 공격할 예정이었다. 무력 정복에 대한 그의 야욕은 거기에서 그치지 않았다. 히틀러와의 첫 회담 후, 체임벌린이 자신의 누이에게 보냈다는 편지 내용을 다시 한 번 살펴보자.

"히틀러는 자신이 한 말은 지키는 사람 같았다."

반대당인 노동당 대표들의 비난이 일자 체임벌린은 한 술 더 떠

"히틀러는 인상에 비해 말을 더 믿을 수 있는 사람"이라고 응수하기까지 했다.

일주일 후 체임벌린은 고데스베르그에서 두 번째로 히틀러와 회담을 가졌다. 이번에는 히틀러가 새로운 요구를 했다. 주데텐 지방의 독일인들이 사는 지역을 독일군이 즉시 점령해야 하며, 독일군이 점령하기 전이 아니라 점령한 후에 국민투표가 이루어져야 한다고 주장한 것이다. 회담이 끝난 후 체임벌린은 히틀러의 요구를 수락하도록 의회를 설득하기 위해 이렇게 말했다.

"사람들의 행동을 이해하기 위해서는 동기를 판단하고 마음이 어떤 식으로 작용하는지 봐야 합니다. 히틀러는 마음이 편협하고 특정한 주제에 관해 지나치게 편견을 가지긴 했지만, 자신이 존중하고 직접 협상했던 사람을 의도적으로 속일 만한 사람은 아닙니다. 나는 히틀러가 나를 어느 정도 존경한다고 확신합니다. 히틀러는 한다면 하는 사람입니다."

체임벌린의 말에 역사학자인 텔포드 테일러는 이런 질문을 제기했다.

"히틀러가 체임벌린을 완벽하게 속인 것일까? 아니면 히틀러의 요구를 의회가 수락하도록 하기 위해 체임벌린이 동료들을 속인 것일까?"

테일러가 그랬듯, 적어도 베르히테스가덴에서 있었던 첫 회담에서만은 체임벌린이 실제로 히틀러를 믿었다고 생각하자. [1]

이 거짓말의 대가는 대단히 높았지만, 히틀러는 발각에 대한 두려움을 별로 느끼지 않았을 것이다. 그에게는 속아주려는 피해자가 있었기 때문이다. 히틀러 자신의 거짓말이 탄로 날 경우, 체임벌린은 히틀러에 대한 유화정책이 전체적으로 실패했다는 사실을 깨닫게 될 것이었다. 당시 유화정책은 수치스러운 게 아니라 존경할 만한 정책으로 여겨지고 있었다. 그러나 몇 주 후 히틀러는 기습공격을 감행했다. 더불어 체임벌린이 속았다는 사실이 알려지면서 그에 대한 평가 또한 180도 달라졌다. 히틀러는 유럽을 무력으로 장악하기로 마음먹었다. 히틀러가 믿을 만한 사람이었다면, 그래서 약속을 지켰다면, 체임벌린은 전쟁으로부터 유럽을 구해낸 영웅이라는 세계의 칭송을 받았을 것이다. 체임벌린은 히틀러를 믿고 싶어 했으며 히틀러는 그 점을 간파하고 있었다.

히틀러가 발각에 대한 두려움을 별로 느끼지 않았던 또 다른 요인은 언제 어떻게 거짓말을 해야 하는지 정확하게 알기에 충분히 연습할 수 있었다는 점이다. 거짓말에 대해 히틀러가 죄책감이나 수치심을 느낄 만한 이유는 전혀 없었다. 그는 영국을 속이는 것을 '직책상 필요한 일이자 역사적으로도 요구되는 명예로운 행동'이라고 여겼다. 히틀러 같은 지도자만 적국을 속이는 데 대해 수치심과 죄책감을 느끼지 않는 것은 아니다. '국제 외교에서 거짓말은 당연한 것이며 국익에 위배될 때만 문제시 된다'고 생각하는 정치 분석가들이 많다. 히틀러로부터 찾아낼 수 있는 유일한 거짓말 단서는, 아마 '속이는 기쁨'일 것이다. 소문에 의하면 히틀러는 영국을 속이는 걸 즐겼다고 한다. 더구나 다른 독일인들이 지켜보는 상태에서 체임벌린을 멋지게 속였으니 히틀러가 느끼는 기쁨과 흥분은 증폭되었을 것이다. 그렇지만 히틀러는 매우 치밀한 거짓말쟁이였기에 이런 감정이 드러나지 않도록 충분히 조심했을 것이다.

거짓말쟁이와 표적의 문화·언어가 서로 다를 경우, 여러 가지 이유로 거짓말을 탐지하기가 훨씬 더 어려워진다. 그로쓰는 거짓말이 성공하는 방법과 이유에 대해서는 설명하지 않았지만 이렇게 말한다. "(지도자들이 받는) 개인적인 인상은 두 나라 사이에 정치적, 이념적, 사회적, 문화적 차이가 클수록 올바르지 않을 가능성이 크다." 따라서 히틀러의 거짓말 단서가 혹 드러났다 해도 체임벌린이 이를 포착하기는 어려웠을 것이다. 더욱이 그들은 통역사를 두고 대화를 나누었다. 이 경우 거짓말쟁이는 직접 대화를 나눌 때보다 두 가지 점에서 유리해진다. 먼저 실언이나 긴 말 중단, 표현의 실수 등 언어적인 실수를 통역사가 덮어줄 수 있다. 또한 자신이 한 말이 통역되는 동안 '다음 부분을 어떤 식으로 속일지' 생각할 수 있는 시간적인 여유를 가질 수가 있다. 듣는 사람으로서는 거짓말하는 사람의 언어를 이해한다고 해도 모국어가 아니기 때문에 거짓말 단서가 될 수 있는 표현의 미묘한 차이를 놓칠 가능성이 크다.

국가·문화적 배경 차이 역시 말과 표정, 몸짓을 통해 드러나는 거짓말 단서의 해석을 좀 더 복잡하고 어렵게 만들 수 있다. 문화마다 말의 내용을 설명하는 손짓과 표정은 물론 말의 속도·톤·크기까지 좌우하는 고유한 스타일을 가지고 있다. 표정과 목소리를 통한 감정의 징후 역시 앞에서 설명한 '감정표현을 통제하는 표현 규칙'에 의해 좌우된다. 이 역시 문화에 따라 다르다. 거짓말 탐지자가 이런 차이점을 인식하지 못하거나 잘못 알고 있다면 진실을 불신하거나 거짓말을 믿는 실수를 저지르기 쉽다.

정보 요원이라면 히틀러와 체임벌린이 회담을 하던 당시에 이런 분석이 얼마나 가능했을지 궁금할 것이다. 그 당시 벌어진 역사적 사실을 신문기사로 접하면서, 나는 1938년 당시에 '적어도 일부 사람들'은 내가 판단했던 많은 부분을 분명하게 느꼈을 것이라고 생각했다. 체임벌린이 히틀러의 말을 믿고 싶었던 이유는 무엇이었을까. 거기에는 상당히 중요한 문제가 걸려 있었다. 따라서 히틀러의 진실성을 판단하는 데 체임벌린이 더욱 신중해야 한다는 점을, 당사자가 아니라면 다른 누구라도 깨달았어야 했다. 체임벌린은 잘난 척을 많이 하고 다른 정치인들보다 자존심이 센 인물이었다. 따라서 곁에 누가 그런 경고를 한다 해도 받아들이려 하지 않았을 것이다.

베르히테스가덴 회담이 열릴 무렵, 영국을 속이려는 히틀러의 의지는 확고했다. 히틀러가 쓴 《나의 투쟁》을 읽거나 믿지 않았어도, 체임벌린은 충분히 알 수 있었을 것이다. '영독 해양협정 위반' 사실을 은폐한 사건이나 오스트리아를 점령하려는 의도를 속인 일 등 이전에서 여러 가지 사례가 있었던 것이다. 히틀러를 만나기 전에는 체임벌린도 히틀러가 유럽 정복 계획을 숨기고 체코슬로바키아에 관해 거짓말을 하는 게 아닌지 의혹을 품기도 했다. 히틀러는 또 외교 · 군사적 계략뿐만 아니라 직접적인 만남에서도 상대방을 속이는 능력이 뛰어난 사람이라고 알려져 있었다. 그는 상대의 마음을 사로잡거나 때로는 화를 내기도 하면서 좋은 인상을 주거나 위협을 가했고, 감정과 계획을 감추거나 왜곡하기도 했다.

1938년 영국과 독일의 관계에 정통한 정치학 전문가와 역사학자라면, 당시에도 이 책의 '거짓말 체크리스트'에 수록된 질문에 답할 수 있을 만큼 정보가 충분했다는 나의 주장이 맞는지 틀린지 판단할 수 있을 것이다.

히틀러와 체임벌린의 회담을 통해, 거짓말에 대해 배울 수 있는 다른 교훈도 있다. 그에 앞서, 행동단서를 통해 지도자의 거짓말이 드러나는 또 다른 사례부터 살펴보도록 하자.

쿠바 미사일 위기가 발발하면서 존 F. 케네디 대통령과 구 소련 외무부 장관 안드레이 그로미코Andrei Gromyko 사이에 회담이 열릴 예정이었다. 그러나 회담이 있기 이틀 전인 1962년 10월 14일 화요일, 케네디 대통령은 맥조지 번디McGeorge Bundy로부터 공중촬영을 통해 구 소련이 쿠바에 미사일을 설치하고 있다는 명백한 증거를 확보했다는 보고를 받았다. 구 소련이 쿠바에 미사일을 배치했다는 소문은 이전에도 여러 차례 있었다. 더불어 11월 선거까지 다가오는 상황에서, 정치학자 그레햄 앨리슨에 따르면 후르시초프Khrushchev는 "가장 직접적이고 개인적인 통로를 통해 '케네디 대통령의 대내적인 문제를 이해하고 있으며, 그걸 복잡하게 만들 생각이 조금도 없다' 는 의사를 케네디 대통령에게 전달했다." 특히 후르시초프는 구 소련이 쿠바에 공격용 미사일을 설치하는 일은 절대 없을 것이라고 장담했다. 아서 쉴레싱어Arthur Schlesinger에 따르면 미사일 설치 소식을 들은 케네디 대통령은 크게 분노했다고 한다. 시오도어 소렌슨Theodore Sorenson은 이렇게 회고한다.

"후르시초프가 자신을 속였다는 데 화가 났지만 케네디 대통령은 차분한 태도로 그 소식을 전해 들었다. 그러나 놀란 표정만은 역력했다."

또 당시 미 국무부 소속 로저 힐스만Roger Hilsman은 이렇게 말했다.

"로버트 케네디는 'CIA가 그날 아침 U-2 정찰기가 촬영한 사진을 설
명했을 때 우리는 그 모든 것이 새빨간 거짓말이라는 사실을 알아차
렸다'고 말했다. 그날 모인 대통령의 참모들은 정부가 어떤 조치를 취
해야 할지 고민했다. 케네디 대통령은 '행동방침을 결정하고 준비가
완료되기 전까지, 소련이 쿠바에 미사일을 설치했다는 걸 우리가 알
고 있다는 사실이 절대 공개되어서는 안 된다'고 말했다. 보안이 필수
적이었다. 대통령은 워싱턴 역사상 단 한 번도, 어떤 정보의 유출도
있어서는 안 된다고 못 박았다."

이틀 후인 10월 16일 목요일, 참모들이 여전히 미국의 대응 조치를
논의하고 있을 때 케네디 대통령은 그로미코를 만났다.

"그로미코는 일주일 넘게 미국에 머무르고 있었다. 그러나 미국 관료
들 중에 그 이유를 아는 사람은 아무도 없었다. 그는 U-2 공중 촬영
증거가 제시되었을 때쯤 백악관 접견을 요청했다. 러시아가 U-2 정
찰기를 발견한 것일까? 그래서 미국이 어떤 반응을 보일지 떠보기 위
해 케네디 대통령을 만나자고 한 걸까? 아니면 미국이 행동을 개시하
기 전, 미사일 배치에 성공했다는 발표를 하고 있다는 것을 후르시초
프는 백악관에 전하고 싶었던 것일까? 케네디는 회담 시간이 다가오
자 불안한 기색을 감추지 못했다. 그러고는 가까스로 미소를 지으며
그로미코와 소련 대사 아나톨리 도브리닌Anatoly Dobrynin을 집무실로
맞았다."

소렌슨이 회고하듯, 미국은 아직 행동을 개시할 준비가 되어 있지 않았다. 그래서 케네디는 구 소련이 더 유리한 입장에 놓이는 것을 막기 위해 '배치된 미사일을 발견했다는 사실을 숨기는 것'이 중요하다고 믿었다. **2**

회담은 오후 5시에 시작되어 저녁 7시 15분까지 계속되었다. 미국 측에서는 국무 장관인 딘 러스크Dean Rusk, 전 주 소련 미국 대사 렐웰린 톰슨Llewellyn Thompson, 독일문제 사무국장 마틴 힐드브랜드Martin Hildebrand가 회담에 참석했고, 구 소련 측에서는 외무부 차관인 블라디미르 세메노Vladimir Semenor와 또 다른 관료가 회담을 지켜보았다. 양측의 통역관들도 회담에 참석했다.

"케네디 대통령은 벽난로와 마주한 흔들의자에 앉아 있었고 그로미코는 대통령 오른편의 베이지색 소파에 앉았다. 사진 기사가 들어와 기념사진을 찍고 나갔다. 그러자 러시아 관료들은 줄무늬 쿠션에 몸을 기대고 입을 열었다."

먼저 베를린에 관해 장황한 말을 늘어놓은 그로미코는, 마침내 쿠바 건에 대한 이야기를 꺼냈다. 로버트 케네디는 그 당시 상황을 이렇게 회고한다.

"그로미코는 미국과 케네디 대통령에게 후르시초프와 소련을 대신해 쿠바와 관련된 긴장상황을 완화시키길 원한다고 말했다. 그 말을 들은 케네디 대통령은 깜짝 놀라면서도 그로미코의 대담함에 감탄하지 않을 수 없었다. 대통령은 도발을 우려해 자제하면서도 단호하게 말했다."

이어지는 엘리 에이블 기자의 설명이다.

"대통령이 '쿠바의 미사일은 대공 미사일일 뿐'이라는 후르시초프와 도브리닌의 반복적인 확언을 언급하면서 그로미코에게 솔직하게 말할 수 있는 기회를 주었다. 그로미코는 고집스럽게 같은 말만 반복할 뿐이었지만 대통령은 이제 그것이 거짓말이라는 것을 알고 있었다. 그러나 케네디 대통령은 사실을 들이대며 반박하지 않았다."

케네디는 긴장하거나 화를 내는 기색 없이 태연하게 대처했다. 백악관을 나서는 그로미코는 유난히 즐거워 보였다. 회담에서 어떤 말이 오고갔냐고 기자들이 묻자, 그로미코는 확실히 기분이 좋은 듯 기자들을 향해 미소를 지으면서 '회담이 아주 유익했다'고 말했다.

로버트 케네디는 그로미코가 떠난 직후 백악관에 들렀다. 대통령은 구 소련 대표에 대해 불쾌감을 표시했다.

정치학자 데이빗 데처David Detzer에 따르면 케네디 대통령이 "증거를 들이대고 싶어 죽을 지경이었다"고 말했다고 한다. 케네디 대통령은 집무실에 들어온 로버트 러벳Robert Lovett과 맥번디McBundy에게 "불과 10분 전에, 바로 이 방에서, 그로미코는 그렇게 짧은 시간 동안 내가 여태까지 들어본 중에서 가장 뻔뻔한 거짓말을 늘어놓았다. 그가 부인하는 내내, 나는 책상 가운데 서랍에 넣어두었던 저공 공중촬영 사진을 끄집어내어 그에게 들이대고 싶은 마음이 굴뚝같았다"라고 말했다.

먼저 도브리닌 대사부터 살펴보자. 아마도 그 회담 중에 거짓말을 안 한 사람은 그가 유일할 것이다. 로버트 케네디는 회담 전에 있었던 자신과의 만남에서 '쿠바에 미사일이 없다'고 부인한 도브리닌의 발언은 진심이었을 것이라고 생각했다. 그가 남을 속이는 데 뛰어나지 못하다고 생각한 구 소련 대표들이 그에게마저 거짓말을 했기 때문이다.[3] 그런 경우처럼 일국 대사가 자국 정부에게 속는 일은 드문 일이 아니다. 앨리슨이 지적하는 것처럼 존 F. 케네디 대통령 역시 미국의 피그스Pigs만 침공 당시 아들라이 스티븐슨Adlai Stevenson 미국 대사에게 이 사실을 알리지 않았다. 마찬가지로 진주만 공습 때도 일본 대사는 그 사실을 사전에 전해들은 바가 없었고, 모스크바에 있던 독일 대사 역시 바바로사Barbarossa(독일의 러시아 침공계획)에 대한 정보를 받지 못했다.

구 소련이 쿠바에 미사일을 설치하려고 계획했을 것으로 추정되는 1962년 6월부터 이 회담이 열리던 10월 중순까지, 구 소련은 도브리닌과 소련 대사관 공보관 게오르기 볼샤코프George Bolshakov를 이용, 쿠바에 공격 미사일을 배치하지 않겠다고 케네디 행정부에 누차 확인시켰다. 볼샤코프와 도브리닌은 진실을 알 필요도 없었고 아마 실제로도 알지 못했을 것이다. 그로미코와 케네디의 회담 이틀 전인 10월 14일 전까지, 후르시초프와 그로미코는 물론 진실을 알지 못했던 사람들 가운데 그 누구도 미국 관계자를 직접 만나지 못했다. 그리고 그날, 후르시초프는 미국 대사 포이 코흘러Foy Kohler를 만나 쿠바에 미사일을 배치했다는 사실을 전면 부인했다. 구 소련으로서는 처음으로 상대국가 인물을 만나 '직접 거짓말하는' 모험을 감행한 것이다.

백악관 회담에서는 두 건의 속임수가 벌어졌다. 하나는 케네디 대통령의 거짓말이고 다른 하나는 그로미코의 거짓말이었다. 케네디와 그로미코 모두 '쿠바에 미사일이 배치되었다는 사실'을 서로서로 모르는 척 숨겼다. 분석 결과 케네디 대통령이 그로미코보다 '거짓말 단서를 제공했을 가능성이 크다'고 생각한다.

두 사람 모두 사전에 거짓말을 꾸밀 기회가 있었다. 그리고 실제로 그랬다면 서로에게 사실을 숨기는 데에 아무런 문제가 없었을 것이다. 두 사람 모두 거짓말이 발각될 경우 엄청난 파장이 생길 터였고 그래서 발각에 대한 두려움을 느꼈을지 모른다. 그로미코를 맞을 때 케네디 대통령이 느꼈던 불안감은 십중팔구 발각의 두려움이었을 것이다. 거짓말이 발각될 경우 미국에게 더 불리했고, 따라서 그로미코보다 케네디 대통령이 발각의 두려움을 더 많이 느꼈을 것이다. 미국은 어떤 조치를 취할지 결정조차 하지 못한 상태였다. 게다가 쿠바에 배치된 미사일이 몇 대인지, 어느 단계까지 끝마친 것인지에 대한 정보도 전혀 확보 못하고 있었다. 케네디의 참모들은 미국이 행동을 개시하기도 전에 후르시초프가 그 사실을 알게 된다면 '핑계를 대거나 위협을 해대며' 미국의 행동방침을 교란시키며 전술적 우위를 차지하게 될까 두려워했다. 이에 대해 맥조지 번디는 말했다.

"그때도 그랬고 그 이후로도 줄곧 전 세계가 알고 있었던 일을 러시아가 하지 않은 척 어설픈 거짓말을 하다가 들켰기에, 모든 상황이 달라졌다고 생각한다."

구 소련 역시 미사일 기지를 완성할 시간이 필요했지만 그 전에 미국이 미사일을 발견한다고 해도 큰 문제는 되지 않았다. 구 소련으로서는 미국이 미사일을 발견 못하더라도 '미국의 U-2 정찰기가 조만간 발견하게 될 것'으로 믿고 있었던 것이다.

두 사람의 거짓말에 따른 대가가 별 차이 없다고 해도, 거짓말하는 능력에 관해서는 케네디 대통령이 그로미코보다 뒤처지기에 발각의 두려움을 더 느꼈을 수가 있다. 케네디는 분명 그로미코에 비해 연습도 부족했을 것이다. 게다가 1년 전 비엔나에서 정상회담을 하며 케네디가 '그다지 거칠지 않다는 인상'을 받은 후르시초프가 자신의 그런 견해를 전했다면, 그로미코는 더욱 자신에 차 있었을 것이다.

더불어 케네디는 또 다른 감정을 숨겨야 하는 부담감까지 가지고 있었다. 회담을 하는 동안 케네디는 놀라움, 존경, 불쾌감 등 복합적인 감정을 느끼고 있었다. 이런 감정 가운데 어느 하나라도 드러날 경우 거짓말이 발각됐을 것이다. 그 상황에서 그런 감정을 느꼈다는 것은, '소련이 거짓말을 하고 있다는 사실을 케네디가 알고 있다'는 뜻이 될 터였다. 반면 그로미코는 속이는 기쁨을 느꼈을 수 있다. 백악관을 나서면서 즐거운 표정을 보였다는 보고가 그와 일치한다.

케네디는 그로미코보다 부담을 더 많이 느꼈고 더 많은 감정을 느꼈으며 거짓말을 하는 데 그만큼 능수능란하지 않았고 자신도 없었다. 문화와 언어의 차이가 거짓말 단서를 어느 정도 덮어주었겠지만 도브리닌 대사라면 그런 단서들쯤 쉽게 감지할 수 있는 입장이었다. 그는 미국에 오랫동안 거주했기 때문에 미국인의 행동에 대한 지식이 풍부했고 영어에도 익숙했다. 또 회담 참가자라기보다 관찰자의 입장에 있었기 때문에 대통령을 면밀히 살펴보기에 유리한 입장이었다. 비슷한 입장에 있었던 톰슨 대사 역시 그로미코의 행동에서 거짓말 단서를 가장 잘 감지할 수 있었을 것이다.

이 회담에 관한 미국 측 입장과 달리 구 소련 측 입장에 대해서는 아무런 정보도 없기 때문에, 도브리닌이 실제로 진실을 알아차렸는지에 대해서는 알 길이 없다. 다만 나흘 후 러스크 국무장관이 도브리닌에게 '미국이 미사일을 발견했으며 그에 따라 해양 봉쇄조치를 시작했다'고 통보했을 때, 그는 너무 놀라 말을 잇지 못했으며 충격을 받은 것처럼 보였다는 보고가 전해진다. 이를 미루어, 미국이 미사일을 발견한 사실을 구 소련이 전혀 알지 못했던 것으로 해석할 수 있을 뿐이다. 어쩌면 구 소련 정부가 그에게 미사일 배치에 대해 알리지 않았고, 아마 도브리닌은 그때 처음 미사일 배치 사실을 알았을 수도 있다. 구 소련의 미사일 배치와 미국이 전모를 파악했다는 사실을 알고 있었다고 해도, 도브리닌은 군사적으로 대응하겠다는 미국의 결정에 충격을 받았을지도 모른다. 대부분의 분석가들은 '케네디가 군사적 대응을 할 것이라고는 구 소련이 생각하지 못했을 것'이라고 입을 모았다.

여기에서 핵심은 케네디가 은폐했던 사실이 발각되었는가의 문제가 아니다. 외교 문제에서 거짓말 단서를 인식하는 것이 그렇게 쉽고 간단한 문제가 아니었다는 점이 핵심이다. 케네디는 그로미코가 거짓말을 할 때 어떤 실수도 감지 못했다고 한다. 케네디는 이미 사실을 알고 있었기에 구태여 거짓말 단서를 잡아낼 필요도 없었다. 다만 케네디로서는 그로미코의 거짓말 솜씨에 감탄했던 것이다.

두 가지 국제적인 거짓말을 분석하면서, 나는 히틀러와 케네디 그리고 그로미코 모두 '기발하고 창의적인 방법으로 거짓말을 꾸며내고 감언이설로 남을 설득하는 데 뛰어난' 타고난 거짓말쟁이라고 설명했다. 기자회견에서 쏟아지는 질문에 민첩하게 대처하고 TV 라디오를 통해 빛나는 이미지를 심어 왔으며 권력을 잡는 데 뛰어난 토론과 연설 능력을 갖춘 정치인이라면 모두 타고난 거짓말쟁이가 될 능력을 가지고 있다고 믿는다. 그런 사람들은 설득력이 뛰어나다. 그것이야말로 그들의 재산이다. 거짓말을 할 것이건 아니건, 그들은 거짓말을 잘 하는 데 필요한 능력을 가지고 있다. 물론 다른 식으로 정치적인 권력을 잡은 사람도 있다. 쿠데타를 일으킨 사람에게는 대인관계 속 임수와 관련된 기술이 필요치 않을 것이다. 요식 능력이나 세습, 라이벌을 능가하는 은밀한 술책을 통해 권력을 쥐게 된 사람이라면 타고난 거짓말쟁이일 필요도, 대화술에 뛰어난 능력을 가질 필요도 없다.

말을 하면서 적절한 표정과 제스처를 동원해 사실을 은폐하고 왜곡하는 대화술은 거짓말쟁이가 표적과 직접 대화를 나누지 않는 이상 굳이 필요한 것이 아니다. 표적들은 문서, 중재인, 언론 발표, 군사 조치 등을 통해서도 속을 수 있다. 그렇지만 거짓말쟁이가 표적의 다음 행동을 미리 생각하고 대비하는 전략적인 기술을 가지고 있지 않는다면, 그것이 어떤 거짓말이든 실패하고 말 것이다. 나는 모든 정치 지도자들이 기민한 전략적 사상가라고 생각한다. 그러나 위의 사례에서 보았듯 '상대방과 대면한 상태에서 거짓말을 할 때 필요한 대화술'을 가진 사람은 일부에 지나지 않는다고 믿는다.

모든 사람들이 거짓말을 잘 할 수 있거나 거짓말할 의도를 가지고 있는 것은 아니다. 그러나 정치 지도자라면 대부분, 적어도 특정한 상황 속에서 특정한 표적에게 거짓말할 의도를 가지고 있을 것이다. 대선 당시 미국 국민들에게 절대로 거짓말을 하지 않겠다고 공약했으며 〈플레이보이Playboy〉 잡지와의 인터뷰에서 음탕한 상상을 한다고 인정하기까지 했던 지미 카터Jimmy Carter 대통령도, 훗날 이란에 억류된 인질들의 무력 구출 계획을 숨길 때 거짓말을 했다. 군사적 속임수를 전문적으로 분석하는 이들은 전부터 '언제든지 거짓말할 준비가 되어 있거나 뛰어난 거짓말 능력을 가지고 있는 정치지도자'의 유형을 파악하려고 했다. 거짓말을 용납하는 문화일 경우 그럴 수 있다는 가능성이 제기됐지만 그런 문화가 존재한다는 근거는 미미했다.[4] 또 다른 가능성으로, 정치 지도자가 군사적인 결정에 중대한 역할을 하는 국가일수록 거짓말을 더 잘할 것이라는 이론이 제기됐다. 역사적인 자료를 토대로 거짓말을 잘한 지도자들에게서 남을 잘 속이는 성격을 발견하려는 시도가 있었지만 연구가 실패로 끝나버린 이유에 관한 정보는 없다.

정치 지도자가 실제로 사업가나 공무원보다 거짓말을 더 잘하는 거짓말쟁이인지에 대한 뚜렷한 증거는 없다. 만약 그렇다면 국제적인 속임수를 쓰기가 훨씬 더 어려워질 것이다. 그것은 또한 거짓말에 유난히 서투른 국가 지도자를 찾아내는 것이 중요하다는 점을 시사하기도 한다.

그렇다면 이제 국가 원수가 다른 사람들에 비해 거짓말 탐지 능력이 뛰어난지 그렇지 않은지, 동전의 이면을 살펴보도록 하자. 연구 결과 거짓말 탐지에 뛰어난 능력을 가지고 있는 사람들이 있으며, 거짓말하는 능력과 거짓말 탐지 능력은 무관한 것으로 나타났다. 그러나 안타깝게도 그런 연구는 주로 대학교 학생들을 대상으로 이루어졌다. 어떤 종류의 조직이든 지도자 역할을 하는 사람에 대한 연구는 단 한 건도 없었다. 지도자를 대상으로 연구를 실시한 결과 '거짓말 탐지 능력에 뛰어난 사람이 있다'는 결과가 나온다면, 그 다음으로는 '뛰어난 거짓말 탐지자가 테스트를 실시하지 않고 먼발치에서 관찰하는 것만으로도 거짓말을 탐지하는 것이 가능한지'의 문제가 대두될 것이다. 공개된 정보만 가지고 뛰어난 거짓말 탐지자인지 아닌지 여부를 확인할 수 있다면, 거짓말을 계획하고 있는 정치 지도자는 적국의 지도자가 거짓말 단서나 누설을 얼마나 잘 감지할 수 있을지 좀 더 정확하게 가늠해볼 수 있을 것이다.

정치학자 그로쓰는 국가 원수들 대부분의 거짓말 탐지 능력이 형편없으며 전문 외교관들에 비해 '상대방의 성격과 진실성을 평가하는 자신의 능력을 중요하게 여기지 않는다'고 상당히 설득력 있는 주장을 펼쳤다.

"국가원수와 외무부 장관 중에는 협상과 대화에 필요한 기초적인 기술이 부족한 데다 적국에 대해 충분한 평가를 내릴 수 있는 배경 정보를 가지고 있지 않은 사람이 많다."

저비스 또한 "다른 사람들을 판단하는 예리한 능력에 일부 힘입어 정권을 잡은" 국가 원수라면 자신의 거짓말 탐지 능력을 과대평가할 수도 있다고 지적하면서 이에 동의한다. 실제로 뛰어난 거짓말 탐지 능력이 있는 지도자라도 문화와 언어가 다른 상대방의 거짓말을 탐지하는 것이 훨씬 더 어렵다는 사실은 인식 못할 수도 있다.

나는 체임벌린이 무슨 수를 써서라도 전쟁을 피하고 싶은 마음에 필사적으로 히틀러를 믿으려 했던 '자발적인 속임수의 피해자'며 히틀러의 성격을 가늠하는 자신의 능력 또한 과대평가한 사람이었을 것이라고 판단한다. 그러나 체임벌린은 어리석은 사람이 아니었다. 또한 히틀러가 거짓말할 가능성이 있다는 사실을 인식 못한 것도 아니었다. 다만 체임벌린에게는 히틀러를 '믿고 싶은' 강력한 동기가 있었다. 당시, 히틀러를 믿지 못한다면 전쟁이 즉시 발생할 수밖에 없는 상황이었다. 국가원수의 그런 판단착오와 거짓말을 탐지하는 자신의 능력에 대한 그릇된 믿음은 흔히 볼 수 있는 일이라고 그로쓰는 말한다. 내 방식대로 표현하자면 '거짓말에 따르는 이해관계가 매우 클 때' 특히 그런 경향이 강하게 나타난다고 할 수 있다. 가장 큰 손해가 예상되는 경우, 국가원수가 적국의 거짓말에 일부러 속아주는 자발적인 피해자가 될 가능성이 큰 것이다.

자발적인 피해자의 또 다른 예를 살펴보자. 공평하게 이번에는 그로쓰가 인용한 사례 가운데 하나, 체임벌린의 반대파였던 윈스턴 처칠Winston Churchill의 경우다. 처칠은 스탈린이 "'소련'만큼이나 자주 '러시아'라는 말을 하면서 신을 언급한 적이 많았다는 사실"로 인해 스탈린이 다소 종교적인 믿음을 가지고 있는 것은 아닌지 의아해 한 사람이었다. **5** 1945년 얄타Yalta 회담을 마치고 돌아온 처칠은 스탈린의 약속에 대한 믿음을 다음과 같이 옹호했다.

"그들의 말이 곧 보증서라고 느낀다. 본의는 아니었는지 몰라도 러시아 정부처럼 의무를 굳건히 지키는 정부를 본 적이 없다."

이에 대해, 처칠의 전기 작가 중 한 사람은 말했다.

"소련의 과거에 관해 그렇게 지식이 풍부했음에도 불구하고, 윈스턴은 스탈린과 그의 의도를 한번 믿어볼 생각을 가지고 있었다. 자신과 협상하는 명사들의 기본적인 정직성을 그는 믿을 수밖에 없었던 것이었다."

그렇지만 스탈린은 그런 존중에 화답하지 않았다. 밀로반 질라스M lovan Djilas(유고슬라비아의 정치가, 작가 – 옮긴이)는 1944년에 다음과 같은 스탈린의 말을 인용했다.

"단지 우리가 영국의 연합국이라는 이유만으로 영국 사람들과 처칠이 어떤 사람인지 잊은 것은 아니다. 그들은 그저 연합국들을 속이기만 하면 그만이다. 조심하지 않으면 처칠은 당신의 주머니에서 지갑을 빼낼 사람이다."

히틀러를 무너뜨리는 데 스탈린의 도움이 필요하다는 사실에 집중한 나머지, 처칠은 스탈린의 속임수에 자발적인 피해자가 되었는지도 모른다.

이 장에서는 정치가들 사이에서 벌어지는 속임수를 주로 살펴보았다. 이런 속임수는 행동단서를 감지하는 데 가장 중요한 것은 아니지만, 치명적인 속임수의 경우 판단착오로 인한 피해가 가장 극심할 종류의 것이다.

범죄 용의자의 거짓말 탐지와 관련하여 지적했듯, 국제 회담에서 거짓말 행동단서를 해석하지 못하게 금지하는 것이 설사 가능하더라도 바람직하지는 않다고 믿는다. 역사적인 기록을 보면 아주 최근에도 파렴치한 국제적인 속임수가 있었음을 알 수 있다. 그런 속임수를 좀 더 잘 잡아내길 원치 않는 국가 원수나 외교관이 어디 있겠는가? 문제는 판단오류의 가능성을 그다지 신중하게 고려하지 않는다는 점이다. 체임벌린과 처칠이 거짓말을 탐지하고 상대방의 성격을 가늠하는 자신의 능력을 과대평가한 것은, 타국 지도자의 속임수 단서를 잡아낼 수 있다고 주장하며 돈을 버는 행동심리학자의 오만함에 비하면 아무것도 아니다.

간접적이긴 하지만, 나는 각 나라의 거짓말 탐지자 역할을 하는 행동 전문가들에게 그들이 얼마나 복잡한 일을 하는지를 일깨워주고 그들이 자문하는 의뢰인들에게는 좀 더 신중하게 조언을 받아들이도록 촉구했다. 협상가나 국가 원수들의 거짓말을 탐지하는 방법에 관한 비밀 연구를 진행하는 사람들은 그만큼 조심스럽고 은밀하게 일을 할 것이기에, **6** 나는 간접적인 방법을 취할 수밖에 없었다. 그런 숨은 연구원들은 좀 더 주의를 기울여 그들에게 재정 지원을 하는 사람들이 '연구 결과의 효용성에 대한 주장을 좀 더 비판적으로 받아들이도록' 노력해야 한다.

국가의 결정권자들 사이에 좋고 나쁜 거짓말쟁이와 거짓말 탐지자를 확인하려는 노력은 거의 불가능에 가까울 것일지 모른다. 물론 지켜보아야 알 수 있을 것이다. 정상 회담이나 국제 위기 상황 중에 벌어지는 협상 등의 상황을 설정한 후 대학교 신입생을 모아 진행하는 연구가 아니라 서로 다른 나라 출신의 뛰어난 거짓말쟁이들을 모아 매우 높은 이해관계를 설정해 놓는 연구를 실시한다고 해도, 아주 미약한 결론밖에 나오지 않을 것이라고 생각한다. 하지만 그 역시 연구를 해봐야 알 수 있는 문제이다. 만약 실제로 그런 결과가 나온다면 그것은 기밀에 붙여지지 말고 공개되어야 한다.

거짓말의 성공여부는 거짓말쟁이가 위치한 분야와는 상관없다. 배우자 사이의 거짓말이 모두 탄로 나는 것도 아니고 사업·범죄·국제적인 속임수가 모두 성공하는 것도 아니다. 성공과 실패는 거짓말과 거짓말하는 사람, 거짓말 탐지자의 특성에 달렸다. 부모 자식 간의 거짓말보다 국제적인 차원의 거짓말이 훨씬 더 복잡하지만, 부모 역시 자식의 거짓말에 대해 실수를 피하는 것이 쉽지만은 않은 게 사실이다.

〈표4〉에는 38가지 거짓말 체크리스트가 모두 수록되어 있다. 수록된 질문 가운데 거의 절반가량인 18가지는 거짓말하는 사람이 감정에 대해 거짓말하거나, 거짓말에 대한 감정을 은폐·왜곡해야 하는 상황인지 판단하는 데 도움을 준다.

체크리스트를 이용한다고 해도 항상 추정이 가능한 것은 아니다. 답할 수 있을 만큼 충분한 정보가 없는 질문도 많이 있을 것이다. 어떤 질문은 탐지하기 쉬운 거짓말로 나타나고 어떤 질문은 어려운 거짓말로 나타나 답변이 뒤섞이는 경우도 있을 것이다. 그렇지만 그런 사실을 아는 것만으로도 유용할 수가 있다.

추정이 가능한 경우에도, 행동이 아니라 제삼자에 의해서 거짓말이 탄로 나는 바람에 가장 노골적으로 드러난 거짓말 단서를 놓치게 되는 경우에는 정확한 예측이 불가능하다. 거짓말쟁이와 거짓말 탐지자 모두 그런 추정을 할 수 있기를 바랄 것이다. 그런 정보는 누구에게 더 도움이 될까? 거짓말쟁이일까 아니면 거짓말 탐지자일까?

제7장

세상을 움직인 거짓말들

사실상 경찰관, CIA 요원, 판사, 정부를 위해 일하는 심리학자나 정신과 의사와 같은 소위 '전문 거짓말 탐지자'들은, 행동단서를 통해 거짓말하는 사람을 잡아내는 자신들의 능력을 과신하기 쉬운 직책의 사람들이다. 나는 '진실과 거짓말을 판단하는 일을 하는 사람들'을 너무 신뢰하지 말라고 경고하고 싶다. 또한 그들 거짓말 탐지자들에게도 거짓말쟁이를 잡아내는 자신의 능력을 너무 신뢰하지 말라고 당부하고 싶다.

전문 거짓말 탐지자 가운데에는 행동단서를 통해 거짓말을 매우 잘 잡아내는 사람이 있다. 이들을 면밀히 관찰함으로써 거짓말을 잘 탐지하는 사람은 어떤 이들인지, 그들이 거짓말을 특히 잘 탐지하는 이유는 무엇인지를 파악할 수 있었다. 그로 인해 '감정에 대한 거짓말'과 관련된 사항이 '정치, 범죄, 대적활동 속에서 벌어지는 거짓말'에도 고스란히 적용됨을 입증할 근거를 밝히게 되었다. 이 책을 저술하지 않았다면 절대 이 사실을 알지 못했을 것이다. 거짓말과 감정에 관한 실험을 진행하는 심리학 교수가 정치·사법계나 대적활동에 관여하는 사람들을 만날 기회는 없었을 테니까 말이다.

누가 거짓말 탐지자가 될 수 있을까

나의 연구가 언론에 소개되면서 이런 전문적인 거짓말 탐지자들이 내게 연락을 해왔다. 이후로 시, 주, 연방 판사, 변호사, 경찰관, FBI 소속 폴리그래프 검사관, NSA, 마약 단속국, 비밀 경호국, 미 육해공군의 워크숍에 초대를 받았다. 그들에게 거짓말은 학술적인 문제가 아니었다. 그들은 자신이 맡은 업무와 나의 의견을 매우 진지하게 받아들였다. 그들은 교수라는 나의 배경을 오히려 탐탁지 않게 생각하는 것 같았으며, 자신들의 문제를 해결하는 데 당장 이용할 수 있는 실제 사례를 원하고 있었다. 그들은 연구소가 아닌 실제 현장에서 내일 당장 거짓말에 대한 판단을 내려야 하는 사람들이었다. 학술 연구가 차분히 진행되기를 기다릴 만한 여유가 그들에게는 없었다.

한편 그들은 학계에 몸담고 있는 사람들보다 훨씬 더 융통성이 있었다. 그들은 '변화를 일으킬 의지'를 가지고 있었다. 예를 들어 어느 판사는 점심시간에 나에게 다가와서는 이렇게 물었다.

"증인의 뒷모습이 아니라 얼굴을 볼 수 있게 법정을 재배치하면 어떨까요?"

간단하지만 기막힌 아이디어였다. 그 이후로 판사들을 만날 때마다 나는 그 아이디어를 소개했고, 그 결과 많은 재판정에서 증인의 자리가 재배치되었다.

모린 오설리번Maureen O'Sullivan과 나는 워크숍을 시작할 때마다 짤막한 테스트를 실시했다. 참가자들이 동영상에 녹화된 사람들을 보고 그들이 거짓말을 얼마나 잘 파악하는지를 알아보는 시험이었다. 동영상 속의 사람들은 다름 아니라 1장에서 처음 나왔던 간호학과 학생들이었다. 10명의 간호학과 학생들은 모두 '아름다운 자연 경관과 장난치는 동물들을 보는 게 기분 좋다'고 말한다. 열 명 가운데 다섯 명은 사실대로 말하는 것이고 나머지 다섯 명은 거짓말을 하고 있다. 실제로는 끔찍하고 소름끼치는 수술 장면을 보면서 불쾌한 감정을 숨긴 채 거짓 감정을 말하는 것이었다.

이 거짓말 탐지 테스트의 목적은 두 가지. 하나는 가장 치명적인 속임수를 다루는 사람들이 실제로 거짓말을 얼마나 정확하게 탐지하는지 파악하는 것이었다. 또 하나는 거짓말 탐지 테스트로 워크숍을 시작하는 게 참가자들의 관심을 끌기에 적절했기 때문이었다. 이를 통해 참가자들은 '거짓말을 탐지하는 것이 얼마나 어려운지' 깨달을 터였다.

"지금부터 여러분들의 거짓말 탐지 능력이 어느 정도인지 깨달을 수 있는 독창적인 기회를 드리겠습니다. 여러분은 매일 거짓말에 대한 판단을 내리는 사람들입니다. 그런데 자신의 판단이 옳은지 틀린지 확실하게 알 수 있는 경우가 몇 번이나 있었습니까? 15분 후면 그 해답을 알게 될 겁니다."

테스트를 실시한 뒤 나는 정확한 답을 알려주었다. 그러고는 거짓말을 했는지 안 했는지 열 명을 모두 맞춘 사람, 아홉 명을 맞춘 사람 등의 순으로 손을 들어보라고 했다. 그리고 그 결과를 칠판에 적었다. 그룹 안에서 자신의 성적이 어느 정도 되는지 비교할 수 있도록 말이다.

대부분의 사람들은 성적이 형편없을 것이라고 예상했었다. 그런 현실을 일깨워주면 장차 그들이 거짓말을 탐지할 때 좀 더 신중해지지 않을까 하는 바람도 있었다. 한편으로 그 성적이 너무 형편없게 나올 경우, 참가자들이 '테스트 속 거짓말과 자신들이 다루는 거짓말과는 관련이 없다'며 반박하지 않을까 걱정스럽기도 했다.

그러나 사법제도와 정보국에 소속된 그들은 솔직하고 용감했다. 실망스런 테스트 결과를 받은 전문 거짓말 탐지자들은 그동안 의지해왔던 경험을 순순히 저버리는 모습이었다. 그리고는 거짓말 판단에 대해 전보다 훨씬 더 신중을 기하게 되었다.

더불어 나는 '거짓말을 탐지할 때 사람들이 이용하는 많은 선입견'에 대해서도 경고했다. 말할 때 시선을 피하거나 안절부절 못하는 사람을 거짓말쟁이로 생각하는 등의 선입견 말이다. 그리고 거짓말 체크리스트를 실생활에서 이용하는 방법에 대해 설명했다. 또한 감정으로 인해 거짓말이 드러날 수 있다는 것과, 그런 감정의 징후를 포착하는 방법을 설명했다.

전문 거짓말 탐지자에 대한 실험 결과, 그들 가운데 비밀 경호국 직원들만이 '우연히 맞출 확률보다 나은 성적'을 기록했다. 비밀 경호국 직원의 절반가량이 70퍼센트 이상의 정확성을 기록했으며, 거의 1/3 정도는 80퍼센트 이상의 정확성을 기록했다. 다른 그룹에 비해 비밀 경호국이 훨씬 더 거짓말을 잘 탐지하는 이유는 확인할 수 없었다. 아마 그들이 위협을 가할 만한 사람이 있는지 군중을 관찰하는 일에 익숙하기 때문 아닐까 추측한다. 그런 식의 '경계 태세'는 미묘한 거짓말 행동단서를 감지하는 데 매우 바람직한 준비 자세다.

판사, 변호사, 경찰관, CIA · FBI · NSA 소속 폴리그래프 검사관, 군인, 과학수사 담당 정신과의사 등 거짓말 탐지와 관련된 일을 하는 다른 전문가 그룹은 모두 '우연히 맞출 확률 정도'의 결과를 기록했다. 놀랍게도 대부분의 그들은 '거동을 보고 거짓말을 탐지할 수 있다'는 사실조차 알지 못했다.

반면에, 이들 가운데 매우 정확하게 거짓말을 탐지하는 사람이 있다는 사실에 나는 놀랐다. 비디오 속 거짓말쟁이의 특성과 상황을 경험해본 사람이 아무도 없었기 때문이다. 이 실험을 위해, 정신병원의 감시에서 벗어나 자살하려던 계획을 숨겼던 메리의 경우와 비슷하도록 상황을 만들었다. 정신과 환자는 괴로움을 숨겨야 했다. 그리고 더 이상 우울증을 느끼지 않는 것처럼 행동해야 했다. 거짓말을 하는 순간 느꼈던 강렬한 부정적인 감정은 긍정적인 감정으로 감춰졌다. 그런 상황을 많이 경험한 사람은 오직 정신과 의사와 심리학자밖에 없는데, 그런 사람들의 정확성도 우연히 맞출 확률보다 낫지 않았다. 그렇다면 비밀 경호국 직원들은 이런 유형의 거짓말을 어떻게 그렇게 잘 감지할 수 있었을까? [1]

연구 결과 '행동단서를 통해 거짓말을 탐지할 수 있는 상황'에 관해, 전에는 확실치 않았던 새로운 점을 발견할 수가 있었다. '용의자가 강렬하게 감정을 느끼는 경우' 거짓말 탐지자가 용의자나 상황에 대해서 많은 것을 알 필요가 없다는 것이었다. 표정과 말투에서 두려움, 죄책감, 흥분이 역력하게 느껴지는데 말하는 내용과 어울리지 않는다면, 이는 거짓말을 하는 것이라고 보는 편이 옳다는 것. 말의 중단이나, '어' 와 같이 말의 흐름을 끊는 일이 자주 발생하고 해야 할 말을 못 찾고 있다면 이 역시 십중팔구 거짓말을 나타낸다. 그런 행동단서는 감정이 고조되지 않을 때는 드물게 나타나는 현상이다.

이해관계가 클 경우, 거짓말 탐지자가 상황이나 용의자에 대한 구체적인 지식을 많이 가지고 있지 않아도 비교적 정확한 거짓말 탐지가 가능할 수가 있다. 거짓말쟁이의 발각에 대한 두려움이나 거짓말 탐지자를 속이는 기쁨이 드러나기 쉽기 때문이다. 여기서 명심해야 할 것은 이해관계가 크다고 해서 모든 거짓말쟁이가 발각의 두려움을 느끼는 것은 아니라는 점이다. 거짓말에 성공한 경험이 있는 범죄자, 과거를 성공적으로 숨겨 온 바람둥이, 경험 많은 협상가라면 그런 두려움을 느끼지 않을 것이다. 이해관계가 큰 경우에는 두려움을 느끼는 결백한 용의자가 진실을 말하더라도 이것이 거짓말처럼 보일 수 있다.

거짓말쟁이가 거짓말의 표적과 같은 가치관을 가지고 있고 그 표적을 존중한다면, 그는 거짓말을 하는 데 죄책감을 느낄 것이다. 그런 죄책감으로 인해 거짓말이 탄로 나거나 실토를 하게 되기도 한다.

용의자나 상황에 관한 지식이 전혀 없는 사람의 거짓말 판단을 믿는 것은 현명한 일이 아니다. 나의 거짓말 탐지 테스트는 거짓말 탐지자가 판단 대상들을 파악할 기회를 주지 않았다. 대상에 대한 아무런 정보도 없이 단 한 번만 본 다음 누가 거짓말을 하고 누가 진실한지 결정 내려야 했다. 그런 상황에서 정확하게 거짓말을 탐지하는 사람은 극히 드물다. 전혀 없다는 것은 아니다. 우리가 실시한 또 다른 테스트는 각각의 대상에 대해 두 가지 상황을 보여주는 것이었다. 두 가지 상황을 비교하면 거짓말 탐지자가 좀 더 정확한 판단을 내리긴 했지만, 우연히 맞출 확률보다 조금 높게 나타났을 뿐이었다.

우연히 맞출 확률보다 높은 결과를 보인 곳이 비밀 경호국밖에 없지만 다른 그룹 가운데에도 점수가 매우 높은 사람들이 몇 명 있었다. 그처럼 '일부 사람들만 매우 정확하게 거짓말을 탐지하는 이유'를 파악하기 위한 연구가 진행 중이다. 그들은 거짓말 탐지 방법을 어떻게 배웠을까? 모든 사람들이 더 정확하게 거짓말을 탐지하지 못하는 이유가 무엇일까? 거짓말 탐지 능력은 배워서 습득할 수 있는 것일까? 타고나지 않으면 가질 수 없는 것일까? 열한 살짜리 딸아이가 '미국 비밀 경호국 요원들과 비슷한 수준으로' 정확하게 거짓말을 탐지하는 것을 보았을 때, 그런 생각이 절로 떠올랐다. 물론 아이가 거짓말 탐지에 관한 책이나 논문을 읽은 적은 없다. 어쩌면 우리 아이에게만 있는 특별한 재능이 아닐지도 모른다. 어른에 비해 대부분의 아이들이 거짓말을 더 잘 탐지하는지도 모른다. 우리는 이런 점들을 밝혀내기 위한 연구에 착수했다.

'정확한 거짓말 탐지자는 따로 있는가'라는 문제의 해답은, 그들이 거짓말을 판단할 때 이용한 행동단서가 무엇이었는지를 통해 알 수 있었다. 전 직업군에 걸쳐 거의 정확하게 판단한 사람들과 부정확한 판단을 내린 사람들을 비교한 결과, 정확한 거짓말 탐지자들은 표정, 목소리, 몸짓에서 드러나는 정보를 이용한 반면 부정확한 사람들은 실험 대상이 하는 말만 언급한 것으로 나타났다.

모든 거짓말쟁이가 단서를 주지는 않는다

우리가 실시했던 또 다른 연구 결과, 거짓말을 탐지하는 데 표정과 목소리가 중요하다는 이론이 한층 더 단단하게 입증되었다. 거기에 더해 그 이론을 입증하는 새로운 증거까지 나왔다. 간호학과 학생들을 찍은 동영상에서 거짓말 할 때와 진실을 말할 때 지었던 표정을 분석한 결과 '두 가지 미소의 차이점'이 발견되었다. 진심으로 즐거워할 때에는 진짜 미소 〈그림5-1〉를 더 많이 지었지만, 거짓말을 할 때에는 위장 미소라고 불리는 모습이 엿보였다. 위장 미소를 지을 때는 입술이 가늘어지며, 슬픔(그림3-1), 두려움(그림3-2), 분노(그림3-3이나 그림4) 또는 혐오감의 표시가 나타난다.

미소에 대해서는 거짓 미소와 진실한 미소, 여러 상황에서의 미소, 아이와 성인의 미소 등 여러 비교 연구가 있다. 우리는 진정한 미소를 지을 때와 다른 종류의 미소를 지을 때 '뇌 안에서 벌어지는 일'과 '느껴지는 감정의 차이'를 발견했다. 지금 어떤 사람이 짓는 미소가 진정한 미소인지 아닌지 확인할 수 있는 가장 좋은 방법은 입 주변이 아니라 눈 주변의 근육이 움직이는지 살펴보는 것이다. 그러나 눈가에 주름이 잡혔다고 해서 진정한 미소라고 단정 지을 만큼 단순한 문제는 아니다. 눈가 주름은 '즐거운 감정이 강렬하지 않아 살짝 미소를 지을 경우'에만 진짜 미소라는 유용한 증거가 된다. 크고 환한 미소를 지을 때는 미소를 짓는 입술 근육의 움직임으로 인해 눈가 주름이 잡히기 때문에 눈썹까지 살펴보아야 한다. 진정 즐거움을 느껴 눈 근육이 움직였다면 눈썹이 아주 조금 내려갈 것이다. 미묘한 단서이긴 하지만 특별한 훈련을 받지 않아도 사람들은 이를 잘 감지하는 편이었다.

우리는 또한 간호학과 학생들이 감정에 대해 거짓말을 할 때 목소리 톤이 높아진다는 사실을 발견했다. 목소리 톤의 변화는 감정의 고조를 나타내는 증거로, 그 자체만으로는 거짓말의 단서라고 할 수 없다. 편안하고 즐거운 장면을 보고 즐긴다면 목소리 톤은 올라가지 않을 것이다. 모든 거짓말쟁이의 표정이나 목소리에서 거짓말 단서가 드러나는 것은 아니다. 그러나 두 가지 정보를 함께 이용했을 때 86퍼센트의 놀라운 적중률을 얻을 수가 있었다. 이는 '14퍼센트가 여전히 실수를 저질렀다'는 것을 의미한다. 이처럼 표정과 목소리 측정이, 모든 사람들에게 효과가 있는 것은 아니다.

　마크 프랭크 박사Dr. Mark Frank와 나는 뛰어난 거짓말쟁이, 타고난 연기자, 형편없는 거짓말쟁이, 그리고 절대 남에게 거짓말을 못하는 사람이 따로 있다는 생각을 뒷받침하는 첫 번째 근거를 찾았다. 일단 두 가지 속임수 상황을 만들었다. 그리고 사람들에게 거짓말을 하거나 사실대로 말하게 했다. 한 가지는 가방에서 50달러를 훔쳐내는 모의 범죄를 저지르는 상황이었다. 만약 돈을 훔치지 않았다고 주장할 때 수사관이 그 말을 사실이라고 믿으면 실험 대상은 50달러를 고스란히 가질 수 있었다. 또 하나는 낙태나 사형제도와 같은 이슈에 관해 자신의 의견을 솔직하게 밝히거나 거짓말을 하는 상황이었다. 실험 결과, 한 가지 상황에서 거짓말에 성공한 사람이 나머지 상황에서도 거짓말에 성공했으며 자신의 의견에 관한 거짓말이 쉽게 발각되는 사람은 범죄에 관한 거짓말을 할 때에도 쉽게 발각이 되었다.

　거짓말을 너무 잘하거나 너무 못하는 사람들은 상황이나 거짓말의 특성이 그다지 문제 되지 않는다. 그런 사람들은 계속해서 거짓말에 성공하거나 실패한다. 대부분의 사람들은 그렇게 극단적이기 않기에

'누구에게 거짓말을 하는지', '거짓말의 내용과 이해관계가 무엇인지'에 따라 거짓말을 잘하거나 못 하게 된다.

법정에서 감지할 가능성

경찰관, 판사, 변호사를 상대로 5년간 워크숍을 진행하면서 새삼 느낀 게 있다. 세상의 사법제도가 '참과 거짓을 판별하는 쪽에는 참으로 불리한 구조'라는 점 말이다. 그 이유는 다섯 가지다.

첫 번째로, 배심원이나 판사로부터 판결을 받기 전까지, 범죄를 저지른 용의자에게 '답변을 준비할 수 있는 시간'이 너무 많이 주어진다. 이로 인해 용의자는 자신감을 얻고 발각의 두려움은 줄어든다.

두 번째, 직접 심문과 반대 심문 등은 사건 발생 후 적어도 수개월 많게는 수년 뒤에 시작되는데, 이로 인해 자신이 저지른 범죄에 대한 감정이 무뎌진다

세 번째, 재판이 시작되기까지 오랜 시간이 지체되기 때문에, 용의자는 반복적으로 거짓 진술을 하면서 자신의 거짓말을 스스로 믿게 된다. 그런 일이 실제로 발생한다면, 어떤 의미로 용의자가 법정에서 하는 진술은 거짓말이 아니라고 할 수 있다.

네 번째, 반대심문을 당할 때도 피고는 대개 할 말을 미리 준비하거나 변호사와 함께 충분한 연습을 하며, 질문 역시 '그렇다, 아니다'로만 대답하면 되는 것들이 많다.

마지막으로 다섯 번째, 반면에 무고한 피고는 판사나 배심원이 자신의 결백을 믿어주지 않을까봐 두려움을 느끼는 상태에서 재판에 참

석한다. 이런 불신의 두려움은 죄를 저지른 사람이 느끼는 발각의 두려움으로 잘못 해석될 수 있다.

판사와 배심원은 용의자의 태도를 보고 진실을 찾아낼 가능성이 적지만 처음 심문·면담을 하는 사람은 그렇지 않다. 첫 심문을 하는 사람은 대개 경찰인데, 아동 학대의 경우에는 사회복지사가 이 역할을 맡기도 한다. 이들이야말로 행동단서를 보고 거짓말을 잡아낼 가능성이 가장 큰 사람들이다. 또한 이들이 처음 심문·면담을 할 때야말로 거짓말을 연습할 기회를 갖지 못한 용의자가 발각의 두려움과 죄책감을 느낄 가능성이 가장 큰 때다.

결정적 증거들

1986년 중반 미국은 이란의 극우 단체에 의해 레바논에 억류 중인 미국 인질을 송환받는 대가로 이란에게 무기를 판매했다. 레이건 행정부는 무기 판매가 단순히 인질 교환뿐 아니라 아야톨라 루홀라 호메이니Ayatollah Khomeini(이란의 시아파 종교지도자 - 옮긴이) 사망 후 새롭게 떠오른 온건파 이슬람 지도자와의 관계 쇄신을 위한 목적이라고 밝혔다. 그러나 이란 무기 판매 이익금의 일부가 국제 법을 어기고 니카라과의 좌익정부 산디니스타 민족해방전선에 맞서 싸우는 우익 콘트라 반군에게 무기를 지원하는 데 쓰였다는 사실이 보도되면서 미국은 큰 충격에 휩싸였다. 레이건 대통령과 에드윈 미즈Edwin Meese 법무장관은 기자회견을 통해 콘트라 반군에게 자금이 유용된 사실을 발표하면서 동시에 '자신들은 전혀 그 사실을 알지 못했다'고 주장했다. 이후로 국가안보자문위원인 해군 준장 존 포인덱스터가 사임했고 올리버 노스Oliver North 해군 중령이 국가안전보장회의에서 보직 해임되었다. 당시 실시된 여론 조사 결과, 미국 국민의 대부분이 '콘트라 반군에게 자금이 불법 유용된 사실을 몰랐다'는 레이건 대통령의 주장을 믿지 않는 것으로 나타났다.

8개월 후 이란-콘트라 사건을 조사하기 위해 열린 의회 청문회. 포인덱스터가 의회 청문회에 출두했다. 그는 무기 판매 이익금을 콘트라 반군에게 유용하자는 노스 중령의 계획에 동의한 사람이 자신밖에 없다고 진술했다.

청문회가 진행되는 동안 '윌리엄 케이시 전 CIA 국장과 오찬을 함께한 일'에 대해 질의를 받자, 포인덱스터는 '단지 샌드위치를 먹었을 뿐 무슨 말이 오갔는지 기억이 나지 않는다'고 말했다. 이에 대해 샘 넌Sam Nunn 상원의원이 날카롭게 추궁하자 포인덱스터는 두 가지 매우 빠른 분노의 미세 표정을 보였고, 목소리 톤이 높아졌으며, 네 번이나 침을 삼켰고, 자주 말을 중단하거나 같은 말을 반복했다. '거짓말 증거'로 단정 짓기에 충분한 변화들. 포인덱스터가 보였던 반응을 통해, 우리는 4가지 중요한 요점을 찾을 수가 있다.

1. 행동의 변화가 표정이나 목소리, 침을 삼키는 행동을 통해 나타난 자율신경계의 변화 가운데 한 가지로만 제한되지 않을 경우 그것은 '조사해야 할 중대한 일'이 벌어지고 있다는 중요한 표시가 된다. 그러나 때로는 한 가지 유형의 행동 단서만 나타나는 경우도 있으므로 그 역시 무시해서는 안 된다.

2. 행동의 변화를 해석하는 것은 상대방이 반복적으로 보이는 행

동의 특징을 해석하는 것보다 덜 위험하다. 포인덱스터는 말을 망설이거나 중단하거나 침을 삼키는 행동을 자주 보이지 않던 사람이었다. 거짓말 탐지자는 4장에서 살펴봤던 브로커 위험을 저지르지 않기 위해 언제나 행동의 변화를 주시해야 한다.

3. 특정한 질문을 접한 뒤 행동의 변화가 발생하는 경우, 그것이 바로 조사해야 하는 주요 분야임을 뜻한다. 케이시 국장과의 점심식사에 관해 추궁하기 전까지 포인덱스터는 행동의 변화를 보이지 않았다. 특정한 주제에 대해 여러 가지 행동 변화가 한꺼번에 나타날 경우, 거짓말 탐지자는 그것이 실제로 거짓말과 관련된 주제인지 확인해야 한다.

4. 거짓말 탐지자는 거짓말 단서로 보이는 가능성 외에 행동 변화가 일어날 '다른 이유'가 있지 않나 늘 유의해야 한다. 선의의 피해자가 발생하지 않도록, 마음을 열고 다른 가능성도 늘 고려해야 하는 것이다.

제8장

세상을 속인 사람들

닉슨은 미국 역사상 최초의 불명예 퇴진 대통령이었다. 단순히 거짓
말 때문만은 아니었다. 그렇다고 1972년 6월 민주당 전국위원회 본부
침입을 시도하던 백악관 직원들이 워터게이트 사무실과 아파트에서
붙잡혔기 때문도 아니다. 그가 사임한 이유는 거짓말이 발각되지 않
기 위해 은폐와 무마공작을 펼쳤던 사실이 발각된 때문이었다. 훗날
공개된 백악관에서의 대화 내용을 녹음한 테이프에서, 당시 닉슨이
이런 말을 한 사실이 드러났다.

"무슨 일이 일어나건 상관없어. 그러니 잘 막아내기나 하라고. 그들
이 수정헌법 5조(누구든지 정당한 법의 절차에 의거하지 않고서는 생명,
자유 또는 재산을 박탈당하지 아니하고 어떠한 사유재산도 정당한 보상을
받지 않고 공공용으로 수용되지 않는다는 내용—옮긴이)를 이유로 내세우

도록 만들어. 그 안을 막을 수만 있다면 뭐든 상관없어."

닉슨과 워터게이트 사건

이런 은폐공작은 성공을 거두는 듯했다. 약 1년 후, 워터게이트 침입 사건으로 기소된 사람 가운데 한 명인 제임스 맥코드James McCord가 '절도사건은 또 다른 음모의 일부일 뿐'이라고 진술할 때까지는 말이다. 이후 닉슨이 대통령 집무실에서 있었던 모든 대화를 녹음해 두었다는 사실이 폭로되었다. 녹음된 내용 중 불리한 정보를 숨기려고 했던 닉슨의 노력에도 불구하고 하원 사법위원회는 탄핵을 가결할 만한 충분한 증거를 찾을 수 있었다. 대법원은 닉슨 대통령에게 녹음테이프를 증거 자료로 제출하라고 명령했고, 닉슨 대통령은 1974년 8월 9일 스스로 대통령직에서 물러났다.

나는 닉슨 대통령이 거짓말을 한 점은 문제가 안 된다고 생각한다. 국가 지도자라면 그래야 할 때도 있다. 문제는 닉슨 대통령이 무엇을 속였고, 거짓말을 한 동기가 무엇이며, 거짓말한 대상이 누구인가 하는 점이다. 닉슨 대통령은 다른 나라 정부가 아니라 미국 국민을 상대로 거짓말을 했다. 그는 워터게이트 빌딩에 위치한 민주당 전국위원회 사무실에서 문서를 훔치려다 미수에 그친 사건을 몰랐다고 거짓말했다. 재선에 유리한 고지를 차지하기 위해 측근들이 법을 어겼다는 사실이 알려질 경우, 유권자들이 등을 돌릴 것이라고 예상했기 때문이다. 다시 말해 그의 거짓말 동기는 대통령직을 유지하려는 개인적 야심이었던 것이다.

지미 카터의 정당화된 거짓말

지미 카터 전 대통령의 재임 기간 중에 발생했던 사건은 '관료의 거짓말이 정당화될 수 있는 상황'을 나타내는 좋은 예다. 1976년 전 조지아 주지사였던 지미 카터는 닉슨 사임 때 대통령직에 올랐던 제럴드 포드를 누르고 대통령에 당선되었다. 대선 운동 중에 카터는 워터게이트 사건으로 실추된 백악관의 도덕성을 되찾겠다고 공약했다. 이때 그가 보인 가장 큰 특징은 '텔레비전 카메라를 똑바로 바라보면서' 미국 국민에게 절대 거짓말하지 않을 것이라는, 지극히 단순한 공약을 내세웠다는 점이었다. 그러나 3년 후, 그는 이란에 억류된 미국 인질을 구출하기 위한 계획을 은폐하기 위해 여러 차례 거짓말을 했다.

카터 대통령의 임기 초반, 이란의 샤Shar of Iran가 이슬람의 원칙주의 혁명집단에 의해 타도되는 일이 발생했다. 미국의 지원을 받고 있던 샤가 추방되자 카터는 그의 미국 체류를 허락했다. 이에 분노한 이란 혁명군은 테헤란 주재 미국 대사관을 점령했고 60명의 직원들을 인질로 붙잡았다. 이 위기 상황을 해결하기 위해 수개월 동안 외교적인 노력을 기울였지만 아무런 성과가 없었다.

인질들이 억류된 직후, 카터 대통령은 비밀리에 미군에게 "구출 작전을 위한 군사 훈련을 실시하라"고 지시했다. 행정부는 그 사실을 단순하게 은폐하기만 한 것이 아니라 반복적으로 거짓 성명을 발표하기도 했다. 구출작전에 대한 의심을 없애기 위해서였다. 미 국방부와 국무부, 백악관은 계속해서 "인질 구출 작전이 논리적으로 불가능하다"고 몇 개월 동안 주장했다. 1980년 1월 8일 카터 대통령은 기자회견에서 이런 거짓말을 했다.

"군사 구출작전은 실패로 끝나, 인질들이 사망하게 될 가능성이 거의
확실하다."

기자회견이 열리던 바로 그 시각, 델타군은 미국 남서부 사막에 숨
어 구출 작전을 연습하고 있었다.

카터는 이란인들이 자신의 말을 주시할 것이라는 사실을 알았다.
그래서 인질을 감시하는 이란 부대가 긴장을 늦추도록 위해 '미국 국
민에게' 거짓말을 한 것이었다. 카터는 구출 작전이 진행되는 바로 그
순간에도 미국 정부가 인질 구출작전을 계획 중이라는 사실을 부인하
라고 언론담당비서인 조디 파웰Jody Powell에게 지시했다. 카터는 회고
록에 이렇게 적었다.

"이란 군대가 구출작전을 조금이라도 의심한다면 작전은 실패로 끝나
게 될 것이다. 성공여부는 기습 작전에 달렸다."

카터 대통령이 했던 거짓말의 주된 대상은 국제 법을 위반하고 미
국 대사관 직원들을 억류한 이란인들이었다. 그러나 미국 국민과 의
회를 속이지 않고는 그들을 속일 수 없었다. 거짓말의 동기는 미국 군
대를 보호하기 위한 것이었고, 오래 가지 않을 만한 거짓말이었다. 의
원들 중에는 '대통령이 의회에 사전 통보도 하지 않고 행동할 권한을
가지고 있지는 않다' 는 문제점을 제기하는 사람도 있었다. 이에 카터
대통령은 '그것은 전쟁이 아니라 자비로운 행동이었다' 고 주장했다.

카터 대통령은 거짓말을 하지 않겠다는 공약을 어겼기 때문이 아니라 인질구출작전이 실패로 돌아갔기 때문에 비난을 받았다.

베트남 전쟁의 거짓말

베트남전의 진전 상황에 대한 부정적인 사실을 국민들로부터 은폐한 린든 존슨 대통령의 경우를 보자. 부통령이었던 존슨은 1963년 존 F. 케네디 대통령이 암살당한 후 대통령직을 승계했고 1964년 대선 때 압도적인 지지로 대통령에 재선됐다. 대선 당시 공화당 후보였던 배리 골드워터Barry Goldwater 애리조나 주 상원의원은 '베트남전에서 이기기 위해 핵무기를 사용할 생각도 가지고 있다'고 말했다. 존슨 대통령은 정반대의 노선을 취했다.

> "우리는 16,000킬로미터 떨어진 곳으로 미국 군인들을 보내 아시아 군인이 해야 할 일을 대신하게 만들 생각이 없다."

그러나 대통령에 당선된 후 존슨은 '군대를 파병해야 베트남전에서 이길 승산이 있다'고 믿게 되었다. 그리고 이후 몇 년에 걸쳐 5천 명의 미군을 베트남에 파병했다. 결국 미국은 세계 대전 때보다 더 많은 폭탄을 베트남에 투하해야 했다.

존슨 대통령은 '미국의 여론이 자신의 생각을 지지하고 있다'는 사실을 북 베트남이 믿는다면 전쟁을 적절하게 끝내도록 협상할 수 있는 유리한 입장에 놓일 것이라고 생각했다. 따라서 존슨 대통령은 베트남전 전황에 대한 내용을 선별적으로 미국 국민들에게 알렸다. 대통령이 '가급적 미군이 이기는 모습과 북 베트남·베트콩이 전쟁에서 지는 모습을 원한다'는 사실을 파악한 미군 사령관들은, 베트남 전장 사령관들에게 그런 내용만 보고하도록 했다. 그러나 1968년 1월, 베트남의 구정 연휴기간 동안 북 베트남·베트콩이 펼친 대대적인 공격으로 미국이 얼마나 패하고 있는지 전 세계가 알게 되면서 그런 속임수는 끝이 났다. 구정 공세는 대선 선거 기간 중에 발생했다. 존슨 대통령에 맞서 민주당 후보로 출마했던 로버트 케네디 상원의원은 이렇게 공격했다.

"구정 공세는 우리 스스로에게조차 숨겼던 진정한 전황을 은폐하면서 갖게 된, 공식적인 환상의 가면을 깨뜨린 일이다."

몇 개월 후 존슨 대통령은 재선에 출마하지 않기로 결정했다고 발표했다.

케네디 상원의원의 말대로 '존슨과 그의 참모들 가운데 일부가 자신들의 거짓말을 스스로 믿게 되었던 것은 아닌지' 의심스럽다. 이런 덫에 걸리기 쉬운 사람이 단지 정부 관료만은 아니다. 어떤 사람이든 거짓말을 자주할수록 그렇게 되기 쉽다. 거짓말이 반복될 때마다 '거짓말을 하는 것이 과연 옳은지'에 대한 반성을 점점 덜 하게 되기 때문이다. 거짓말을 여러 차례 반복하고 나면 거짓말에 익숙해지며 자신이 지금 거짓말을 하고 있다는 사실조차 인식 못하게 된다. 그러나 누군가 거짓말을 의심하거나 캐물으면, 그제야 자신이 거짓말을 꾸며내고 있다는 사실을 기억하게 될 것이다. 베트남 전황에 대한 거짓 주장을 믿고 싶었던 존슨 대통령은 거짓말을 사실이라고 믿었을지 모르겠지만, 그렇다고 자기 자신을 완벽하게 속이지는 못했을 것이라고 생각한다.

챌린저호의 참사와 자기기만

자기기만이란 '자신이 거짓말을 하고 있다는 사실을 스스로 깨닫지 못하는 것'을 뜻한다. 또한 자신을 속이는 동기가 무엇인지도 알지 못하는 경우다. 자기기만은 잘못된 행동을 저지르고 난 후에 비난받아 마땅한 사람들이 변명하는 경우보다 실제로 훨씬 드물게 발생한다고 생각된다. 우주선 챌린저호 참사 사건은 위험할지도 모른다는 강력한 경고에도 불구하고 챌린저호를 발사하기로 결정한 사람들에 의한 '자기기만의 희생양'이 아니었을지 모르겠다. 발사를 감행할 때 발생할 수 있는 위험을 알고 있던 사람들이 그런 결정을 내렸다는 사실을, 그게 아니라면 달리 어떻게 설명할 수 있을까?

1986년 1월 28일 수백만 명의 사람들이 텔레비전으로 챌린저호의 발사를 지켜보았다. 우주선에 탑승한 우주비행사 가운데는 '일반인'이라고 할 수 있는 교사 신분의 크리스타 맥오리프Christa McAuliffe도 있었기에 챌린저호의 발사는 일찍부터 대중의 큰 관심을 받았다. 우주 공간에서 듣고 보고 깨달은 점을 가르쳐주고 싶었던 맥오리프 선생의 반 아이들도 텔레비전을 통해 발사과정을 지켜보고 있었으리라. 그러나 발사된 지 불과 73초 만에 챌린저호는 폭발했고 그 안에 탑승한 일곱 명의 우주비행사들은 모두 사망했다.

전날, 발사추진 보조 로켓 제조 기업인 모톤 티오콜Morton Thiokol의 엔지니어들은 발사 당일의 추운 날씨로 인해 오링O-ring 봉인의 탄력성이 상당히 감소될 수 있다며 발사 연기를 권고했다. 잘못하면 연료가 새나가며 발사추진 보조 로켓이 폭발할지도 몰랐다. 엔지니어들은 그 다음날로 예정된 발사를 연기하라고 모두들 나사NASA에게 촉구했다.

그러나 '우주왕복선이 정기적이고 예측 가능한 일정에 따라 발사될 것'이라고 의회에게 약속했던 나사의 말과 달리 챌린저호의 발사는 이미 세 차례나 연기된 상태였다. 나사의 로켓 프로젝트 매니저인 로렌스 멀로이Lawrence Mulloy는 추운 날씨가 오링에 악영향을 줄 것이라는 충분한 근거가 없다며 티오콜 엔지니어들의 의견에 반박했다. 그날 밤, 멀로이는 티오콜 관리자 밥 런드Bob Lund와 이야기를 나누었다. 훗날 청문회장에서, 런드는 그날 밤 멀로이가 자신에게 "엔지니어의 입장이 아니라 관리자의 입장에서 생각해보라"고 설득했다고 진술했다. 그 말에 따라, 런드는 자사 엔지니어들의 말을 무시하고 발사에 반대했던 입장을 바꾸었다. 멀로이는 또한 티오콜 부사장인 조 킬미니스터Joe Kilminister에게 연락해 '발사를 허가하는 문서에 서명해줄 것'을 요청했다. 그날 밤 11시 45분, 킬미니스터 부사장은 나사에 발사를 권한다는 팩스 서신을 전송했다. 티오콜의 로켓 프로젝트 국장인 앨런 맥도널드Allen McDonald는 공식적인 발사 허가서에 서명하길 거부했다.

훗날 위원회의 조사 결과, 우주선 발사를 허가하는 권한을 가진 나사 핵심 선임 임원들 가운데 네 명이 '발사 결정이 이루어진 그날 밤 티오콜 엔지니어들과 나사의 로켓 관리팀 사이에 이견이 있었다는 사실조차 알지 못했던 것'으로 드러났다. 케네디 우주센터Kennedy Space Center의 우주왕복선 관리자 로버트 시액Robert Sieck, 케네디 우주센터 챌린저호 발사 국장 진 토마스Gene Thomas, 휴스턴 존슨 우주센터Johnson Space Center의 우주 운송시스템 관리자 아놀드 알드리치Arnold Aldrich, 그리고 우주왕복선 국장인 무어는 모두 '티오콜 엔지니어들이 발사 결정에 반대했다는 사실을 전해 듣지 못했다'고 진술했다.

폭발할지도 모른다는 사실을 알면서도 멀로이는 어떻게, 왜 발사를 감행할 생각을 했을까? 한 가지 가능한 설명으로는 그가 과중한 압박감으로 인해 '자기기만의 희생자'가 되었고, 엔지니어들이 대수롭지 않은 위험을 과장하는 것이라고 믿게 되었을지도 모른다는 것이다.

멀로이가 진정 자기기만의 희생자라면, 잘못된 결정에 대해 책임을 지라고 하는 것이 공평한 처사일까? 다른 누군가가 멀로이에게 '위험성이 전혀 없다'고 거짓말을 했다고 가정해보자. 그렇다면 잘못된 결정을 내렸다고 그를 탓하지는 않았을 것이다. 그렇다면 그가 '자기 스스로를 속였다 한들' 뭐가 달라질까? 멀로이가 진심으로 자기 자신을 속였다면 달라질 것이 없다고 나는 생각한다.

자기기만을 연구하는 전문가들이 논의한 뚜렷한 자기기만의 사례와 멀로이의 사례를 비교해보자. 고칠 수 없는 악성 종양이 급속도로 진행되고 있음에도 자신이 나을 것이라고 믿는 말기 암 환자는 '거짓 믿음'을 가지고 있다. 멀로이 또한 우주왕복선이 안전하게 발사될 것이라는 거짓 믿음을 가지고 있다(우주왕복선이 확실히 폭발할 것임을 멀로이가 알고 있었다는 가정은 여기서 배제되어야 한다). 말기 암 환자는 상반되는 근거가 많음에도 불구하고 자신이 건강을 되찾을 것으로 믿는다.

몸이 약해지고 고통이 더해간다는 사실을 알고 있으면서도 이런 현상은 '일시적으로 나타나는 증상일 뿐'이라고 주장한다. 멀로이 또한 반대 근거가 있는데도 불구하고 거짓 믿음을 고수한다. 그는 엔지니어들이 추운 날씨로 인해 오링에 악영향이 미칠 것이며 연료가 새는 경우 로켓이 폭발할 수도 있다고 생각한다는 사실을 알면서도 그들의 주장이 '과장에 불과하다'고 무시한다.

지금까지 설명된 사실만으로는 암 환자나 멀로이가 의도적인 거짓말쟁이인지 자기기만의 희생자인지 알 수 없다. 자기기만의 주요 요건은 희생자가 '거짓 믿음을 고수하는 동기를 인식하지 못해야 한다'는 것이다. [1] 암 환자는 '임박한 죽음에 대한 두려움'을 직시할 수 없기에 자신을 속게 되는 거짓말의 동기를 인식 못한다. 자기기만의 동기를 인식 못하는 것. 멀로이에게는 이 점이 결여되어 있다. 멀로이가 런드에게 '관리자의 입장에서 생각하라'고 말했다는 것은, 발사를 진행해야 한다는 믿음을 고수할 필요가 있다는 사실을 그가 인식하고 있었음을 입증한다.

챌린저호 참사 진상 조사 특별위원회 위원으로 위촉된 노벨상 물리학상 수상자 리처드 파인만Richard Feynman은 멀로이에게 영향을 끼친 '관리자의 정신'에 대해서 다음과 같이 적었다.

"달 탐사 프로젝트가 끝났을 때 나사는 나사만이 할 수 있는 프로젝트가 존재한다고 의회를 설득해야 했다. 그러기 위해서는 적어도 이 경우에는 과장을 할 필요가 있었다. 우주왕복선이 경제적이고, 자주 탐사가 가능하며, 안전한 데다, 대단한 과학적 사실이 발견될 것이라고 말이다."

〈뉴스위크Newsweek〉지는 이렇게 보도했다.

"어떤 면에서 나사는 스스로의 선전에 속은 피해자가 되었다. 그래서
우주왕복선이 마치 노선버스처럼, 일정한 기간에 맞춰 운행될 수 있
다고 믿었는지도 모른다."

멀로이는 나사의 그런 과장을 주도했던 이들 가운데 한 명에 불과
했다. 그는 챌린저호 발사가 네 번이나 연기될 경우 의회가 보일 반응
을 두려워했던 것이 틀림없었다. 우주왕복선에 관한 나사의 과장된
주장과 상반되는 결과(발사 연기 등)가 나올 경우 향후 예산 배정에 좋
지 못한 영향을 끼칠 게 분명했다. 반면에 날씨로 인한 위험은 확실한
게 아니라 가능성일 뿐이었다. 심지어 발사에 반대했던 엔지니어들조
차 폭발이 일어날 것이라고 백퍼센트 확신하지는 못했다. 훗날 일부
엔지니어들은 폭발이 일어나기 불과 몇 초전까지만 해도 '폭발하지
않을지도 모른다'고 생각했다고 진술했다.

엔지니어의 우려보다 관리자의 입장을 더 내세워 잘못된 결정을 내
린 멀로이는 비난받아 마땅하다. 나사의 요청으로 증거를 검토했던
로켓 안전 전문가 행크 슈에이Hank Shuey는 "디자인의 결함이 아니라
판단착오였다"고 결론 내렸다. 잘못된 판단을 설명하거나 변명하기
위해 자기기만으로 위장해서는 안 된다. 멀로이는 또 최종적으로 발
사를 허가하는 권한을 가진 상사에게 자신이 발사 결정을 내린 이유
를 제대로 설명하지 않은 점에 대해 비난받아 마땅하다. 파인만은 멀
로이가 혼자서 모든 책임을 짊어졌던 이유에 대해 설득력 있는 설명
을 제시한다.

"의회로부터 나사 프로젝트에 대한 승인을 얻으려는 사람들은 '문제나 위험 등과 같은' 이야기를 듣고 싶어 하지 않는다. 차라리 듣지 않는 편이 더 솔직해질 수 있기 때문이다. 의회를 상대로 거짓말을 하는 입장에 처하고 싶지는 않은 것이다. 따라서 곧 태도가 바뀌기 시작한다. 거물급 인사나 중간 관리자들은 부하직원이 '봉인에 문제가 있습니다. 발사하기 전에 손을 봐야 합니다' 와 같은 거슬리는 정보를 알려주는 걸 반기지 않는다. 노골적으로 '말하지 말라' 고 하지는 않지만, 결국은 그런 거부의 감정을 드러내는 것이다."

우주왕복선 발사에 대한 '까다롭고 첨예한 문제' 에 관해 상사에게 보고하지 않기로 한 멀로이의 결정은 '생략의 거짓말' 이라고 할 수 있다. 1장에서, 거짓말의 정의에 대해 '한 사람이 속임수가 발생할 것이라는 사실을 미리 통보하지 않고 의도적으로 다른 사람을 속이려고 선택하는 행동' 이라고 밝힌 바 있다. 거짓 정보를 말하는 거짓말이든 중대한 사실을 생략하는 거짓말이든 방법의 차이일 뿐 결과적으로는 마찬가지다.

사전 통보는 중요한 문제다. 다른 사람을 사칭하는 것은 거짓말이지만 배우는 거짓말쟁이가 아니다. 배우가 하는 역할을 관객이 사전에 알고 있기 때문이다. 이보다 약간 애매한 경우로, 허풍과 같은 거짓말이 허락되는 포커 게임이나 처음부터 정직한 가격을 제시하지 않을 것으로 익히 예상되는 부동산중개업자의 매매 행위가 있다. 파인만의 말처럼 나사의 고위 관리들이 '나한테 말하지 마' 같은 분위기로 안 좋은 정보를 거부한다면, 이것이 사전 통보가 될 수도 있다. 멀로이를 비롯한 나사의 직원들은 안 좋은 소식이나 어려운 결정이 상부까지 전달되지 않을 것이라는 사실을 이미 알고 있었다는 것이다. 그렇다면 상부에 보고하지 않았다는 이유로 멀로이를 거짓말쟁이라 여겨서는 안 된다. 상부에서 거짓말을 용인한 셈이나 마찬가지니 말이다. 나는 '정보를 듣지 못한' 상사들 역시 상부에 보고하지 않은 멀로이와 함께 챌린저호 참사의 책임을 져야 한다고 판단한다. 상사는 최종적으로 발사 결정을 내리는 임무뿐만 아니라 조직의 분위기에도 책임을 져야 한다. 멀로이가 잘못된 판단을 내리고 상부에 보고하지 않기로 결정하기까지, 그들이 영향을 끼쳤다고 볼 수 있는 것이다.

"모든 일은 내가 책임진다"고 했던 해리 트루먼Harry Truman 전 대통령의 말이 옳다. 대통령이나 CEO는 감독하고, 평가하고, 결정하고, 그 결정에 책임을 져야 한다. '책임을 지지 않겠다'는 제스처가 단기적으로 유리할지는 모르겠지만 결국 직원들을 통제 불능으로 키운다. 또한 '거짓말을 허용하는 분위기'를 조성해 조직의 위계질서를 망가뜨리게 된다.

클라렌스 토마스와 애니타 힐

1991년 가을, 연방 대법관 지명자였던 클라렌스 토마스Clarence Thomas 판사와 법대 교수 애니타 힐Anita Hill 사이에 진실 공방이 벌어졌다. 텔레비전으로 생방송되었던 이 한 편의 연극 같은 진실공방은, 토마스 대법관 지명자에 대한 상원 인준 가결이 예상된 가운데 표결이 진행되기 불과 며칠 전에 발생했다. 상원인준 청문회에서 힐 교수는 '1981년부터 1983년까지 교육부 산하 인권사무소와 평등고용추진 위원회

회장 재임시절, 토마스 판사의 비서로 일하는 동안 성희롱을 당했다'고 폭로했다.

"토마스 판사는 수간獸姦, 그룹 섹스, 강간 등 포르노 영화에서 보았던 성행위 장면을 말하곤 했다. 또한 커다란 성기나 큰 가슴을 가진 사람들의 다양한 성행위 장면이 담긴 포르노를 보았다고 말하기도 했다. 몇 번은 자신의 성적인 능력을 매우 자세하게 말한 적도 있었다. 그러면서 만일 내가 이런 얘기를 다른 사람에게 하면 자신의 사회생활은 끝이라고 말했다."

그녀는 조금의 흔들림도 없이 차분하고 한결같은 태도였고 그 모습을 본 많은 시청자들은 매우 설득력 있는 주장이라고 생각했다.

힐 교수의 증언 직후 토마스 판사는 그녀의 말을 전면적으로 부인했다.

"나는 애니타 힐이 주장한 내용을 말한 적도, 행한 적도 없다. 오늘 언급되었던 나에 대한 모든 혐의를 부인한다고 분명하게 밝힌다."

토마스 판사는 상원사법위원회에서 자신의 명예를 실추시켰다고 분개하면서 자신은 인종차별 공격의 희생자라고 주장했다.

"그들은 이 나라 사람들이 흑인 남성에 대해 가지고 있는 최악의 선입견을 이용했다. 이 청문회는 한마디로 '흑인 고위관료에 대한 첨단 비방 공작'이다."

두 사람 중 누가 거짓말을 하고 있건 '전 국민이 지켜보는 가운데 의도적으로 거짓말을 하기'가 쉽지는 않았을 것이다. 거짓말에 따르는 이해관계가 두 사람 모두 엄청나게 컸기 때문이다. 옳던 그르던 언론이나 국민에 의해 거짓말로 판단될 만한 행동을 보인다면 어떤 결과가 빚어질까? 하지만 그런 일은 발생하지 않았다. 두 사람 모두 진실을 얘기하는 것처럼 보였기 때문이다.

힐 교수의 말이 진실이고 토마스 판사가 거짓말을 하는 것이라고 가정해보자. 존 업다이크의 소설 〈결혼해주오〉에서, 바람피운 아내 루스가 의심하는 남편을 속일 수 있는 방법 가운데 하나는 '선수를 쳐서 오히려 화를 내고 공격하면서 남편이 자신을 불신한 데 대해 수세적인 태도를 취하도록 만드는 것'이었다. 클라렌스 토마스 판사가 거짓말을 하는 것이었다면 그의 행동이 바로 그런 식이었다고 볼 수 있다. 그는 대단히 격노했는데 애니타 힐이 아니라 상원을 향해 분노를 터뜨렸다. 마치 '골리앗에 맞서 싸우는 다윗처럼' 용맹을 드러내며 정치인들을 싫어하는 모든 사람들의 공감을 얻어내는 또 다른 이점을 확보했다.

청문회 전부터 토마스 판사를 반대해 온 사람이라면 이런 식의 추리가 만족스럽겠지만 그렇다고 해서 토마스 판사가 거짓말을 했다는 것이 입증되지는 않는다. 그의 말이 진실이었다고 해도 그는 상원사법위원회를 공격했을 것이다. 반대로 힐 교수가 거짓말쟁이였다면 '토마스의 지명을 막으려고 했던 반대당의 노력이 수포로 돌아간 바로 그 시점'에 그녀의 말을 믿고 마지막 순간 공개석상에 자신을 증인으로 앉힌 상원에 격노하는 것도 당연하다. 힐 교수가 거짓말쟁이였다면 토마스 판사는 너무나 화가 나고 흥분한 나머지 텔레비전으로 그녀가 증언하는 모습을 참고 바라볼 수 없었을 것이다.

애니타 힐의 증언이 거짓이었을까? 나는 그럴 가능성이 낮다고 생각한다. 자신이 거짓말쟁이라면 그녀는 사람들이 자신의 말을 믿어주지 않을까봐 두려워했을 텐데, 그런 염려의 기색을 전혀 찾아볼 수 없었다. 그녀는 침착하고 차분한 태도로 증언을 했고 감정의 징후를 거의 보이지 않았다. 그러나 거짓말 행동단서가 없다고 해서 반드시 진실하다는 뜻은 아니다. 애니타 힐에게는 할 말을 준비하고 연습할 시간이 충분했다. 따라서 그녀는 거짓말을 더욱 그럴듯하게 할 수도 있었을 것이다. 다만 그럴 가능성은 적다고 생각한다.

애니타 힐보다는 토마스 판사의 말이 거짓일 가능성이 더 큰 가운데, 나는 가장 그럴듯한 또 다른 가능성에 대해 생각했다. 두 사람 모두 진실을 말하는 것도, 그렇다고 거짓말을 하는 것도 아니라는 것. 실제로 '무슨 일이 있긴 있었다' 고 가정해보자. 힐 교수가 주장하는 것처럼 대단한 일은 아니지만 그렇다고 토마스 판사가 부인하는 것처럼 아무 일도 없었던 것은 아닌 상황이다. 힐 교수의 과장과 토마스 판사의 부인이 여러 차례 반복되었다면, 우리가 텔레비전에서 그들의 증언을 지켜볼 즈음에는 두 사람 모두 '자신들이 하는 말 가운데 완전히 거짓인 내용이 무엇인지' 더 이상 기억하지 못하고 있었을 것이다.

토마스 판사는 자신이 한 행동을 잊어버렸을 수도 있었고 기억한다고 해도 상당 부분 희석된 내용으로 기억할 터였다. 그렇다면 그가 힐 교수의 주장에 대해 분노하는 것은 전적으로 정당하다. 그가 기억하는 관점에서는 거짓말이 아니라 진실을 말하는 것이기 때문이다. 실제든 오해든 모욕이나 무례한 태도 등으로 힐 교수가 토마스 판사를 원망하고 있었다면, 시간이 지나면서 실제로 벌어진 일을 과장하고 살을 붙였을 수도 있다. 그렇다면 그녀가 기억하고 믿는 한, 그녀는 진실을 말하는 것이다. 이것은 자기기만과 비슷하다. 다른 점이라면 이 경우 매번 같은 말이 반복될 때마다 조금씩 내용이 가미되면서 천천히 거짓말로 발전한다는 사실이다.

거짓말의 나라

미하일 고르바초프Mikhail Gorbachev가 정권을 장악한 지 1년 만에 체르노빌의 원자력 발전소에서 원자로가 폭발하는 사고가 발생했다. 이 사고로 방출된 방사능 오염 구름이 동유럽은 물론 서유럽 일부 지역까지 퍼져나갔다. 처음에 구 소련 정부는 이 사실에 대해서 함구하고 있었다. 그러다가 스칸디나비아 과학자들이 대기 중의 방사능 수치가 매우 높아졌다는 사실을 알게 되면서, 3일이 지난 후에야 비로소 구 소련 정부는 거대한 사고가 발생한 사실을 인정했으며 32명의 사람들이 사망했다고 밝혔다. 그러나 몇 주 만에 기자회견을 연 고르바초프는 서방 국가들의 반응을 비난하기에만 급급했다. 구 소련 정부는 피해 지역 주민들을 일찍 대비시키지 못하는 바람에 많은 사람들이 방사능에 피폭되었다는 사실을 단 한 번도 인정하지 않았다. 러시아 과학자들은 체르노빌 원전 사고로 최대 만 명에 가까운 사람들이 사망했을 것이라고 추정한다.

체르노빌 원전 사고가 발생한 지 약 5년 후인 1991년 12월 초, 우크라이나 국회는 미하일 고르바초프를 비롯한 7명의 구 소련 관리들의 기소를 요구했다. 원전 사고를 조사했던 우크라이나 입법 위원회회장이었던 볼로디미르 야보리브스키Volodymyr Yavorivsky는 이렇게 밝혔다.

> "고르바초프로부터 전보 판독가에 이르기까지 모든 지도자들이 방사능 오염 수치를 알고 있었다."

수십 년 동안 구 소련 사람들은 '뭔가를 이루려면 법을 어기고 법망을 피해가야 한다'고 배웠다. 구 소련은 거짓말과 속임수가 일상이 된 국가로 전락했다. 국민들 모두는 '사회체제가 부패하고 공정하지 못하기 때문에 체제를 뛰어넘어야 살아남을 수 있다'고 인식하게 되었다. 국민 모두 '규칙을 어기거나 기피해야 한다'고 믿는 나라에서는 사회기관들이 효과를 발휘할 수가 없다. 정부가 변한다고 해서 그런 태도가 순식간에 바뀔 거라고는 기대할 수 없다. 정부에서 하는 말을 믿는 사람은 아무도 없기 때문이다.

지도자가 하는 말을 국민이 믿어주지 않는 국가는 살아남을 수 없다. 국민의 신뢰를 되찾기 위해서는 국민이 충성할 수 있는 '대담한 주장과 강력한 행동'을 보이는 강한 리더가 나타나야 할 것이다.

미국인들은 거짓말하는 정치인에 관해 이런 농담을 주고받는다. "정치인이 거짓말한다는 것을 어떻게 알 수 있나? 움직이는 입을 보면 알지!" 그러나 러시아 방문으로 나는, 국가 지도자가 진실하지 않을 것이라고 의심하면서도 여전히 지도자가 진실하길 기대한다는 사실을 깨달았다. 법은 대부분의 사람들이 공정하다고 믿을 때, 법을 위반하는 것이 옳다고 느끼는 사람이 대다수가 아니라 소수일 때 효과를 발휘한다. 민주주의에서는 대다수의 국민이 주로 진실을 알고 있으며, 공정성과 정의가 이루어지고 있다고 믿을 때에만 정부가 제대로 작용할 수가 있다.

신뢰를 완전히 잃은 상태에서는 어떤 중대한 관계도 지속되지 않는다. 친구가 자기의 이익을 위해 나를 배반했다는 사실을 알게 되면 우정은 계속될 수가 없다. 배우자가 한 번도 아니고 여러 차례 자신을 속였다는 사실을 알게 되면 결혼 생활은 금이 가는 정도가 아니라 깨질 수도 있다. 나는 국민을 강제로 억압하지 않는 한 지도자가 항상 거짓말을 한다고 국민이 믿는 정부는 오래 가지 못할 것이라고 생각한다.

아직은 우리가 그런 상태까지 온 것은 아니라고 생각한다. 관료가 하는 거짓말은 여전히 뉴스거리가 되고 그런 관료는 존경이 아니라 비난을 받기 때문이다. 거짓말과 부패는 우리 역사의 일부이다. 전혀 새로운 일은 아니지만 그래도 평범한 것이 아니라 드문 일이라고 여겨진다. 우리는 여전히 악한을 내쫓을 수 있다고 믿는다.

워터게이트 사건과 이란-콘트라 문제를 미국 체제가 실패했다는 증거로 여길 수도 있겠지만 정반대를 나타내는 근거로 볼 수도 있다. 닉슨은 사임을 해야 했다. 대법원 수석 재판관인 워렌 버거Warren Burger가 닉슨의 뒤를 이어 대통령에 취임한 제럴드 포드 대통령의 취임을 선서했을 때 그는 그 자리에 있던 한 상원의원에게 이렇게 말했다고 한다. "제도가 효과를 발휘했어요. 다행히도 말이죠." 노스와 포인덱스터를 비롯한 여러 사람들이 의회 청문회에서 위증한 혐의로 기소되었다. 이란-콘트라 조사를 위해 열린 의회 청문회에서 하원의원인 리 해밀턴Lee Hamilton은 다음과 같은 토마스 제퍼슨Thomas Jefferson의 말을 인용하며 올리버 노스를 꾸짖었다. "정부라는 조직은 정직함의 기술로 구성되어 있다."

입은 침묵해도 표정은 진실을 말한다

이 책은 거짓말쟁이보다는 거짓말 탐지자에게 더 도움이 될 것이다. 거짓말하는 능력보다는 거짓말 탐지 능력을 향상시키기가 훨씬 더 쉽다. 이해해야 할 점은 이런 능력을 배울 수가 있다는 것이다. 특별한 재능이 없어도 '거짓말이 어떻게 다른지'에 대한 나의 생각을 이해할 수가 있을 것이다. 부지런한 사람이라면 누구든, 거짓말 체크리스트를 활용하여 거짓말쟁이가 실수를 저지를 가능성을 추정해볼 수 있다. 그러나 내가 설명한 내용을 이해하는 차원만으로는 속임수의 단서를 감지하는 능력을 향상시킬 수 없다. 연습을 통해 기술을 연마해야 한다. 그러나 시간을 들여 2부에서 설명한 내용을 공부한다면 누구든 실력을 향상시킬 수 있다. 우리를 비롯한 여러 사람들이 좀 더 세심하고 정확하게 '관찰하고 듣는 법'을 훈련시킨 결과 사람들 대부분의 실력이 향상된 것을 알 수가 있었다. 그런 정식 훈련을 받지 않아도 혼자서 거짓말 단서를 포착하는 연습을 할 수 있다.

거짓말 탐지자를 위한 학교는 있을 수 있겠지만 거짓말쟁이를 위한 학교가 있다는 것은 말이 되지 않는다. 타고난 거짓말쟁이들은 그런 것이 필요치 않으며, 우리 같은 평범한 사람들은 거짓말하는 법을 배운다고 해도 실력을 늘릴 수 없기 때문이다. 타고난 거짓말쟁이들은 스스로 인식 못할지도 모르지만, 이미 그들은 이 책 속의 내용을 알고 있으며 또한 활용하고 있다. 거짓말을 잘 한다는 것은 쉽게 습득할 수 없는 특별한 재능이다. 사람들의 호감을 사고 매력적인 태도를 갖춘 타고난 연기자가 되어야 하기 때문이다. 그런 사람은 의도하는 인상만 보이면서 무의식적으로 표정을 관리한다. 따라서 특별히 따로 배울 만한 것이 없다.

대부분의 사람들에게 그런 도움이 필요하겠지만, 아무나 그렇게 되는 것은 아닐 것이다. 따라서 거짓말을 탄로 나게 만드는 것과 거짓말을 그럴듯하게 만드는 것에 대해 여태까지 살펴본 것이 별 도움이 되지 못할 것이다. 오히려 방해가 될지도 모른다. 거짓말은 '어떻게 해야 하고 어떻게 하면 안 되는지' 안다고 해서 잘 할 수 있는 게 아니다. 연습이 많은 도움이 될지, 정말로 의문이 든다. 모든 움직임을 미리 계획하는 사기 의식적인 거짓말쟁이가 있다면 그는 '한 걸음 한 걸음 머릿속으로 생각하며 스키를 타고 내려가는 스키어'와 같다고 할 수 있다.

그런데 예외적으로, 모든 사람들에게 도움이 될 수 있는 '거짓말에 관한 두 가지 교훈'이 있다. 우선 거짓말을 하려는 사람이라면 거짓말의 내용을 완전하게 꾸미고 기억하는 데 좀 더 많은 주의를 기울여야 한다. 거짓말쟁이들은 대부분 상대방으로부터 받게 될 질문, 마주하게 될 각종 상황들을 전부 예측하지는 못한다. 따라서 우연히 발생할 수 있는 상황에 대한 답을 준비하고 연습해야 한다. 이미 말한 내용과 모순되지 않는 설득력 있는 답변을 그때마다 재빨리 만들어내려면 '심리적으로 압박감을 느끼는 상태에서 차분함을 유지하는 정신적인 능력'이 필요하다. 하지만 그런 능력을 가진 사람은 드물다. 거짓말에 대한 또 다른 교훈은 실수를 저지르지 않고 거짓말을 하기가 어렵다는 점이다. 이 책을 여기까지 읽은 독자라면 지금쯤이면 알 수 있을 것이다. 대부분의 사람들은 상대방이 거짓말을 잡아내려고 충분한 주의를 기울이지 않을 때에만 발각을 모면할 수가 있다.

나는 거짓말을 더 잘하는 방법을 가르치려고 해본 적이 없다. 뚜렷한 근거가 있어서라기보다, 별 도움이 되지 않으리라는 것을 알기 때문이다. 나의 연구가 거짓말쟁이보다는 거짓말 탐지자에게 도움이 되는 편을 원하기에, 이런 추측이 맞길 바란다. 그렇다고 거짓말이 본래부터 사악한 것이라고 믿지는 않는다. 적어도 거짓말 중 일부는 도덕적으로 정당화될 수 있는 것도 있다. '정직도 잔인할 수가 있다'는 점을 설득력 있게 주장하는 철학자들이 많이 있다. 그럼에도 나는 거짓말쟁이보다는 거짓말 탐지자 편이다. 거짓도 흥미롭긴 하지만 그 밑에 깔린 '진정으로 느끼는 감정'을 발견하는 것이 내 연구의 주목적이다. 은폐가 완벽하지 않고, 거짓 감정이 실제 감정과 비슷할 뿐 다르다는 증거를 찾기 위해 '실제로 느끼는 감정과 거짓 감정의 차이점을 발견하는 일'은 상당히 보람된 작업이다. 이런 점에서 보면 거짓말 연구는 단지 거짓말에 관한 것만은 아니다. 그것은 우리 삶의 의식적인 부분과 무의식적인 부분 사이에서 벌어지는 특별한 내적 갈등을 목격할 수 있는 기회를 제공한다. 더불어 겉으로 드러나는 내면의 감정 징후를 얼마나 의도적으로 잘 통제할 수 있는지 배울 기회를 제공한다.

거짓말보다는 거짓말 탐지를 더 옹호하지만, 거짓말을 들춰내는 것이 항상 이로운 일은 아니라는 점을 말하고 싶다. 친구를 배려하는 마음에 따분함을 드러내지 않는 사람의 경우, 그 사실이 발각된다면 얼마나 멋쩍을 것인가. 형편없는 아내의 요리를 최고라고 먹어치우는 남편이나 고장 난 세탁기를 어떻게 고쳤는지 의기양양 설명하는 남편의 말을 들어주는 아내는 가식적이라고 말할 수는 없는 것이다. 군사적인 속임수의 예를 들면, 당연히도 거짓말을 탐지하는 쪽이 아니라 거짓말을 하는 쪽에 국익이 달려 있다. 제2차 세계대전 당시, 연합국 국민 중에 연합군이 상륙작전을 펼칠 프랑스 해변이 노르망디인지 칼레인지 히틀러가 속아 넘어가길 바라지 않았던 사람이 있었을까? 히틀러라면 당연히 연합군의 거짓말을 파헤치려고 했으리라.

거짓말 탐지가 항상 정당한 것은 아니다. 진심으로 생각하거나 느끼는 것이 무엇이든, 때로는 거짓말하는 의도를 존중해줘야 할 때도 있고 때로는 상대방의 말을 그대로 믿어줘야 할 때도 있다. 거짓말 탐지는 생각이나 느낌을 밝히지 않을 권리, 즉 프라이버시를 해친다. 범죄 수사나 자동차 매매, 계약 협상처럼 거짓말 탐지가 정당화되는 상황도 없는 것은 아니다. 그러나 당사자가 원할 경우, 개인적인 감정과 생각을 혼자서 간직하면서 '다른 사람들이 겉으로 보이는 감정을 믿어줄 것'이라고 기대하는 게 당연시되는 분야도 있다.

거짓말이 밝혀지지 않는 편이 나은 경우는 '이타주의'나 '프라이버시 존중'의 예 말고도 많다. 때로는 속는 편이 나을 때도 있다. 주인은 손님이 즐거운 시간을 가졌다고 생각하는 편이 더 행복할 것이다. 거짓 메시지가 듣기에만 좋은 것이 아니라 때로는 진실보다 더 유용할 때도 있다. "오늘 기분이 어떤가?"라고 묻는 상사의 질문에 "좋습니다"라고 대답하는 부하직원의 거짓말은 "아침에 부부싸움을 해서 지금도 기분이 좋지 않습니다"라고 말하는 진담보다 더 적절한 정보를 제공하는지도 모른다. 그 거짓말은 '개인적인 일로 기분이 안 좋긴 하지만 맡은 업무를 제대로 하겠다'는 의도를 사실대로 밝히는 것이기 때문이다. 물론 이런 선의의 거짓말을 속아주는 경우에도 대가가 따를 수 있다. 부하직원의 기분을 상사가 알았더라면, 최소한 그날 저녁 늦게까지 야근을 시키지는 않았을 테니까. 때로 거짓말 탐지는 관계를 저버리고 신뢰를 무너뜨리며 '그럴 만한 사정이 있어' 주어지지 않은 정보를 훔치게 되는 경우도 있다. 또한 거짓말 탐지자라면, 적어도 거짓말 단서를 탐지하는 것이 '상대방의 바람과는 상관없이, 허락도 받지 않은 채, 자기 마음대로 행동하는 것'이라는 점을 깨달아야 한다.

처음 거짓말 연구를 시작했을 때, 어떤 결과를 얻게 될지 전혀 알지 못했다. 각자 주장하는 바들이 상반되었기 때문이다. 프로이드는 이렇게 주장했다.

> "볼 수 있는 눈이 있고 들을 수 있는 귀가 있는 사람이라면 누구도 비밀을 유지할 수 없다고 믿어도 좋을 것이다. 입술이 침묵한다 해도 손가락이 말을 할 것이다. 비밀은 온몸에서 새어나갈 것이다."

하지만 거짓말이 성공하는 경우가 제법 많다는 사실을 알고 있었던 나는 첫 번째 연구를 통해 '사람들이 거짓말을 탐지하는 가능성이 우연히 맞출 확률보다 못하다'는 점을 발견했다. 정신과 의사와 심리학자들 역시 다른 사람들에 비해 나을 게 없었다. 이런 연구 결과에 나는 만족한다. 우리는 완벽한 거짓말쟁이도, 그렇다고 완벽하지 않은 거짓말쟁이도 아니며, 프로이드의 주장처럼 거짓말을 탐지하는 것이 쉽지도 않고 그렇다고 불가능하지도 않다. 이런 결과로 인해 문제가 더 복잡해지긴 하지만, 그렇기 때문에 더욱 흥미롭다. 거짓말을 하는 불완전한 능력은, 아마도 생존에 필요한 기본 요건인지도 모른다.

누구나 완벽하게 거짓말을 하거나 아무도 거짓말을 하지 않는다면 어떨지 상상해보라. 감정을 속이는 거짓말이 가장 어려운 거짓말이며 나의 흥미를 돋우는 것 역시 감정이기에 나는 감정에 관한 거짓말의 이점을 생각해보았다. 남이 실제로 느끼는 감정을 전혀 알지 못하고 알 수도 없다면, 삶은 더 보잘 것 없을 것이다. 겉으로 드러나는 모든 감정이 그저 남을 기쁘게 하거나 조종하거나 속이기 위한 꾸밈에 불과하다면, 사람들은 삶의 애착을 느끼지 못할 것이다. 한 달 된 아기가 성인만큼 능숙하게 감정을 숨기고 왜곡할 수 있다면 부모가 어떤 어려움에 처할지 상상해보라. 아기의 울음은 거짓말쟁이 양치기 소년의 "늑대다!" 외침일 수도 있다. 우리는 감정적인 진실이 담긴 속마음이 존재하며, 대부분의 사람들이 감정을 속일 수도 없고 속이지도 않을 것이라고 믿으며 살아간다. 아이디어를 속이는 것만큼 감정을 배반하는 것이 쉽다면, 말처럼 표정과 몸짓도 쉽게 위장할 수 있다면, 감정적인 삶은 피폐해질 것이다. 우리는 늘 남들을 경계하며 살아가게 될 것이다.

반대로 사람들이 절대 거짓말을 할 수 없다면 어떨까. 즐거움을 느낄 때만 미소를 짓고 즐겁지 않을 때는 절대 미소를 지을 수 없다면, 삶은 더 거칠어질 것이다. 상호 간에 유지하기 힘든 관계가 많아질 것이다. 공손함이나 일을 원만하게 처리하려는 노력, 드러내고 싶지 않은 감정을 숨기는 일은 모두 사라질 것이다. 혼자 있을 때가 아니면 남의 감정을 속속들이 알 수 있기에 뾰로통해지거나 상처를 어루만질수 있는 기회도 사라질 것이다. 지능이나 체구는 성인임에도 감정 통제는 석 달 된 아기와 같은 친구나 동료, 연인이 있다고 생각해보라. 상당히 고통스러울 것이다.

우리는 아이처럼 투명하지 않다. 물론 100퍼센트 완벽하게 내 자신을 감추지도 못한다. 우리는 적당히 거짓말을 하기도 하고, 때로 진실하기도 하며, 남의 거짓말을 감지하거나 놓칠 수도 있다. 종종 속을수도 있으며 진실을 파악할 수도 있다. 우리에게는 선택권이 있다. 그것이 우리의 특성이다.

폴리그래프 거짓말 탐지기

캘리포니아 주 출신 전직 경찰관이 우리 부서에 지원했다. 전형적인 경찰관의 외모를 가진 데다 관련 법규에 대한 지식도 풍부한 그는 이상적인 지원자처럼 보였다. 그는 사전 면담 중 어떤 범죄도 저지르지 않았다고 했다. 그러나 폴리그래프 테스트 결과 거짓이라는 사실이 드러났는데 그제아 근무 중에 열두 차례나 절도를 저질렀고, 경찰차를 이용해 훔친 물건들을 실어 나르기도 했으며, 실적을 올리기 위해 훔친 마약을 무고한 사람이 소지한 것처럼 꾸며 죄를 뒤집어씌웠고, 열여섯 살밖에 안 되는 어린 소녀들과 경찰차에서 성관계를 가졌음을 인정했다.

– 〈경찰의 폴리그래프 테스트 이용 실태 조사〉, 캘리포니아 살리나스 경찰서의 폴리그래프 검사관 W.C. 미크(W.C. Meek) 수사 경관의 답변 중에서

페이는 1978년 톨레도에서 체포되었다. 그는 아는 사람을 강도 살해한

혐의로 붙잡혔다. 그가 체포된 이유는 피해자가 죽기 직전 마스크를 쓴 강도가 "버즈(페이)인 것 같다"는 말을 남겼기 때문이었다. 경찰의 수사가 진행되는 두 달 동안 보석이 허락되지 않은 페이는 수감되었지만 그가 살인을 했다는 증거는 찾을 수 없었다. 결국 검찰은 페이에게 폴리그래프 테스트를 받으면 기소를 취하하겠다고 제안했다. 단, 테스트 결과 거짓말을 했다는 사실이 드러나면 법정에서 그 사실을 인정하는 조건이 붙었다. 조건에 동의한 페이는 폴리그래프 테스트를 받았지만 통과하지 못했다. 다른 조사관이 실시한 두 번째 테스트에서도 역시 거짓말이라는 결과가 나왔다. 페이는 혐의가 가중되어 무기징역을 선고받았다. 그로부터 2년 후 진짜 살해범들이 잡혀 자백을 하는 바람에 페이는 혐의를 벗게 되었고 그 즉시 풀려났다.

– 심리학자 데이빗 릭켄의 논문에 소개된 사례 중에서

폴리그래프의 장단점을 주장하는 사례들이 실효성 논란을 한층 더 가열시키고 있지만, 폴리그래프의 정확성을 입증하는 과학적인 근거는 거의 없다. 4,000건의 기사와 책들 가운데 실제 연구 결과를 다룬 것은 400건이 채 되지 않는다. 그 중에서 최소한의 과학적인 기준을 충족시킨 것은 30~40건뿐이다. 과학적인 근거가 마련되지 않은 상태에서 폴리그래프에 관한 논쟁은 여전하다. 주로 경찰관, 정보 당국, 절도와 횡령을 우려하는 기업체, 그리고 폴리그래프를 연구했던 과학자 가운데 일부가 폴리그래프의 사용을 지지하고 있다. 반면 인권운동가, 법조인, 변호사, 폴리그래프를 연구했던 또 다른 일부 과학자들은 이를 비판하는 형국이다. 참고로 폴리그래프 거짓말 탐지기에 관한 연구를 실시한 과학자들은 불과 몇 명 안 된다.

여기서는 폴리그래프 사용의 장단점을 좀 더 이해하기 쉽게 설명할 것이다. 각각의 입장을 분명하게 밝히고 과학적인 근거의 한계를 알려서 폴리그래프에 관한 판단을 내려야 하는 사람들이 올바른 선택을 내릴 수 있도록 도와주려는 목적이다. 비단 정부 관료나 경찰관, 판사, 변호사만이 아니다. 오늘날을 살아가는 모든 이들은 폴리그래프에 관한 입장을 이해해야만 한다. 언제 폴리그래프가 이용될 수 있는지, 테스트 결과를 어떻게 해석해야 되는지가 중대한 공공 정책의 문제로 대두되고 있기 때문이다. 개인적인 차원에서 폴리그래프를 더잘 이해하고 싶은 사람도 있을 것이다. 높고 낮은 수준의 학력과 훈련이 요구되는 비정부기관 기업체에서, 조직원들은 범죄혐의와는 무관하게 업무를 계속하거나 승진을 하기 위한 기본 조건으로 폴리그래프 테스트를 받고 있다.

앞서 밝혔던 '거짓말 행동단서에 관한 내 견해'는 폴리그래프를 이용한 거짓말 탐지에도 똑같이 적용된다. 폴리그래프 테스트를 할 때에도 발각의 두려움, 속임의 죄책감, 속이는 기쁨 때문에 거짓말이 탄로 난다는 것. 거짓말 탐지자는 오델로의 실수와 더불어 브로커 위험을 유의해야 한다는 것. 폴리그래프 검사관 역시 거짓말을 믿는 실수와 진실을 불신하는 실수를 저지르지 않도록 주의해야 한다는 것. 거짓말을 탐지할 때 발생하는 대부분의 위험과 예방책은 폴리그래프를 이용할 때나 행동단서를 보고 거짓말을 감지할 때나 똑같이 해당된다는 것 등이 그것이다.

그러나 폴리그래프에는 다음과 같이 새롭고 복잡한 개념도 있다.

- **정확성과 효용성의 차이** : 폴리그래프가 정확하지 않아도 유용하게

이용될 수 있는 방법

- **근본적인 진실 파악** : 거짓말하는 사람이 누구인지 확신할 수 없는 상태에서 폴리그래프의 정확성을 파악하기 어려운 문제
- **기본적인 거짓말 비율** : 아무리 정확한 테스트라도 실험 대상에 거짓말쟁이가 별로 포함되지 않을 경우 오류가 많이 생기는 현상
- **겁을 먹고 거짓말을 그만 두는 행동** : 아무리 검사 절차에 문제가 있더라도 테스트 자체에 위협을 느껴 거짓말을 하지 않게 되는 현상

폴리그래프는 어떤 식으로 작용하는가

웹스터 사전Webster Dictionary에서 '폴리그래프'라는 단어는 "동시에 각기 다른 몇 가지 박동의 변화를 기록하는 도구, 넓은 의미의 거짓말 탐지기"라고 정의되었다. 여기서 '박동'은 움직이는 종이 그래프 상에서 펜이 휘는 정도에 의해 기록된다. 폴리그래프 펜은 어떤 종류의 활동도 측정할 수 있지만, 폴리그래프라는 용어는 대개 '자율신경계 활동의 변화를 측정하는 것'을 의미한다. 앞서 나는 심장박동, 혈압, 피부 전도율, 피부 온도의 변화 등 자율신경계의 활동이 감정적인 고조의 징후라고 설명했다. 이 가운데 호흡이 가빠지고 땀을 흘리고 얼굴을 붉히고 창백해지는 등의 신체 변화는 폴리그래프 없이도 관찰할 수 있다. 폴리그래프는 육안으로 볼 수 있는 작은 변화를 감지할 뿐 아니라 육안으로 확인할 수 없는 심박수 등 자율신경계 활동을 기록하여 이런 변화를 보다 정확하게 나타낸다. 이는 몸의 여러 부분에 부

착된 센서를 통해 증폭 신호를 감지하는 방식으로 이루어진다. 보통 폴리그래프를 이용해 거짓말을 탐지할 때는 네 개의 센서가 부착된다. 기송관이나 줄이 조사대상자의 가슴과 배 주변에 부착되어 호흡의 깊이와 횟수를 측정한다. 또한 이두박근에 둘러진 혈압기가 심장 활동을 측정한다. 마지막으로 손가락에 부착된 금속 전극봉인 네 번째 센서가 발한의 미세한 변화를 측정한다.

폴리그래프가 때때로 거짓말 탐지기로 불리기도 한다는 웹스터 사전의 정의는, 완전히 틀린 것은 아니지만 오해의 소지가 있다. 폴리그래프는 본래 거짓말을 탐지하는 것이 아니다. '거짓말만 나타내는 완벽한 증거' 라는 게 세상에 존재한다면 문제는 훨씬 더 간단했을 것이다. 하지만 그런 것은 존재하지 않는다. 폴리그래프는 거짓말을 직접적으로 측정하지 않는다는 점에 대해서는 이견이 없다. 폴리그래프가 측정하는 게 아니다. 감정의 고조로 나타나는 생리 현상의 변화, 즉 감정이 고조되었다는 자율신경계의 징후만을 나타낼 뿐이다. 집중, 정보 검색, 어려운 문제와 같은 특정한 정보 처리 과정 또한 자율신경계 활동의 변화를 일으킬 수가 있다. 거짓말 행동단서도 마찬가지이다. 표정, 제스처, 목소리의 변화가 그 자체만으로 거짓말을 나타내는 것은 아니라고 앞에서 누차 설명했다. 그런 행동은 감정이 고조되었거나 골똘히 생각하고 있다는 사실을 나타내는 징후일 뿐이다. 다만 말하는 내용과 감정이 맞지 않거나 말을 꾸며내는 것처럼 보이기 때문에 거짓말이라고 유추할 수 있을 따름이다. 고조된 감정의 종류를 판단하는 데는 폴리그래프보다 행동단서가 더 정확한 정보를 제공한다. 미세 표정은 당사자의 분노, 두려움, 죄책감 등을 나타내는 반면, 폴리그래프는 감정이 고조되었다는 것만 알려줄 뿐 어떤 감정이 고조되었는지는 설명해주지 않는다.

거짓말을 감지하기 위해 폴리그래프 검사관은 이를테면 "750달러를 훔쳤는가?"처럼 범죄와 연관된 중요한 질문을 던졌을 때 그래프에 기록되는 활동과 "오늘이 화요일인가?", "프랑스에 가본 적이 있는가?"처럼 다른 문제에 대한 용의자의 답변을 비교한다. 그리고 다른 질문에 비해 범죄와 관련된 질문을 답변할 때 폴리그래프 상의 활동이 증가할 경우, 혐의가 있는 것으로 간주한다.

폴리그래프 검사는 행동단서가 그렇듯 오델로의 실수에 취약하다. 오델로는 데스데모나가 느끼는 두려움이 실은 '자신을 믿어주지 않는 남편 때문에 충실한 아내가 느끼는 두려움'이라는 사실을 직시하지 못했다. 거짓말쟁이뿐만 아니라 결백한 사람도 의심을 받을 수 있는 상황에서는 감정이 고조될 수 있다. 범죄 혐의에 대한 의심을 받아 '비밀 정보 사용 권한을 박탈당할 수 있는 활동'에 대해 취조 받고 '기밀문서를 언론에 유출했다'는 의심을 받는다면 여느 결백한 사람이라도 감정이 고조될 것이다. 그저 폴리그래프 테스트를 받으라는 말만 들어도 두려움을 느끼는 사람들이 있다. 특히 검사관과 경찰관이 용의자 자신에 대해 편견을 가지고 있다고 생각되면 더욱 그럴 것이다. 거짓말하는 사람이 거짓말을 하면서 느낄 수 있는 감정이 두려움만은 아니다. 앞에서 설명했듯 거짓말하는 사람은 발각에 대한 두려움만큼이나 속이는 기쁨을 느낄 수 있다. 이런 감정으로 인해 폴리그래프가 측정하는 자율신경계의 활동이 일어나는 것이다. 이런 감정은 거짓말하는 사람뿐 아니라 결백한 사람들도 느낄 수 있다. 용의자가 느끼게 되는 감정은 용의자의 성격, 용의자와 거짓말 탐지자와의 관계, 용의자의 기대치에 따라 달라진다.

통제 질문 기법

폴리그래프 검사를 실시할 때 이용하는 질문 방식 가운데 가장 많이 이용되는 방식은 통제 질문 기법Control Question Technique이다. 용의자는 범죄와 관련된 질문뿐이 아니라 "750달러를 훔쳤는가?"와 같은 통제 질문까지 받게 된다. 이런 질문이 통제하는 것이 무엇인지, 그리고 얼마나 잘 통제하는지에 관한 의견 대립 때문에 논란이 빚어지는 기법이다. 범죄수사를 위해 통제 질문 기법의 활용을 지지하는 과학자 데이빗 라스킨의 설명을 인용해보자.

"검사관은 용의자에게 이런 식으로 말할 수가 있다. '이것이 절도사건이므로 절도와 당신의 기본적인 정직성에 관한 몇 가지 일반적인 질문을 던지겠다. 이 질문에 대한 답변을 살펴보면 당신이 어떤 유형의 사람인지, 돈을 훔치고 나서 거짓말을 할 만한 사람인지 파악하는 것이 가능하다. 내가 만일 열여덟살 때까지 남의 것을 훔친 적이 있느냐고 물으면 당신은 뭐라고 대답할 것인가?' 질문을 제기히는 방식과 검사관의 행동은 모두 용의자를 당황하게 만들고 방어적인 태도를 취하게 하여 '아니오' 라는 대답을 이끌어 내기 위한 것이다. 이 방식은 결백한 조사대상자가 범죄 관련 질문보다 통제 질문에 대한 거짓 답변을 더 우려하게 만들도록 고안되었다. 죄를 지은 사람이라면 범죄 관련 질문이 자신에게 가장 심각하면서도 즉각적인 위협이 되기 때문에, 그런 질문에 거짓으로 대답한 사실을 더 우려할 것이다. 반면 결백한 사람이라면 범죄 관련 질문에 대해서는 솔직한 답변을 하기 때문에 통제 질문에 대한 답변의 진실성에 더 신경을 쓰게 될 것이다."

유죄 지식 기법을 선호하는 데이빗 릭켄은 통제 질문 방식을 비판하는 심리학자 가운데 한 명이다. 반면에 래스킨은 유죄 지식 기법을 비판한다. 폴리그래프의 사용에 관한 자신의 저서에서 릭켄은 이렇게 주장했다.

"통제 질문 기법이 주장하는 바와 같은 효과를 보려면, 테스트가 절대 오류를 범하는 법이 없으며(사실은 그렇지 않다) 통제 질문에 강한 반응을 보이면 자신이 위험에 처하게 된다고(이와 정반대다) 조사대상이 믿어야 한다. 모든 폴리그래프 검사관이 이 두 가지 그릇된 주장을 모든 조사대상에게 납득시킨다는 것은 말도 안 되는 일이다."

릭켄의 주장처럼 폴리그래프를 이용하는 사람들, 심지어 가장 비판하지 않는 옹호자들조차 폴리그래프가 완벽하다고 믿지 않는다. 폴리그래프는 오류를 범한다. 그리고 용의자가 이 점을 알아서는 안 된다는 릭켄의 주장은 일리가 있다.[1] 결백한 용의자가 '폴리그래프가 오류를 범한다' 는 사실을 알면 검사를 받는 내내 뭔가 잘못되어 누명을 쓰지 않을까 두려워할지도 모른다. 그렇게 두려워하면서 불신하는 용의자라면 통제 질문과 범죄 관련 질문에 대한 답변에 차이를 보이지 않을 수가 있다. 이처럼 모든 질문에 답변할 때마다 감정이 고조된다면 폴리그래프 검사관은 그가 범죄를 저질렀는지 결백한지 판단을 내릴 수 없다. 더 심각한 것은 폴리그래프가 결함이 있다고 믿는 결백한 용의자가, 통제 질문보다 범죄 관련 질문에 대해 두려움을 더 많이 느껴 범죄를 저질렀다는 결과가 나오는 경우다.[2]

통제 질문에 대해 강한 반응을 보일 경우 위험에 처한다는 두 번째 주장 또한 사실과 다른데, 폴리그래프 검사관들도 이 점을 알고 있다. 오히려 정반대로 범죄 관련 질문 "750달러를 훔쳤는가?"보다 통제 질문 "열여덟 살이 되기 전까지 자기 것이 아닌 것을 훔친 일이 있는가?"에 더 많은 반응을 보여야 위험에서 벗어나고 결백하다는 결과가 나온다. 750달러라는 범죄 관련 질문에 더 많은 감정적인 반응을 보여야 할 사람은 결백한 사람이 아니라 절도범이기 때문이다.

폴리그래프 검사가 효과를 보기 위해서는 통제 질문이 적어도 범죄 관련 질문만큼 결백한 사람의 감정을 고조시킬 수 있어야 한다. 그러기 위해서는 통제 질문이 용의자에 대한 판단을 내리는 데 영향을 끼칠 것이라고 믿게 만들어 결백한 용의자가 범죄 관련 질문보다 통제 질문에 대한 답변을 더 많이 우려하게 만들어야 한다.

예를 들면 이런 식이다. 폴리그래프 검사관은 거의 모든 사람들이 열여덟 살이 되기 전에 남의 것을 훔친 일이 있다고 생각한다. 일반적인 상황이라면 어린 시절 잘못한 일을 솔직하게 인정하는 사람도 있을 것이다. 그렇지만 결백한 사람이라도 폴리그래프 검사를 받는 동안에는 '그 사실을 인정할 경우 검사관이 자신을 절도범으로 여길까봐' 인정하지 않게 된다. 폴리그래프 검사관이 원하는 것은 결백한 사람이 절대 남의 것을 훔친 일이 없다며 통제 질문에 거짓말을 하는 것이다. 그래야 거짓말을 할 때 감정적으로 고조되어 폴리그래프 차트에 기록될 수 있기 때문이다. 그런 다음 "750달러를 훔쳤는가?"라는 범죄 관련 질문을 받게 되면 결백한 용의자는 솔직하게 아니라고 대답할 것이다. 이 경우, 거짓말이 아니기 때문에 적어도 통제 질문에 거짓으로 대답할 때만큼 감정적으로 고조되지 않는다. 따라서 폴리그래프 차트에도 별다른 반응이 나타나지 않는다. 절도범 역시 750달러를 훔쳤냐는 질문에 아니라고 대답하겠지만 통제 질문에 거짓으로 답할 때보다 범죄 관련 질문에 거짓으로 답할 때 감정적으로 더 고조된다. 결백한 사람의 폴리그래프 차트는 "750달러를 훔쳤는가?"라는 질문보다 "열여덟 살까지 남의 것을 훔친 일이 있는가?"라는 질문에 더 많은 감정적 고조를 나타내지만, 범죄를 저지른 사람의 경우에는 750달러 질문에 더 많은 감정적 고조를 나타낸다는 것이 기법의 원리다.

그렇다면 통제 질문 기법을 이용할 때 오델로의 실수를 저지르지 않을 조건은 '결백한 용의자가 범죄 관련 질문보다 통제 질문에 더 감정적으로 고조되는 상황'이라 할 수 있다. 그렇지 않으면 진실을 불신하는 실수가 발생할 수도 있기 때문이다. 어떻게 하면 진실을 불신하는 실수를 저지르게 될까? 어떤 상황일 경우 결백한 용의자가 통제 질문보다 범죄 관련 질문에 더 감정적으로 고조될 수 있을까? 지적인 조건과 감정적인 조건 두 가지가 모두 충족되는 경우다. 먼저 검사관이 두 종류의 질문이 뚜렷하게 차이나지 않도록 꾸몄음에도, 용의자가 지적으로 그 차이를 인식하는 것이다. 다른 질문과 달리 750달러에 관한 질문이 '구체적인 사건에 관한 최근 경험을 묻는 것이라는 점'을 용의자가 인식할 수도 있다. 또 결백한 용의자라도 범죄 관련 질문이 자신에게 더 위협적이라고 느낄 수 있다. 범죄 관련 질문은 처벌과 직접적인 연관이 있는 반면, 통제 질문은 더 이상 처벌의 가능성이 없는 과거의 죄를 묻기 때문이다. [3]

결백한 용의자가 통제 질문을 받았을 때보다 구체적이고 위협적인 범죄 관련 질문을 받았을 때 더 큰 감정을 보이지 않는다면, 폴리그래프 거짓말 탐지기는 여전히 효과를 볼 수가 있다. 반대로 결백한 용의자가 통제 질문보다 범죄 관련 질문에 더 큰 감정적인 반응을 보여 유죄로 판단되는 이유는 무엇인가? 여기 몇 가지 요인을 살펴보자.

1. **경찰을 믿을 수 없는 경우** : 특정한 범죄를 저지른 혐의가 의심되는 사람이 모두 폴리그래프 검사를 받는 것은 아니다. 폴리그래프 검사를 받는 결백한 용의자는 경찰이 자신을 용의자로 지목하는 큰 실수를 저질러 이미 명예가 훼손되었다는 점을 마음에 두고 있다. 자신이 범인이 아닌 이유와 그럴 만한 동기가 없다는 점을 용의자가 이미 설명했는데도 검사를 받으라는 한 이유는 경찰이 자신을 믿지 않는다는 뜻이다. 이 경우, 한편으로는 용의자가 폴리그래프 검사를 이용해 자신의 결백을 입증할 수 있는 기회로 삼을 수도 있지만, 다른 한편으로는 자신을 의심하는 경찰이 더 많은 실수를 저지르지 않을까 두렵기 때문이기도 하다. 경찰이 자신을 용의자로 볼 정도로 큰 실수를 저지른 이상, 폴리그래프 검사 또한 오류를 범하지 않는다고 장담할 수가 없다.

2. **경찰이 공정하지 못한 경우** : 범죄 용의자로 지목되기 전부터 경찰을 싫어하고 믿지 않는 사람도 있다. 결백한 용의자가 경찰을 비웃거나 경찰을 믿지 않는 소수 집단이나 소수 민족에 속하는 경우, 폴리그래프 검사관이 자신을 잘못 판단할 것이라고 예상하며 두려워할 가능성이 크다.

3. **기계를 믿을 수 없는 경우** : 자신이 범죄를 저지르지 않았는데도 경찰이 자신을 용의자로 여길 수 있다고 이해하는 사람도 있다. 그런 사람은 폴리그래프조차 믿지 않을 수 있다. 폴리그래프를

비판하는 기사나 잡지, TV 프로그램을 많이 본 사람일수록 믿지 않을 가능성이 크다.

4. **용의자가 원래부터 두려움과 죄책감을 많이 느끼거나 적대적인 사람일 경우** : 일반적으로 두려움이나 죄책감을 많이 느끼는 사람은 최근에 벌어진 일에 관한 구체적이고 위협적인 질문에 감정적인 반응을 더 크게 보일 수 있다. 일반적으로 적개심이 많은 사람일 경우, 특히 경찰에 분노를 느끼는 사람인 경우에도 마찬가지이다. 이런 감정은 모두 폴리그래프에 기록된다.

5. **결백한 용의자가 범죄와 관련된 사건에 감정적인 반응을 보이는 경우** : 범죄를 저지른 사람만 통제 질문보다 범죄 관련 질문에 더 큰 감정적 반응을 보이는 것은 아니다. 예를 들어 동료를 살해한 혐의를 받는 사람이 평소 동료의 성공을 질투했던 사람이라고 가정해보자. 경쟁자의 죽음으로 용의자는 그동안 질투해왔던 것을 후회하면서도 경쟁 상대가 없어졌음에 기뻐할 수가 있다. 또는 용의자가 동료의 피투성이 시신을 목격하는 바람에 큰 충격을 받은 경우를 가정해보자. 살인에 관한 질문을 받자 시신을 목격했을 당시에 느꼈던 감정이 되살아나면서도, 용의자는 그런 두려움을 인정하는 것이 남자답지 못하다고 생각할 수가 있다. 아니면 용의자 스스로가 이런 감정을 인식 못할 수도 있다. 그런 경우 폴리그래프 검사에서는 용의자가 거짓말을 하는 것으로 나타난다. 사실상 거짓말을 하는 것이 맞긴 하지만 범죄 사실을 숨기는 것이 아니라 남자답지 못한 감정을 드러내지 않을 뿐이다.

범죄 수사에 통제 질문 기법 이용을 지지하는 사람들은 이런 실수 요인을 인정하긴 하지만 '그런 경우는 무척 드물다'고 주장한다. 반대로 이 기법을 비판하는 일부 극단주의자들은 '결백한 용의자 가운데 많게는 50퍼센트에 달하는 사람들이 통제 질문보다 범죄 관련 질문에 더 감정적인 반응을 보인다'고 주장한다. 결국 폴리그래프가 오델로의 실수를 유발할 뿐이라는 것이다.

유죄 지식 테스트

폴리그래프 검사를 실시할 때 이용하는 질문 방식 가운데 많이 사용되는 또 하나는 유죄 지식 테스트다. 이 질문 기법을 이용하기 위해서는 범죄를 저지른 사람만이 알 만한 정보를 거짓말 탐지자 또한 알고 있어야 한다. 예를 들어 도난당한 돈의 액수와 모두 50달러 지폐로 이루어져 있다는 사실을 고용주와 절도범, 폴리그래프 검사관만 알고 있다고 가정해보자. 유죄 지식 테스트는 용의자에게 이런 식으로 물을 것이다.

"당신이 금전 등록기에서 돈을 훔쳤다면 얼마를 훔쳤는지 알고 있을 것이다. 금액이 150달러인가? 350달러인가? 550달러인가? 750달러인가? 950달러인가?"
"도난당한 돈은 모두 같은 액수의 지폐로 이루어져 있다. 그것이 5달러짜리 지폐인가? 10달러짜리 지폐인가? 20달러짜리 지폐인가? 50달러짜리 지폐인가? 100달러짜리 지폐인가?"

결백한 사람이 한 질문의 정답에 가장 강한 반응을 보일 확률은 1/5 다. 두 질문 모두의 정답에 가장 강한 반응을 보일 확률은 1/25, 그리고 범죄와 관련된 10가지 질문의 정답마다 가장 강한 반응을 보일 가능성은 천만 분의 일이다.

범죄를 저지른 용의자와 결백한 용의자 사이에 가장 중요한 심리적인 차이는 '범죄 현장에 있었는지의 여부'에서 비롯된다. 범죄 현장에 있었던 사람은 무슨 일이 벌어졌는지 알고 있으며 다시 말해 그 사람의 마음속에는 '결백한 사람에게는 없는 장면들'이 들어 있다. 이런 지식 때문에 범죄를 저지른 용의자가 범죄와 관련된 사람, 물건, 사건을 인식하게 되는 것이다. 그렇게 인식하면 용의자는 자극을 받아 감정적으로 고조하게 된다는 것이다.

유죄 지식 테스트가 가진 한 가지 한계는 이것이 범죄 수사에 항상 이용될 수 없다는 점이다. 범죄에 대한 정보가 널리 공개되는 바람에 범죄를 저지른 사람뿐만이 아니라 결백한 사람까지도 모든 사실을 아는 경우가 허다하기 때문이다. 언론이 정보를 공개하지 않아도 수사 과정을 통해 경찰이 공개하는 경우가 많다. 범죄에 따라서는 유죄 지식 테스트를 이용하기 적합하지 않은 것도 있다. 예를 들어 살해 사실은 인정하면서도 정당방위였다고 주장하는 사람의 거짓말을 밝히는데 이 기법을 사용하기는 어렵다. 또한 결백한 용의자라도 범죄 현장에 있었다면 경찰이 아는 만큼 자세한 사항을 모두 알고 있을 수가 있다.

통제 질문 기법의 옹호자 래스킨은 유죄 지식 테스트의 경우 거짓말을 믿는 실수를 저지르는 경우가 더 많다고 주장한다.

"이 기법은 범인이 범죄에 관한 구체적인 지식을 가지고 있다는 전제 하에 그걸 밝혀낼 만한 질문을 던지는 것이다. 그러나 만일 범인이 그런 구체적인 사항까지는 주시하지 않았거나 그럴 기회가 없었거나 마약에 취해 범죄를 저질렀다면, 유죄 지식 테스트는 적합하지 않을 것이다."

유죄 지식 테스트는 또한 폴리그래프가 측정하는 자율신경계 활동을 별로 보이지 않는 사람들에게는 효과를 거둘 수 없다. 앞서 거짓말 행동단서를 다루면서 설명했던 것처럼 감정적인 행동은 개인마다 차이가 크다. 감정이 고조되었다는 징후 중에 전적으로 믿을 수 있는 것은 없다. 모든 사람들이 공통적으로 보이는 단서도 없다. 표정, 제스처, 목소리, 심장박동, 호흡 가운데 어떤 것에도 아무 반응을 보이지 않는 사람이 있다. 앞서 말실수나 상징동작의 실수가 없다고 해서 용의자가 진실하다는 근거는 되지 않는다고 강조한 바 있다. 마찬가지로 폴리그래프에서 일반적으로 측정하는 자율신경계 활동이 나타나지 않았다고 해서 조사대상이 감정적으로 고조되지 않았다고 입증되는 것은 아니다. 유죄 지식 테스트를 받는 사람이 감정적으로 고조될 때에도 자율신경계 활동을 별로 보이지 않는 경우에는 확인 불가 상태로 분류된다. 릭켄은 그런 일이 벌어지는 경우가 매우 드물다고 말하지만 '범죄 용의자나 첩보 혐의를 받는 사람들 가운데 그런 현상을 보인 사람들이 얼마나 되는지'에 대한 연구는 실시된 적이 거의 없다. 자율신경계 활동을 별로 보이지 않는 사람들은 통제 질문 테스트를 받아도 마찬가지로 확인 불가라는 결과가 나온다. 통제 질문에 답할 때와 범죄 관련 질문에 답할 때 아무런 차이도 나타나지 않기 때문이다.

지원자 대상 폴리그래프 검사

OTA 보고서(미 국방부의 요청으로 기술평가국Office of Technology Assessment, OTA이 폴리그래프의 정확성에 관한 과학적인 증거를 기술한 보고서)와 래스킨, 릭켄은 지원자의 사전 채용 심사로 폴리그래프를 이용하는 것에 대해 모두 반대 입장을 취하고 있다. 반면에 많은 고용주, 전문 폴리그래프 검사관, 일부 공무원, 그 중에서도 특히 정보기관 소속 관리들은 이에 찬성하는 입장이다. 지원자 검사용으로 가장 많이 이용되는 폴리그래프 검사가 '채용 결격 사유가 될 만한 문제를 얼마나 정확하게 탐지하는지'에 대한 과학적인 연구는 없었다. 그 이유는 간단하다. 현장연구에서 근본적인 진실을 파악하기가 쉽지 않기 때문이다. 근본적인 진실을 파악하기 위해, 폴리그래프 테스트 결과에 상관없이 모든 지원자를 채용한 후 절도나 다른 부정한 행동을 저지르는 사람이 누구인지를 감시하는 방법이 있다. 과거 경력에 대해 거짓말하는 사람을 가려내기 위해 모든 지원자의 과거 이력을 철저하게 파헤치는 방법도 있다. 실수를 최소화하기 위해 과거를 철저하게 파헤치려면 굉장히 많은 비용이 든다. 근본적인 진실을 파악하기 위한 유사 연구는 고작 두 건에 불과하다. 한 연구에서는 매우 정확하다는 결과가 나왔고 나머지 연구에서는 그렇지 않다는 상반된 결과가 나왔다. 두 연구에는 일치하지 않는 부분이 너무나 많아, 그로부터 어떤 결론도 내릴 수가 없었다. [4]

　사전 채용 심사에 관한 폴리그래프의 정확성이 앞서 그래프로 나타낸 범죄사건 연구 결과와 똑같을 것이라고 가정할 수는 없다. 검사 받는 사람들의 부류가 다르고 검사 방법 또한 다르기 때문이다. 사전 채용 심사에서는 일자리를 얻기 위해 지원자가 반드시 검사를 받아야 한다. 하지만 범죄 용의자들은 검사를 받지 않겠다고 거부할 수가 있으며 그렇게 한다고 그것이 불리한 증거로 작용하지도 않는다. 래스킨은 사전 채용 폴리그래프 검사에 대해 이렇게 말했다.

> "강압적이라는 이유로 지원자가 반발심을 가질 수가 있는데 그것이 폴리그래프 검사의 정확성을 상당히 저해할 수가 있다."

폴리그래프를 통해 거짓말이 탄로 날 경우, 사전 채용 심사에서 받게 되는 처벌은 범죄사건에 비해 훨씬 덜한 편이다. 대가가 크지 않은 것이다. 따라서 거짓말하는 사람은 발각에 대한 두려움을 그다지 느끼지 않고, 결국 거짓말을 잡아내기가 더 어려워진다. 그렇지만 취직을 고대하는 결백한 지원자라면 검사의 판단이 잘못될까봐 두려워할 수 있는데, 그런 두려움 때문에 오히려 잘못된 판단이 나올 수도 있다.

폴리그래프의 이런 용도를 옹호하는 사람들은 '효과가 있다'는 주장을 펼친다. 폴리그래프 검사를 받은 많은 지원자들이, 검사를 받기 전에는 인정하지 않았던 일들을 인정하면서 자신에게 불리한 사실을 털어놓는다는 것이다. 이것은 효용성에 관한 주장이다. 폴리그래프 검사를 실시하는 것만으로도 '채용해서는 안 될 사람들을 가려낼 수 있다'면, 폴리그래프가 거짓말하는 사람을 정확하게 잡아내는지 여부는 중요하지가 않다는 점에서 폴리그래프가 유용하다는 주장이다. 릭켄은 이런 '효용성에 관한 주장'만으로는 설득력이 없다고 강조한다. 불리한 자백에 관한 보고가 실제 발생 건수를 과장했을 수도 있고, 불리한 자백을 한 사람들 가운데 압력을 받아 거짓 자백을 한 사람도 있을 수 있다. 게다가 채용결격사유가 될 만한 일을 한 사람이라면, 폴리그래프 검사에 위협을 느낄 정도로 겁먹지 않을 수도 있는 것이다. 정확성에 관한 연구 없이는 폴리그래프 검사를 통과하지 못한 사람들 가운데 진실한 사람이 몇 명인지, 폴리그래프 검사를 통과한 사람들 가운데 나중에 절도를 저지르게 될 사람이 몇 명인지 알 수 없다.

래스킨의 제자로 사전채용 폴리그래프 심사를 실시하는 심리학자 고든 바랜드Gordon Barland는 폴리그래프의 용도에 관해 또 다른 주장을 펼쳤다. 바랜드는 고용주가 사설 폴리그래프 검사 업체에 검사를 의뢰한 400여 명의 트럭 운전수, 출납원, 창고관리인과 같은 지원자들을 연구했다. 거짓말을 하는 것으로 판단된 155명의 지원자들 가운데 절반가량이 폴리그래프 결과를 통보받고는 이를 순순히 인정했다. 바랜드는 이렇게 거짓말을 인정한 사람들 중에 58퍼센트가 '거짓말을 했는데도 채용되었다'는 사실을 발견했다.

> "많은 기업들이 폴리그래프 검사 결과를 가지고 '채용 여부를 결정' 하
> 는데 이용하는 것이 아니라 '어떤 일을 맡길지' 결정하는 데 이용한
> 다. 예를 들어 알코올 중독임이 밝혀진 지원자라면 운전수보다는 항
> 만 근로자로 채용될 수 있다."

바랜드는 검사 결과 거짓말을 한 것으로 판명된 사람 가운데 거짓말한 사실을 인정하지 않은 78명의 채용결과에 특히 관심을 가져야 한다고 지적한다. 이들이 진실을 불신하는 실수의 피해자일지도 모르기 때문이다. 바랜드는 그런 사람들 가운데 66퍼센트가 어떤 식으로

든 채용되기 때문에 안심해도 된다고 말한다. 그렇지만 그런 사람들의 폴리그래프 결과가 달랐더라도 똑같은 일자리에 채용되었을지 알 방법은 없다. 폴리그래프 검사 결과 거짓말이라고 나왔음에도 계속해서 거짓말을 부인한 사람들 가운데 채용되지 않은 대부분의 사람들은 '폴리그래프 검사 전에 있었던 사전 면접에서 인정한 내용 때문에 채용이 거절' 된 것으로 나타났다.

"거짓말로 판단되었는데 인정하지 않았다는 이유로 채용되지 못한 사람들은 10퍼센트에도 못 미쳤다."

10퍼센트 이하라는 수치를 어떻게 생각할 것인지, 그것으로 인한 피해가 얼마나 클 것인지는 거짓말의 '기본 비율' 에 따라 달라진다. 폴리그래프 검사를 받는 범죄 용의자들 가운데 범죄를 저지른 사람들의 기본 비율은 대략 50퍼센트 정도이다. 폴리그래프 검사는 모든 용의자가 아니라 사전 범죄 수사를 통해 추려진 소수의 용의자들에게만 주어지기 때문이다. 바랜드의 연구에 따르면 지원자 가운데 거짓말을 하는 기본 비율은 20퍼센드 정도인 것으로 나타났다. 5명의 시원사 가운데 한 명이 사실로 알려질 경우 채용결격사유가 될 만한 뭔가에 대해 거짓말을 한다는 것이다.

폴리그래프 검사가 실제보다 더 정확하다고 가정해도 기본 비율이 20퍼센트라면 안타까운 결과가 나올 수밖에 없다. 래스킨은 사전채용 폴리그래프 검사에 반대하는 주장을 펼치기 위해 '폴리그래프 검사의 정확성은 자신이 실제로 생각하는 수치보다 훨씬 높은 90퍼센트' 라고 가정했다.

경찰 지원자 대상 폴리그래프 검사

이것은 폴리그래프 검사가 널리 이용되는 또 다른 용도다. 다른 직업군의 사전 채용 심사용으로 이용되는 폴리그래프 검사에 관해 앞서 살펴보았던 모든 주장이 여기에도 해당된다. 경찰만 따로 다루는 이유는 효용성에 관한 데이터가 존재하는 데다 직업 특성상 사전 채용 심사에 폴리그래프를 이용하는 것에 관한 새로운 논쟁이 가능하기 때문이다.

전문 폴리그래프 검사관 리차드 아서Richard Arthur의 논문 제목을 보면 논쟁의 요지를 알 수가 있다.

〈올해 당신의 부서는 얼마나 많은 강도, 절도범, 성범죄자를 고용할 예정입니까?〉

아서는 22개의 각기 다른 경찰서를 대상으로 설문조사를 실시했다. 아서에 따르면 1970년 설문조사에 응한 경찰서들이 실시한 사전 채용 폴리그래프 심사가 6,524건이었다고 한다. "2,119명의 지원자들로부터 처음으로 결격사유가 될 만한 정보를 알아낼 수 있었다. 결격률이 32퍼센트나 된다는 것이다! 가장 중요한 점은 6,524건의 심사 가운데 대부분이 서류 심사를 통과한 지원자들에게 주어졌다는 점이다!"

아서는 폴리그래프 사용이 얼마나 중요한지 나타내는 여러 가지 사례를 인용하여 자신의 주장을 뒷받침했다. 예를 들어 오하이오 클리블랜드 경찰서의 거짓말 탐지기 조작자 노먼 럭키Norman Luckay는 이런 사례를 제출했다.

"우리의 공인 임명 목록 가운데 상위 10명에 드는 사람이 있었다. 그 사람에게 사전 채용 폴리그래프 심사를 실시하자, 그는 미결 상태로 남아 있는 무장 강도 사건에 연루되어 있음을 자백했다."

경찰직 지원자 가운데 이렇게 많은 거짓말쟁이가 있다는 수치가 놀랍기는 하지만, 경찰 지원자들을 심사하는 데 폴리그래프가 얼마나 정확한지 과학적으로 인정할 수 있는 근거가 없다는 점을 잊어서는 안 된다. 이건 효용성과 정확성에 대한 문제다.

심사 결과 거짓말로 판단된 지원자들 가운데 거짓말을 인정하지 않고 잘못한 일을 자백하지 않은 사람은 몇 명인가? 그들에게 무슨 일이 벌어졌는가? 이 역시 효용성에 관한 데이터지만, 사전 채용 심사로 폴리그래프 이용을 옹호하는 사람들 대부분이 이 수치를 고려하지 않았다. 거짓말로 판단되었지만 인정하지 않은 지원자 가운데, 실제로는 진실을 말한 것이므로 채용되었어야 마땅한 사람이 몇 명인가? '진실을 불신하는 실수가 얼마나 많이 발생했는지'에 관한 이 문제에 답하려면 정확성 연구가 필요하다.

진실하다고 판단된 사람들 가운데 실제로 그렇지 않은 사람은 몇 명인가? 얼마나 많은 강도, 절도, 성범죄자 등이 폴리그래프 심사를 속였는가? 거짓말을 믿는 실수가 얼마나 많이 발생했는가? 이 문제에 답하려면 마찬가지로 정확성 연구가 이루어져야 한다.

이 점에 관한 정확한 근거가 없다는 사실이 놀랍다. 쉽지 않고 비용이 적게 들지도 않겠지만, 효용성에 관한 데이터만으로는 충분하지 않다. 진실을 불신하는 실수는 물론 거짓말을 믿는 실수가 얼마나 많이 발생하는지 알지 못하면, 그 대가는 엄청나게 커질 것이다.

이 문제에 관한 증거가 확보되기 전까지는 '경찰 지원자들을 대상으로 폴리그래프 검사를 실시하는 것이 정당하다는' 주장이 계속 될 것이다. 어쨌거나 바람직하지 않은 지원자를 상당히 많이 색출해내기 때문이다. 모두 잡아낼 수는 없다고 해도, 완벽하게 이상적인 경찰 지원자가 채용되지 않는다고 해도, '진실을 불신하는 실수의 피해자'에 비하면 대가가 그리 크지 않은 것일지도 모른다. 그러나 이것은 사회적이고 정치적인 판단일 뿐이다.

실생활에서 폴리그래프 확인하는 법

도덕적으로 바람직하지 못한 사람이 정보요원이나 다이아몬드 상인, 슈퍼마켓 출납원이 되지 못하도록 막는 조치가 가치 있는 것이라면, 이미 채용된 직원들에게 주기적으로 폴리그래프 검사를 실시하여 채용과정에 실수가 없었는지 확인하는 것 또한 유용하다고 여기는 것이 당연할 것이다. 다시 한 번 말하지만 폴리그래프 검사가 이런 용도로 이용될 경우 얼마나 정확한지를 분석한 데이터는 없다. 이 경우 아마도 거짓말하는 사람의 기본 비율이 채용 심사 때보다 낮아질 것이다. 사전 채용 심사에 의해 바람직하지 못한 사람들이 이미 '많이 걸러졌어야' 하기 때문이다. 게다가 뭔가 숨길 만한 것이 있는 직원의 숫자도 채용 심사 때보다 적어질 것이다. 그러나 거짓말에 대한 기본 비율이 낮을수록 '잘못된 판단이 일어나는 경우'는 늘어난다. 앞서 폴리그래프의 정확도가 90퍼센트라고 가정한 상태에서 1,000명의 직원들을 계산했던 사례를 다시 한 번 살펴보자. 대신 이번에는 '기본 비율이 20퍼센트가

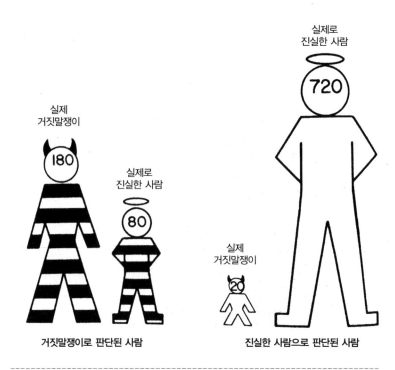

폴리그래프 테스트 결과
검사한 1,000명 가운데 20퍼센트(200명)가 거짓말쟁이로 판단됨

〈그림6〉

아니라 5퍼센트라고 가정' 했을 때를 계산해보자. 45명의 거짓말쟁이가 올바르게 판단되는데 반해 95명의 진실한 사람이 거짓말을 하는 것으로 잘못 판단된다. 그리고 855명의 진실한 사람들이 올바르게 판단되는 반면 5명의 거짓말쟁이들은 진실한 사람으로 잘못 판단된다.

〈그림6〉과 〈그림7〉은 거짓말하는 사람의 기본 비율이 그렇게 낮은 경우 나타날 수 있는 결과를 나타냈다. 기본 비율이 변할 때 거짓말하는 사람으로 잘못 판단되는 사람들의 수가 어떻게 바뀌는지 강조하기

폴리그래프 테스트 결과
검사한 1,000명 가운데 5퍼센트(50명)가 거짓말쟁이로 판단됨

〈그림7〉

위해 '정확도를 90퍼센트로 일정하게 유지' 했다. 정확성 연구가 없었기 때문에 두 사례 모두 정확도가 어느 정도 되는지는 알 수가 없다. 그렇지만 90퍼센트처럼 높을 가능성은 거의 없다. 거짓말하는 사람의

기본 비율이 20퍼센트일 때, 진실한 사람 한 명이 잘못 판단될 때마다 평균 2명의 거짓말하는 사람이 발각된다. 거짓말하는 사람의 기본 비율이 5퍼센트일 때는 반대 현상이 일어나, 거짓말하는 사람이 한 명 발각될 때마다 진실한 사람 2명이 잘못 판단된다.

폴리그래프 검사를 받아야 한다는 이유로 반발심이 생겨 정확한 결과를 얻기 힘들다는 주장은 여기에도 적용된다. 이미 채용된 직원이라면 폴리그래프 검사를 받아야 한다는 데 대해 '구직 중 채용 심사를 받을 때보다 더 큰 반발심'을 느낄지도 모른다.

사전 채용 심사용으로 폴리그래프 검사를 실시하는 것이 정당하다는 판단처럼, 경찰관이나 NSA와 같은 국가기관의 직원에게 폴리그래프 검사를 실시하는 것 또한 정당하다고 판단될 수 있다. 직업상 유혹에 빠질 수 있는데도 불구하고 경찰은 현직원에 대한 폴리그래프 검사를 거의 실시하지 않고 있다. 그렇지만 부패 사례를 들어 그것을 정당화하는 주장을 펼칠 수는 있을 것이다. NSA는 근무 중 폴리그래프 검사를 어느 정도 실시하는 편이다. 직원이 검사를 통과하지 못하고 후속 면접에서도 그 이유를 밝힐 수가 없으면 안전 수사가 실시된다. 폴리그래프 검사를 여러 차례 통과하지 못했지만 아무런 불리한 점이 발견되지 않아 '문제가 해결되지 못할 경우 무슨 일이 벌어지는지'를 물었다. 그러자 여태껏 그런 일이 단 한 번도 발생하지 않았기 때문에 규정된 정책이 없어 그때그때 판단할 수밖에 없는데, 그런 결정이 내려진 일은 단 한 번도 없었다는 답변이 돌아왔다. 이러한 일은 민감한 사안이라 잘못했다는 증거가 없는 상태에서 폴리그래프 검사를 여러 차례 통과 못했다는 이유만으로 수년 동안 근무했던 직원을 해고하기란 매우 어려운 일이다. 직원이 결백하다면 불공정하게 해고되었다는 사실에 분노를 느껴 오히려 근무하는 동안 알게 되었던 기밀을 누설하려 들지도 모른다. 그렇다고 "지난 해 다른 나라 첩보요원에게 기밀을 누설한 적이 있는가?"라는 질문에 아니오, 라고 대답한 직원이 감정적인 반응을 보이는데 아무런 조치도 취하지 않을 수는 없는 노릇이다.

폴리그래프와 속임수의 행동단서 비교

폴리그래프 검사관이 폴리그래프 차트만 가지고 용의자의 거짓말 여부를 판단하는 것은 아니다. 폴리그래프 검사관은 사전 수사를 통해 밝혀진 사실을 알고 있을 뿐 아니라, 예비 테스트 상담 시간에 검사 절차를 설명하고 검사에서 사용될 질문을 만들면서 더 많은 정보를 얻게 된다. 검사관은 또 예비 테스트 시간, 검사 시간, 검사 후 면담 시간을 통해 용의자의 표정, 목소리, 몸짓, 말하는 태도에 대한 인상을 얻는다. 용의자가 거짓말을 하는지 안 하는지 판단하는 데 검사관이 폴리그래프 차트뿐 아니라 행동단서까지 고려하는 문제에 대해, 두 가지 의견이 존재한다. 속임수의 행동단서를 고려하는 사람이 이용하는 훈련 자료를 살펴본 결과, 최근 발표된 연구 결과가 아니라 놀라울 정도로 시대에 뒤처진 것임이 밝혀졌다. 자료의 거짓말 행동단서를 해석하는 방법은 잘못된 내용이 대부분이었다.

'폴리그래프 검사와 행동단서를 근거로 내린 판단'과 '검사 대상을 직접 검사하지 않고 차트만 살펴본 폴리그래프 검사관의 판단'을 비교해본 연구는 단 네 건에 불과하다. 그 중 두 건은 행동단서만 근거로 한 판단과 폴리그래프 차트를 기반으로 한 판단의 정확성이 동일

하다고 주장했다. 또 한 건은 행동 단서를 근거로 한 판단이 정확하긴 하지만 폴리그래프 기록을 근거로 판단을 내렸을 때만큼 정확하지 않다는 결론을 내렸다. 그러나 이 세 건의 연구에는 모두 중대한 결함이 있다. 근본적인 진실이 불확실한 데다 검사 대상이나 검사관의 수가 너무 적었던 것이었다. 이런 문제는 래스킨과 커쳐Kircher가 실시한 나머지 한 연구에 의해 보완되었는데 아직 발표되지 않은 상태다. 그들은 행동단서를 근거로 한 판단의 정확성이 '우연히 맞출 정도' 밖에 안되는 반면, 검사 대상과의 접촉 없이 폴리그래프 차트만 살펴보고 내린 판단은 그보다 훨씬 정확하다는 사실을 알아냈다.

사람들은 종종 속임수의 행동 단서를 놓치거나 잘못 해석한다. 앞에서 설명했듯, 간호학과 학생들이 실제로 느끼는 감정을 솔직하게 묘사하는지 거짓말을 하는지 비디오테이프를 본 사람들은 알 수 없었다. 하지만 우리는 그들이 인식 못하는 속임수 행동단서가 있다는 사실을 알고 있다. 간호학과 학생들이 수술 장면을 보면서 느끼는 부정적인 감정을 속이며 거짓말을 했을 때, 목소리 톤이 높아졌고 설명동작이 줄었으며 어깨를 으쓱하는 상징동작의 실수를 더 많이 저질렀다. 그 중에서도 표정이 거짓말을 확인하는 데 가장 유력한 단서임을 우리는 알아냈다. 그중에서도 가장 강력한 단서는 행복한 미소 속에서 역겨움이나 경멸을 나타내는 미묘한 근육의 움직임이었다.

우리가 측정하는 것은 '사람들이 알지 못하는 것'이거나 아니면 '알아보지 못하는 것'이다. 래스킨과 커쳐의 연구처럼 폴리그래프 차트를 근거로 한 판단의 정확성과 속임수 행동단서의 측정을 통한 판단을 비교하고, 일반 사람이 아니라 훈련받은 사람들의 판단과 비교해보는 것이 중요하다. 최소한 일부 용의자에 대해 '폴리그래프 차트만을 근거로 한 판단에 행동단서에 대한 측정이 더해지면 거짓말을 탐지하는 정확성이 높아질 것'이라고 나는 예상한다. 속임수의 행동단서는 어떤 감정이 느껴졌는지에 관한 정보를 제공할 수 있다. 폴리그래프 차트에 나타난 감정은 두려움인가 분노인가? 아니면 놀람, 괴로움, 흥분인가?

폴리그래프 기록만으로 '어떤 감정이 느껴졌는지' 구체적으로 확인하는 것이 가능할지도 모른다. 우리는 '각각의 감정에 대해 각기 다른 패턴의 자율신경계 활동이 발생한다'는 사실을 발견했다. 거짓말을 탐지하기 위해 폴리그래프 차트를 해석하면서 이런 방법을 시도해본 경우는 없었다. 거짓말 단서와 폴리그래프 차트를 통해 알아낸 '구체적인 감정에 대한 정보'는 진실을 불신하는 실수와 거짓말을 믿는 실수의 발생을 줄이는 데 도움이 될 수 있다. 조사해야 할 또 다른 문제는, 행동 단서와 폴리그래프 차트를 통해 구체적인 감정을 해석할 경우 '거짓말 탐지를 빠져나가기 위한 교묘한 대응책을 얼마나 잘 감지할 수 있는지' 살펴보는 것이다.

폴리그래프는 협조적으로 동의하는 용의자에게만 실시할 수가 있다. 그에 비해 행동단서는 허락을 구하거나 사전 통지를 하지 않아도 용의자가 의심을 받는지 알지 못하는 상태에서도 언제든 읽을 수 있다. 특정한 용도로 폴리그래프 검사를 실시하는 것을 법으로 금지할 수는 있지만 속임수의 행동단서를 이용하는 것을 법으로 금지할 수는 없다. 정보를 유출한 공무원을 잡아내는 데 폴리그래프 검사를 실시하는 것이 합법화되지 않는다 해도 거짓말 탐지자가 의심 가는 사람들의 행동을 면밀히 살펴볼 수는 있을 것이다.

배우자든 외교관이든 흥정을 하는 장사꾼이든, 거짓말이 의심된다고 해도 폴리그래프를 사용할 수 없는 경우가 많다. 신뢰 관계가 아니래도 심문하는 것 같은 질문조차 허용되지 않을 때가 많다. 부부 사이나 친구 사이, 부모와 자녀처럼 신뢰가 바탕이 되어야 하는 관계에서는 폴리그래프는커녕 유도 심문조로 질문을 하는 것만으로도 오히려 관계가 위험해질 수 있다. 자녀에게 더 많은 권위를 가진 부모라 해도, 심문을 하는 데 따른 대가를 감당하기가 어려울지도 모른다. 결백하다는 아이의 주장을 받아들이지 않으면 아이가 복종을 한다 해도 관계가 영원히 나빠질 수 있다. 이에 복종하지 않는 아이도 있을 것이다.

사람들의 말을 있는 그대로 인정하면서 거짓말을 잡아내려고 하는 대신, '삶을 있는 그대로 받아들이면서 속지 않기 위해 아무런 노력도 하지 않는 것'이 최선이거나 윤리적이라고 생각하는 사람들이 있다. 자신이 속을 수 있는 위험이 높아질 수 있음에도 결백한 사람을 거짓말쟁이로 오해하는 일을 저지르지 않겠다고 선택하는 것이다. 때로는 그것이 최선의 선택일 수 있다.

거짓말 탐지자는 몸짓, 표정, 폴리그래프 징후가 거짓말인지 진실인지를 나타낼 수 있는 모든 가능성을 추정해야 한다. 전적으로 확신할 수 있는 경우는 드물다. 감정과 말하는 내용이 맞지 않아 얼굴 전체에 표정이 드러나거나 장황한 말을 하다가 자신도 모르는 사이에 숨겨진 정보를 발설해서 거짓말이 드러나는 등의 경우, 거짓말하는 사람 또한 그 사실을 깨닫고 자백을 하게 될 것이다. 폴리그래프처럼 거짓말을 나타내는 행동단서나 진실을 나타내는 단서가 있다는 사실을 인식하면, 좀 더 조사할 것인지 말 것인지 결정하는 근거가 될 수 있을 뿐이다.

|주|

제1장

1 사고방식이 바뀌고 있는지도 모른다. 카터 대통령의 언론 보좌관인 조디 파월 Jody Powell은 다음과 같이 거짓말을 정당화했다. "첫 날 첫 질문부터 정부 관료에 관한 까다로운 질문을 받았다. 정부에게 거짓말을 할 권리가 있는가에 관한 의견이 분분했던 것이었다. 상황에 따라서는 권리뿐만이 아니라 거짓말을 해야 하는 긍정적인 의무까지도 가지고 있다. 4년 간 백악관에 있으면서 나는 그런 상황을 두 번이나 겪었다." 그리고는 "한 번은 완전 무고한 많은 사람들에게 엄청난 고통과 수치심을 안겨주지 않기 위해서" 거짓말을 했다고 설명했다. 나머지 한 번은 이란에 억류된 미국인 인질들을 구출하기 위한 군사 계획을 은폐하기 위해서였다고 밝혔다. (조디 파월, 《이야기의 이면The Other Side of the Story》, 뉴욕: 윌리엄 모로우 앤 컴퍼니, 1984년도 출간)

2 고정관념의 근거에 대해서 추측하는 일은 재미있다. 이마가 넓은 사람들은 뇌가 크다는 잘못된 속설이 있다. 입술이 얇은 사람이 잔인하다는 고정관념은 화가 나면 입술이 얇아진다는 정확한 단서를 토대로 한다. 문제는 순간적인 감정 상태를 나타내는 표시를 인성의 특성을 판단하는 근거로 삼았다는 점이다. 그런 판단은 입술이 얇은 사람들이 항상 화를 내기 때문에 그렇게 보인다는 점을 시사한다. 그렇지만 원래부터 얇은 입술을 타고난 사람들도 있다. 마찬가지로 입술이 두꺼운 사람이 관능적이라는 고정관념도 성적으로 흥분하는 순간 입술에 피가 몰려 두꺼워진다는 정확한 단서를 오해한 데서 비롯되었다. 이 경우에도 타고난 인성을 판단하는 근거로 삼는 것은 옳지 않다. 두꺼운 입술 또한 태어날 때부터 그럴 수도 있다.

3 시셀라 복Sisela Bok은 내가 왜곡이라고 부르는 것을 거짓말이라고 분류하고 내가 은폐라고 부르는 것을 비밀이라고 정의한다. 그녀가 내린 정의는 도덕적인

중요성에 관한 것이다. 그녀는 거짓말을 "부정적인 추측이 가능한, 잘못되어 보이는 것"이라고 주장하는 반면 비밀은 반드시 그런 것은 아니라고 주장한다.

4 이브 스윗서Eve Sweetser는 표적이 왜곡보다 은폐의 거짓말을 들었을 때 더 화가 날 수도 있다는 흥미로운 주장을 펼친다. 이 경우 상대방이 거짓말을 했다고 불만을 제기할 수 없기 때문에 상대방이 합법적인 허점을 뚫고 도망갔다고 느끼기 때문이다.

5 포커꾼들에 관한 연구에서 데이빗 하야노David Hayano는 전문 도박꾼들이 이용하는 또 다른 방법을 설명한다. "상대방을 불안하고 긴장하게 만들기 위해 포커를 하는 내내 지껄이는 도박꾼도 있다. 진실은 거짓말로 들리고 거짓말은 진실로 들린다. 재잘거림과 더불어 언어적인 행동이 꾸며지고 제스처가 과장된다. 그런 포커꾼을 두고, '밸리 댄서보다 더 많이 움직인다'라고 표현한다."

제2장

1 사이코패스들은 전문가들을 속인다. "36명의 연쇄 살인범을 심문한 FBI의 행동 과학부 감독관인 로버트 레슬서Robert Resllser는 이렇게 말했다. '대부분 겉모습이나 대화상으로는 정상으로 보인다.' 전 경찰관이자 심리학과 학생이고 연쇄 살인범에 관해 다섯 권의 책을 저술한 저자인 룰Rule은 우연히 테드 번디Ted Bundy와 함께 일했다는 사실을 알게 되었을 때 연쇄 살인범의 심리를 잠시 살펴볼 수가 있었다. 훗날 번디는 여러 차례 살인을 저지른 혐의로 기소되었는데 그 중에는 룰과 함께 일하던 시절에 저지른 살인도 있었다. 그들은 금방 친해졌다. 룰은 이렇게 말했다. '테드는 교묘하게 사람을 조종하는 사람이었다. 그가 당신을 속이는지 아닌지 절대 알 수가 없다. 그가 반사회적인 성격을 갖고 있었는데도 불구하고 나는 항상 그가 정직하다고 느꼈고 그의 외모는 완벽했다. 나는 무엇을 찾아야 하는지 알고 있다고 생각했지만 테드와 함께 일할 때는 한 가지 징후도, 단서도 볼 수가 없었다.'

-제3장-

1 거짓말에 대한 연구 결과 이렇게 정반대의 결과가 나오는 이유를 정확하게 파악하기는 힘들다. 실험 자체가 그렇게 믿을 만하지 못하기 때문이다. 거의 대부분의 연구가 대가가 별로 없는 사소한 일에 대해 거짓말을 했던 학생들을 실험 대

상으로 삼았다. 거짓말에 관한 실험 대부분이 어떤 종류의 거짓말을 연구하는 것인지조차 제대로 규정하지 않고 있다. 대개 연구 대상으로 삼은 거짓말은 연구실에서 실험하기가 비교적 쉬운 것들이다. 이를테면 학생들에게 사형제도나 낙태에 관해 본래 자신의 생각과 정반대되는 의견을 설득력 있게 제시하라고 지시하는 것처럼 말이다. 또는 학생들에게 사진을 보여주고 사진 속에 있는 사람이 좋은지 싫은지 의견을 물은 다음 반대의 생각을 가지고 있는 척 행동하라고 지시하는 연구도 있다. 대개 이런 실험들은 거짓말과 표적의 관계와 이 관계로 인해 거짓말하는 사람이 노력하는 정도가 어떻게 달라지는지 고려하지 않는다. 이런 실험에서는 거짓말하는 사람과 표적이 서로 알지 못하는 데다 다시 마주칠 일이 있을 것이라고 생각할 만한 이유가 없기 때문이다. 때로는 실제로 표적이 없는 경우도 있다. 거짓말하는 사람이 기계에다가 거짓말을 하게 하는 것이다.

제5장

1 우리 연구를 비롯한 대부분의 연구는 어떤 사람이 거짓말을 하는 것인지 아니면 사실대로 말하는 것인지 우연히 맞출 확률보다 더 잘 맞추는 사람이 거의 없다는 사실을 발견했다. 우리는 또한 대부분의 사람들이 실제로 정확한 판단을 내리지 못하면서도 자신의 판단이 맞는다고 생각한다는 사실도 알아냈다. 그러나 꽤 정확하게 거짓말을 감지할 수 있는 뛰어난 사람들도 일부 있다. 그런 사람들의 능력이 타고난 것인지 아니면 특별한 상황을 통해 그런 능력을 갖게 된 것인지 아직 파악하지 못하고 있다. 내가 진행하는 연구가 거짓말을 가장 잘 감지하는 사람에 초점을 맞춘 것은 아니지만 내가 알아낸 바에 의하면 이런 능력은 일반적인 정신과 전문의 훈련을 통해 길러지는 것은 아니다.

2 이밖에 다른 테스트 절차와 관련된 실수를 나타낼 때는 내가 진실을 불신하는 실수라고 부르는 것을 긍정오류False positive라고 지칭하고 거짓말을 믿는 실수를 부정오류False negative라고 지칭한다. 거짓말을 살펴볼 때는 이런 용어들이 혼란스러울 수 있기 때문에 여기에서는 사용하지 않았다. 거짓말을 한 사람에게 긍정이라는 단어가 적절하지 않는 것 같았기 때문이다. 또한 긍정오류와 부정오류가 어떤 종류의 실수를 나타내는지 기억하기가 어렵기도 했다. 진실을 불신하는 실수를 나타내는 또 다른 용어로는 거짓 경보false alarm가 있으며 거짓말을 믿는 실수를 지칭하는 용어로는 미스miss라는 말이 있다. 이런 용어들은 간결하긴 하지만 내가 사용한 구문처럼 구체적이진 못하다.

1 그 당시 관련자들의 진술이 모두 이런 식의 판단을 내렸지만 한 가지 예외적인 내용이 있었다. 체임벌린과의 회담 내용을 워싱턴에 보고하면서 조셉 케네디 는, "체임벌린은 (히틀러를) 상당히 혐오했다. 그는 히틀러가 잔인하고 고압적 이며 차가운 눈빛을 가진데다 수단과 목적을 가리지 않을 정도로 무자비한 사 람이라고 말했다"라고 적었다.

2 이 점에 관해서는 저마다 이야기가 다르다. 소랜슨은 케네디가 그로미코를 속 여야 한다는 데 대해 확신하고 있었다고 말하지만 엘리 에이블Elie Abel은 회담 이 끝나자마자 케네디 대통령이 그로미코에게 사실대로 밝히지 않은 것이 실수 였는지 러스크Rusk와 톰슨Thompson에게 물었다고 회고한다.(〈미사일 위기The Missile Crisis〉, p.63)

3 도브리닌에 관한 논쟁은 계속된다. "이 회담 이후로 도브리닌이 미사일 배치 사 실을 알고 소련 외부무 장관을 도와 케네디 대통령을 속이려고 한 것은 아닌지 에 대한 의문이 끊이지 않는다. '틀림없이 알고 있었을 것이다. 그는 조국을 위 해 거짓말을 했어야 했던 것이다'라고 당시 국무부 직원이었던 조지 볼George W. Ball은 말한다. 전 대법원 재판관인 아서 골드버그Arthur J. Goldberg 역시 '케 네디 대통령과 그의 동생이 어느 정도 도브리닌에게 속았다고 할 수 있다. 그걸 몰랐다는 것은 말이 안 된다'라고 말한다. 다른 사람들은 잘 모르겠다는 입장이 다. 케네디의 국가안보 자문인 맥조지 번디McGeorge Bundy는 도브리닌이 몰랐 을 것이라고 추측할 뿐이라고 말한다. 소련 체제하에서는 군사 정보가 기밀로 붙여지기 때문에 쿠바에 미사일을 배치한 사실을 도브리닌이 몰랐을 수도 있다 고 많은 미국 전문가들은 입을 모은다." (매들린 카브Madeline G. Kalb, 〈도브리 닌 요소The Dobrynin Factor〉, 1984년 5월 13일자 뉴욕타임즈 매거진, p.63)

4 소련 사람은 다른 국민에 비해 더 비밀스럽기도 하고 더 진실하기도 한 것으로 알려져 있다. 소련 전문가인 월터 한Walter Hahn은 비밀 엄수는 오랜 옛날부터 지켜왔던 특성으로 소련의 특성이 아니라 러시아인의 특성이라고 주장한다. (〈 소련의 비밀 엄수의 원동력The Mainsprings of Soviet Secrecy〉, 1964년 출간). 로 널드 힝글리Ronald Hingley는 러시아인이 자발적으로 남들에게 사생활에 대한 정보를 알려주고 낯선 사람이 있는 곳에서도 감정에 휩싸인 발언을 하는 경향 이 있다고 말한다. 그렇다고 해서 그들이 다른 민족에 비해 진실성이 더하거나 덜하다는 뜻은 아니다. "그들 가운데에도 가장 말이 없거나 예의범절을 따지

는 앵글로색슨 사람만큼이나 무뚝뚝하고 엄하며 말을 삼가는 사람이 있다. 다른 민족처럼 러시아인의 심리도 다양하기 때문이다." (힝글리, 〈러시아인의 심리The Russian Mind〉, p.74) 스윗서는 다른 문화에 비해 더 잘 속이는 문화가 있는 것이 아니라 문화에 따라 속이는 정보의 종류가 다를 뿐이라고 믿는다. (〈거짓말의 정의The Definition of a Lie〉, 언어와 사고Language and Thought 중 문화 모델Cultural Models, 나오미 퀸Naomi Quinn 도로시 홀랜드Dorothy Holand 편집). 그에 반박할 근거는 없지만 거짓말이나 거짓말 탐지에 대한 국가적 문화적 차이를 조사한 연구가 거의 없었기 때문에 어떤 결론이든 성급하다는 생각이다.

5 지미 카터 대통령 역시 비슷한 인상을 받았다. 레오니트 브레주네프Leonid Brezhnev 소련 대통령과의 첫 만남을 설명하면서 카터는 회담 이틀 째 브레주네프를 만났을 때 처음으로 했던 말을 다음과 같이 인용했다. "이번 회담이 상당히 지연되긴 했지만 마침내 한 자리에 모였으니 최대한 진행시켜보도록 합시다. 어제 '우리가 성공하지 못하면 신이 용서하지 않을 것입니다' 라는 브레주네프 대통령의 말씀에 저는 깊은 감동을 받았습니다." 그의 말을 들은 "브레주네프가 다소 당혹한 기색을 보였다"는 카터 대통령의 말은 처칠과 마찬가지로 카터 역시 신에 대한 발언을 진지하게 받아들였다는 점을 시사한다. (카터, 《믿음 갖기Keeping the Faith》, 밴탐 북스, 1982년 출간, p.248)

6 이런 일을 한다고 인정하는 사람은 아무도 없겠지만 미 국방부 직원과의 서신과 CIA와의 전화통화를 통해 첩보활동과 외교에서 속임수 단서를 연구하는 사람들이 있다는 사실을 암시하는 내용을 전해 들었다. 내가 본 것은 국방부가 투자한 것으로 기밀로 분류되지 않은 연구였는데 상당히 형편 없는데다 일반적인 과학적 기준도 충족하지 못했다.

제7장

1 각 전문가 그룹이 일반적으로 다루는 상황과 비슷한 종류의 거짓말 탐지 테스트를 실시했다면 결과가 훨씬 더 나았을지도 모른다. 우리는 전문 분야 내에서 거짓말을 잘 탐지하는 사람이 아니라 상황에 상관없이 훌륭한 거짓말 탐지자가 누구인지를 알아낸 것인지도 모른다. 그렇지만 나는 상황과 거짓말 탐지 능력은 무관하다고 생각한다. 다만 연구를 더 해봐야 그런 가능성을 배제할 수가 있을 것이다.

1 이 내용만 가지고는 자기기만이 용어만 다를 뿐 프로이드의 억압이라는 개념을 나타내는 것이라고 생각할 수가 있다. 자기기만과 억압 사이에는 적어도 두 가지 차이점이 존재한다. 억압의 경우에는 성격상 깊이 뿌리박힌 욕구로 인해 무의식적으로 자기 자신에게서 정보를 은폐하지만 자기기만의 경우에는 그렇지 않다. 또한 자신을 속이는 사람에게 진실을 들이대면 거짓말했다는 사실을 깨닫게 만들 수가 있지만 억압의 경우에는 진실을 얘기해도 억압하는 당사자가 진실을 인정하지 않는다.

부록

1 이 점에 관한 릭켄의 논리가 그럴듯하고 나의 추론과도 일치하지만 래스킨은 그 근거가 확실하지 않다고 지적한다. 사전 검사를 통해 고의로 실수를 저질러 폴리그래프 검사가 오류를 범할 수도 있다는 점을 용의자에게 알려준 두 실험 결과, 본 검사에서 거짓말을 탐지하는 확률이 현저히 줄지 않은 것으로 나타났다. 그렇지만 래스킨이 인용한 이 실험의 타당성이 문제시되었다. 이것은 더 많은 연구를 필요로 하는 많은 문제들 가운데 하나다.

2 래스킨은 노련한 폴리그래프 검사관이라면 통제 질문과 범죄 관련 질문 가운데 어느 것이 더 용의자에게 중대한 것인지 드러내지 않을 수 있다고 주장한다. 그렇지만 나를 비롯한 통제 질문 기법을 비판하는 사람들은 특히 영리한 용의자에게 그렇게 성공적으로 숨길 수 있다는 주장이 타당하지 않다고 생각한다.

3 통제 질문 기법을 옹호하는 사람은 노련한 검사관이라면 용의자가 과거에 저지른 실수에 대해 죄책감을 느끼고, 과거의 실수가 자신을 평가하는 데 영향을 끼칠 것이라 믿으며, 과거 경험에 대한 거짓말이 탄로 날까봐 두려워하게 만들 수 있기 때문에 범죄 관련 질문보다 통제 관련 질문에 대한 답이 더 강하게 나타날 것이라고 주장할 것이다.

4 이 두 가지 연구에 관해서는 OTA의 판단을 그대로 따랐다. 사전 채용 심사로 폴리그래프 검사를 선호하는 사람들은 이 연구들을 믿을 만하고 중요한 것이라고 여긴다. 이 연구들을 인정한다고 해도 폴리그래프가 사전 채용 심사를 얼마나 정확하게 하는지 결론내릴 수 있는 과학적인 근거가 없다고 말하는 편이 합리적이라고 믿는다. 이렇게 논란의 여지가 있는 중요한 문제에 관한 결론을 내리기 위해서는 두 건의 연구만으로는 충분하지가 않다.

옮긴이 이민주

호주 멜버른 대학에서 심리학을 공부했고 주한호주대사관에서 근무했다. 현재 출판전문 번역가로 왕성한 활동을 펼치면서 세계 곳곳에 숨어 있는 아름답고 좋은 책들을 국내 독자들에게 소개하고자 노력하고 있다.

옮긴 책으로는 《텔링 라이즈: 상대의 속마음을 간파하는 힘》 《피드백 이야기》 《눈사람 마커스》 《life is: 인생이 내게 준 소중한 가르침》 《리치웨이》 《팀장이 CEO다》 《매력 있는 팀장은 피드백이 다르다》 《서른이 되기전에 알아야 할 것들》 《상상력이 경쟁력이다》 《아주 특별한 헌신》 《긍정의 한 마디》 《내 마음의 아스피린》 등이 있다.

상대의 속마음을 간파하는 힘
텔링 라이즈

제1판 1쇄 발행 | 2012년 4월 20일
제1판 7쇄 발행 | 2021년 5월 31일

지은이 | 폴 에크먼
감　수 | 황상민
옮긴이 | 이민주
펴낸이 | 윤성민
펴낸곳 | 한국경제신문 한경BP

주소 | 서울특별시 중구 청파로 463
기획출판팀 | 02-3604-590, 584
영업마케팅팀 |「02-3604-595, 583　FAX | 02-3604-599
H | http://bp.hankyung.com　E | bp@hankyung.com
F | www.facebook.com/hankyungbp
등록 | 제 2-315(1967. 5. 15)

ISBN 978-89-475-2849-8　03320